Lilly Nielitz-Har
Simon Hart

101 Südengland

Geheimtipps und Top-Ziele

IWANOWSKI'S REISEBUCHVERLAG

Im Internet:

www.iwanowski.de

Hier finden Sie aktuelle Infos zu allen Titeln, interessante Links – und vieles mehr!

Einfach anklicken!

Schreiben Sie uns, wenn sich etwas verändert hat. Wir sind bei der Aktualisierung unserer Bücher auf Ihre Mithilfe angewiesen:
info@iwanowski.de

101 Südengland - Geheimtipps und Top-Ziele
1. Auflage 2014

Salm-Reifferscheidt-Allee 37 • 41540 Dormagen
Telefon 0 21 33/26 03 11 • Fax 0 21 33/26 03 33
info@iwanowski.de
www.iwanowski.de

Titelfoto: huber-images.de / Canali Pietro
Alle anderen Farbabbildungen: siehe Bildnachweis Seite 249
Redaktion und Layout: Lucia Rojas, derschoenstesatz.de, Köln
Umschlagkarten: Kartografie + Grafik Klaus-Peter Lawall, Unterensingen
Titelgestaltung: Point of Media, www.pom-online.de
Redaktionelles Copyright, Konzeption und deren ständige Überarbeitung: Michael Iwanowski

Gesamtherstellung: Grafisches Centrum Cuno, Calbe
Printed in Germany

ISBN: 978-3-86197-097-2

Inhaltsverzeichnis

Einleitung 6

Städte & Regionen 10

1 London – einmalig und vielseitig 12
2 Portsmouth und Southampton – Navyflagschiffe und Kreuzfahrtriesen 14
3 Rundfahrt auf der Isle of Wight – Inselidylle und Festivals 16
4 Angelsächsisches Erbe in Winchester 18
5 Schwindelnde Höhen – der Turm der Salisbury Cathedral 20
6 Lebendiges Museum – Römer und Regency in Bath 22
7 Bristol – kulturfreudig, bunt, lebendig 24
8 Englische Postkartenansichten auf dem Cotswold Way 26
9 Mendips – Höhlenforscher und Sandskulpturen 28
10 Exeter – Stadtbummel, Kultur und Kulinarisches 30
11 Seefahrtsgeschichte in Devon – rund um den Plymouth Hoe 32
12 Im Zentrum von East Anglia – Norwich und die Broads 34

Natur erleben 36

13 Auf Zeitreise – South Downs Way und westlicher Weald 38
14 Weiße Klippen am Beachy Head 40
15 Pferde und Oldtimer – im New Forest National Park 42
16 Das ländliche Dorset – Cranborne Chase und Milton Abbas 44
17 Der Ridgeway – Großbritanniens älteste Straße 46
18 Jurassic Coast – Worth Matravers bis Chapman's Pool 48
19 Dschungelabenteuer auf dem Undercliff Walk – von Seaton bis Lyme Regis 50
20 Wanderung zum Berry Head 52
21 Mit dem Haytor Hoppa Bus über das Dartmoor 54
22 Im Westen der Lizard Peninsula – Traumstrände und Telegrafensignale 56
23 Im Osten der Lizard Peninsula – Hexenkräuter und Schlangenstein 58
24 Auge in Auge mit dem Planktonfresser – Riesenhaie in Südcornwall 60
25 Moor, Menhire und alte Minen – unterwegs in Westcornwall 62
26 Hartland Peninsula – Küstenwanderung mit Wasserfällen und Museumsdorf 64
27 Exmoor – grüne Täler, karge Hügel, wild lebende Ponys 66
28 Steile Schluchten in Little Switzerland – das Küstengebiet des Exmoor 68
29 Birdwatching und Robbenausflug in North Norfolk 70

Seebäder, Flusslandschaften & Kanäle 72

30 Badevergnügen – Strände, Lidos, Seawater Pools 74
31 British Seaside – der Brighton Pier 76
32 Go East – Krabbenfischen in Cromer 78
33 Southwold – ein Pier mit besonderem Unterhaltungswert 80
34 Dickens und Morris Dancing in Broadstairs 82
35 Austern schlürfen in Whitstable 84
36 Strandhütten bei Christchurch und Bournemouth 86

37 Isle of Purbeck – von den Old Harry Rocks bis Swanage 88
38 Exe Estuary Trail – Erkundung entlang des Flussdeltas 90
39 Mit dem Narrow Boat auf dem Great Western Canal in Tiverton 92
40 Freundliche Langohren und ein echtes Schmugglernest bei Beer 94
41 Auf dem River Dart – von Dartmouth bis Totnes 96
42 Englische Riviera – Torquay und Babbacombe 98
43 Piraten und Fischmarkt – Hafenleben in Brixham 100
44 Verwunschene Ufer am River Fowey 102
45 Urwaldgärten und Segelboote am Helford River 104
46 St. Ives und die Dünenlandschaft der Towans 106
47 Surfspots in Nordcornwall – von St. Agnes bis Watergate Bay 108
48 Entlang des Camel Trail – von Padstow bis Wenfordbridge 110
49 Felsformationen an der cornischen Küste 112

Herrensitze, Schlösser & Gärten 114

50 Alte Adelsgeschlechter in den South Downs 116
51 Ritterturnier vor Märchenkulisse – Hever Castle 118
52 Trutzburgen Henrys VIII. – an der Küste von Kent bis Cornwall 120
53 Sir Walter Raleighs Zuflucht – Sherborne Castle 122
54 Heimat bedeutender Seefahrer – Buckland Abbey 124
55 Noble Residenzen in Norfolk 126
56 Queen Victorias Osborne House 128
57 Longleat – Renaissanceschloss mit Wildlife 130
58 Capability Browns Meistergarten und Churchills Geburtshaus – Blenheim Palace 132
59 Rund um Malmesbury – Abbey House Gardens, Westonbirt und Highgrove 134

Geschichte 136

60 Steinkreise und Hügelforts – von Avebury bis Maiden Castle 138
61 Sagenumwobenes Bodmin Moor 140
62 Sutton Hoo – König Rædwalds Schiffsgrab 142
63 Battle und die Battle Abbey – Schlacht gegen die Normannen 144
64 Gotisches Canterbury – von Becket bis Chaucer 146
65 Zweimaster im historischen Hafen – Charlestown 148
66 Viktorianisches Erbe – Clifton Suspension Bridge und SS Great Britain 150
67 Heritage Lines – unterwegs mit der Dampflok 152
68 Geisterstadt aus dem Zweiten Weltkrieg – Tyneham Village 154
69 Hawker Hurricanes und B-17-Bomber in East Anglia 156
70 Historische Werft als Filmset in Chatham 158
71 Im Auftrag des MI6 – Codeknacker in Bletchley Park 160

Legenden, Kunst & Kultur 162

72 Keltischen Legenden auf der Spur – Burg Tintagel bis Boscastle 164
73 Theatergenuss im Freien – Minack und Sterts Theatre 166
74 Kultstätten in Somerset – alternativ bis verwunschen 168
75 Jane Austens Welt – ein Cottage in Chawton 170
76 Bei Thomas Hardy in Wessex – Dorchester und Umgebung 172
77 Agatha Christies Inspirationen – Torquay und Greenway 174

78 Ein Hauch von Grusel – Daphne du Maurier in Fowey 176
79 Newlyn und Penzance – Sardinen, so schön wie gemalt 178
80 Rummel und Nachtleben in Southend-on-Sea 180
81 Kreativer Input – von Bexhill-on-Sea über Hastings nach Folkestone 182
82 Moderne Kunst und Vintage in Margate 184
83 Cornwall im Bild – Rosamunde Pilchers Romanverfilmungen 186

Sport & Aktivitäten 188

84 Punting in Oxford und Cambridge 190
85 Greifvögel hautnah – ein Nachmittag beim Falkner 192
86 Sonntags im New Forest – Car Boot Sale, Cricket und Cream Tea 194
87 Radfahren und Wandern auf dem Tarka Trail – von Braunton bis Meeth 196
88 Golfen mit Aussicht 198
89 Landpartie mit Tontauben bei Tunbridge Wells 200
90 Isle of Portland und Weymouth – Bildhauerkurse und olympischer Segelhafen 202
91 Ein Wochenende beim Festival 204
92 Zurück ins 20. Jahrhundert – Nostalgiefestivals 206
93 Kajaksafari und Coasteering in den Purbecks 208
94 Cage Diving – mit dem Stahlkäfig zum Blauhai 210
95 Von Wakeboarding bis Kitesurfing – Wassersport rund um Poole und Bournemouth 212

Best of British – Kulinarisches & Übernachten 214

96 Plymouth Gin – Black Friars Distillery und Alstadtviertel Barbican 216
97 Bioprodukte und Retroarchitektur – Visionen des Duke of Cornwall 218
98 Von Äpfeln und Reben – Cider und englischer Wein 220
99 Real Ale Brauereien 222
100 Eine besondere Nacht – von Tree-Camping bis Castle Sleepover 224
101 Stargastronomen der britischen Küche 226

Anhang 228

Zahlen und Fakten 230
Zeittafel 231
Südengland mit Kindern 235
Nationalparks und AONBs 238
Wandern in Südengland 239
Praktische Informationen 240
Südengland in Buch und Film 243
Register 245
Abbildungsverzeichnis 249
Autoren 250

Einleitung

Aus Südengland nicht wegzudenken:
Cream Tea und Scones

Südengland – Urlaub für jeden Geschmack

Südengland bietet fast unbegrenzte Möglichkeiten für die Urlaubsgestaltung. Der Landstrich umfasst ganz unterschiedliche Grafschaften, die für jeden Geschmack etwas bieten: Entspannung am Strand, Aktivurlaub von Wandern bis Wassersport und nicht zuletzt viel Kultur und Geschichte.

Der Reiseführer 101 Südengland stellt nicht nur eine Vielzahl der Highlights vor, sondern hält auch Ziele jenseits der ausgetretenen touristischen Pfade bereit. Zum *British Way of Life* gehören neben dem nachmittäglichen *Cream Tea* und der Promenade auf dem Pier im Seebad auch zeitgenössische Trends wie *Glamping*, die luxuriöse Art zu campen, oder Nostalgiefestivals. Warum nicht einen Tageskurs in Falknerei, Bildhauerei oder Malerei buchen, *Coasteering* (Küstenklettern) wagen oder gar mit Haifischen tauchen? Man kann auf den Spuren alter Legenden wandeln, die sich um Menhire aus der Frühzeit ranken, oder Orte besuchen, an denen sich Schriftsteller und Künstler über die Jahrhunderte hinweg von der Landschaft Südenglands inspirieren ließen, wie beispielsweise Jane Austen, Agatha Christie oder die Bildhauerin Barbara Hepworth.

In Südwestengland, dem sogenannten West Country, ist die wildromantische Natur einer der größten Anziehungspunkte. In Dorset gehört die atemberaubende Klippenlandschaft der Juraküste zum UNESCO-Weltnaturerbe. Je weiter westlich man sich begibt, desto wilder und naturbelassener wird das Terrain. Für schroffe Klippen, windgefegte Moore, idyllische Fischerdörfchen und Surfstrände sind

An der Küste in Cornwall – Lizard Kynance Cove

Devon und Cornwall bekannt. Daphne du Maurier beschrieb ihren ersten Eindruck vom Hafen in Fowey in Cornwall mit den folgenden Worten: „Da lag ein Geruch in der Luft, von Teer und Tauen, der Geruch von Gezeitenwasser. Unten am Hafen, um die Landspitze herum, lag die offene See. Hier war die Freiheit, nach der ich mich sehnte, nach der ich lange gesucht, aber nie gefunden hatte." Fast überall bewegt man sich auf den Spuren des frühindustriellen Erbes. Nach der Schließung der Zinn- und Kupferminen fiel die Gegend in eine Art Dornröschenschlaf, bis der Tourismus sie wiedererweckte. Die Autobahn M5 endet in Exeter, danach kommt man nur noch über Bundesstraßen und über teils kleinste, einspurige, manchmal sehr steile Landsträßchen vorwärts. Für Touristen macht dies den Charme der Gegend aus. Man sollte dabei aber nicht vergessen, dass Cornwall trotz des Tourismus' heute eine der ärmsten Gegenden Europas ist.

Larmer Tree Gardens – Landschaftspark in Wiltshire

Nördlich von Dorset und Devon findet man in Wiltshire, Somerset und den Cotswolds Postkartenansichten mit reetgedeckten Häusern, Schlössern und alten Dampfeisenbahnen. In Oxfordshire und Cambridgeshire kann man der Geschichte der beiden renommiertesten Universitäten des Landes nachgehen. Die Nordseeküste im Osten hält ebenfalls Überraschungen bereit: Norfolks Naturschönheit und die hübschen Badeorte gelten als Geheimtipp, hier verkehrt eine betuchte Klientel. Sogar die Queen hat hier eine Residenz in Sandringham.

In den Nationalparks South Downs, New Forest, Dartmoor und Exmoor kann man wandern und reiten. Die Fernwanderwege, National Trails, führen durch weite Teile Südenglands. Der South West Coast Path umrundet sogar die gesamte Küste des Südwestens. Außerdem gibt es ein verzweigtes Netz an Radwanderwegen. Da man in Südengland überall nahe am Wasser ist, sei es an der Küste oder an einem Kanal oder Fluss, sind Wassersportaktivitäten wie beispielsweise Wakeboarding oder Kajaking weit verbreitet. Wer möchte kann seinen Urlaub auch auf einem Hausboot verbringen.

Südlich von London sind die Grafschaften Kent, Surrey, East und West Sussex aufgrund der Nähe zur Haupstadt recht urban. Neben historischen Städten, Schlössern und Gartenanlagen im Hinterland, gibt es in Seebädern wie Margate und Brighton verschiedenste Kultureinrichtungen, eine breitgefächerte Gastroszene und ein lebendiges Nachtleben. Und dann ist da natürlich das unvergleichliche London. Viele werden während einer Südenglandreise einen Abstecher in die Hauptstadt machen wollen. Langweilig wird es hier sicherlich niemandem werden!

Städte & Regionen

Auf der Tombland Street in Norwich

TOMBLAND NEWS
Tombland News
Eastern Daily Press
NEWSPAPERS
CONFECTIONERY
CIGARETTES
CARDS
LOVE WINNING?
All thanks to you
OPEN
TOMBLAND BOOKSHOP
BOOKS

1 London – einmalig und vielseitig

„Wer Londons müde ist, ist des Lebens müde", bezeugte schon der Chronist und Autor des ersten englischen Wörterbuchs Samuel Johnson (1709–1784). London bietet etwas für jeden Geschmack, Historie in Monumenten und Museen, hypermoderne Architektur an der Themse, ein einmaliges kulturelles Angebot an Theatern, Konzerten und Festivals, Nachtleben, Design und Mode der neuesten Trends und eine wahrhaft internationale Gastronomie. Viele Touristen, die Südengland besuchen, planen daher auch einen Kurzbesuch in der Hauptstadt des Königreichs.

Die Innenstadt (**Inner London**) besteht aus 32 Verwaltungsbezirken (*boroughs*) mit ca. 8,5 Mio. Einwohnern. Zu diesen Bezirken gehört auch die **City of London**, das wirtschaftliche Zentrum der Stadt und des Landes. Die sogenannte *Square Mile* (Quadratmeile) umfasst den ältesten Teil der Stadt, mit Überresten der Stadtmauer, die auf die Römer zurückgeht. Jeden Tag reisen mehrere Hunderttausend Pendler aus dem Großraum London (**Outer London**) in die Stadt. *Outer London* meint die Grafschaften, die sich außerhalb der Ringautobahn M25 gruppieren, sie werden auch als die **Home Counties** bezeichnet. Ursprünglich waren dies die Grafschaften Essex, Hertfordshire, Kent, Middlesex, Surrey und Sussex. Da der Einzugsbereich des Arbeitgebers London sich ständig weiter ausdehnt, werden inzwischen auch Bedfordshire, Buckinghamshire, Berkshire, Cambridgeshire und Teile von Hampshire und Dorset hinzugerechnet. Pendler aus diesen Gegenden nehmen täglich mehrere Stunden Fahrtzeit in Kauf. Dies hat zwar zur wirtschaftlichen Wiederbelebung dieser Regionen beigetragen, aber auch zum Preisanstieg, so dass Mittel- und Niedrigverdiener bei der Suche nach Wohnraum immer weiter ins Umland ausweichen müssen und sich der Einzugsbereich der Hauptstadt immer weiter ausdehnt.

Ein beliebtes Fotomotiv

Für eine erste Erkundung der Stadt eignet sich das südliche **Themseufer**. Londons längste Fußgängerzone entlang der South Bank führt an einigen Attraktionen vorbei, die einen Blick auf die Stadt von oben ermöglichen, wie das Riesenrad **London Eye**, das höchste Hochhaus **The Shard** und die **Tower Bridge**. Kunstinteressierte können einen Besuch in der **Tate Modern Gallery** und im **Globe Theatre** einschieben. Für Erfrischungen sorgen unterwegs viele Cafés, Restaurants und Pubs, oft mit schönem Blick auf den Fluss.

Über zahlreiche Brücken gelangt man an das Nordufer, z. B. über die Westminster Bridge zum Regierungsviertel mit **Big Ben**, der **Downing Street**, dem

Die Houses of Parliament mit Big Ben

Trafalgar Square, **St. James's Park**, **Hyde Park** und dem **Buckingham Palace**. Am Trafalgar Square befindet sich eines der beliebtesten und größten Museen, die **National Gallery**, in der man problemlos Stunden verbringen kann.

Die Millenium Bridge führt in die **City of London** mit der **St. Paul's Cathedral** und der **Gherkin**, dem gurkenförmigen Hochhaus von Sir Norman Foster.

Über die Tower Bridge erreicht man den **Tower** und östlich davon die **Docklands** und das **East End**. **Shoreditch** und **Hoxton** sind für ausgefallene Boutiquen und Kunstgalerien bekannt, ebenso für ihr Nachtleben. Schick einkaufen lässt sich in **Kensington** im Kaufhaus **Harrods** oder in **Chelsea** auf der **King's Road**, sehr hektisch ist es auf der **Oxford Street** in **Marylebone**. Unweit davon befindet sich in **Bloomsbury** das **British Museum**, mit Kunstwerken aus aller Welt, darunter der Rosettastein und die Elgin Marbles vom Athener Parthenonfries.

Wer weiter ausschweifen möchte, kann mit einem der Ausflugsboote auf der Themse z. B. nach **Greenwich** fahren und den Nullmeridian betreten, der die Zeitzonen der GMT (*Greenwich Mean Time*) bestimmt.

INFO

Information:
Visit Britain, www.visitbritain.com/de/DE.
Visit London, Tel. 08701 566366, www.visitlondon.com/de, Mo–Fr 8.30–18. Sa/So 10–16 Uhr.
London Information Centre, Tel. 0207 2922333, www.londontown.com, telefonisch Mo–Fr 8–22, Sa/So 9–18 Uhr.
Britain & London Visitor Centre, 1 Regent Street, SW1 4XT, U-Bahn Picadilly Circus, Picadilly und Bakerloo Line, Tel. 0207 8083800, Mo 9.30–18.30, Di–Fr 9–18.30, Sa 9–17, So 10–16 Uhr.

2 Portsmouth und Southampton – Navyflagschiffe und Kreuzfahrtriesen

Portsmouth beheimatet seit Jahrhunderten die Royal Navy, die königliche Marine. Einst wurde der weitläufige, geschäftige Hafen von zahlreichen Befestigungen und Kanonenstützpunkten bewacht. Zur viktorianischen Zeit garantierte die damals größte Flotte der Welt Reichtum und Wohlstand der Nation. **Southhampton** ging als Heimathafen der Mayflower und der Titanic in die Geschichte ein und ist heute einer der größten Kreuzfahrthäfen Europas. Heute bilden die Hafenstädte Portsmouth und Southampton das sechstgrößte **Ballungsgebiet** Englands und wachsen immer enger zusammen.

Historische Gallionsfigur

Im **Portsmouth Historic Dockyard** laden drei historische Schiffe und ein Marinemuseum zu einem Ausflug in die Geschichte der Seefahrt ein. Die **HMS Victory**, eines der berühmtesten Kriegsschiffe der Welt, war 1805 Admiral Nelson's Flaggschiff in der Schlacht von Trafalgar. Seit ihrem Stapellauf im Jahr 1760 in Chatham, Kent (s. Kap 70), war das Schiff bis Ende des 19. Jh. ständig im Einsatz, so z. B. im amerikanischen Unabhängigkeitskrieg. Heute liegt es im Trockendock und während einer geführten Tour kann man alles über Nelson's mutigen Kampf und das Leben an Bord erfahren. Die **HMS Warrior**, verdeutlicht den Übergang in ein neues Zeitalter der Technik. Im Jahr 1860 hatten umwälzende Erneuerungen auch die Kriegsführung beeinflusst. Der Rumpf des Schiffes wurde aus Eisen gefertigt, ein Dampfmotor trieb es an. Der Besatzung bot die Warrior vergleichsweise luxuriöse Unterkunft, u. a. Bäder für die Mannschaft. Die Restaurierung der **Mary Rose** aus der Tudorzeit wurde kürzlich abgeschlossen. Das größte Kriegsschiff Henrys VIII. versank 1575 im Solent, der Meerenge vor der Isle of Wight, und wurde über 400 Jahre später geborgen. Seit 1982 dauerte der Konservierungsprozess an, heute können Besucher das Schiff in einem speziell dafür konstruierten Museum bewundern. Etwa 7000 Fundstücke wurden bei dem Wrack aus dem Schlamm geborgen.

Über die ehemaligen Trockendocks gleich nebenan hat man das Einkaufs- und Freizeitzentrum **Gunwharf Quays** gebaut. Mittendrin erhebt sich der **Spinnacker Tower**, ein 170 m hoher Aussichtsturm in der Form eines Segels, mit Blick über die Stadt und den Hafen. Durch Altstadtgassen gelangt man von hier aus zur Uferpromenade nach **Southsea** mit dem **Southsea Castle**, einer Befestigung von Henry VIII., und dem **D-Day Museum**. Mit einem Hovercraft kann man Tagesausflüge auf die Isle of Wight unternehmen (s. Kap 3).

HMS Victory in der historischen Schiffswerft in Portsmouth

Southampton ist heute vor allem für seinen geschäftigen Hafen bekannt. Terminals für Kreuzfahrtschiffe, Containerhäfen und Appartmentblocks bestimmen das Bild. Mehrere Fähren verkehren zur Isle of Wight. Von hier segelte nicht nur die **Mayflower** mit den ersten Pilgervätern nach Amerika (s. Kap 11). Die Stadt ist auch die Heimat der Cunard Line (ehemalig Whitestar Line, heute Carnival UK), deren Luxusliner **Titanic** durch den tragischen Untergang im Atlantik bis heute die Gemüter bewegt. Bei einem Besuch Southamptons empfiehlt sich ein Spaziergang entlang der Stadtmauer und der High Street bis zum Civic Centre mit dem **SeaCity Museum**. Dort thematisiert eine Ausstellung die Geschichte der Titanic und das Schicksal der Betroffenen.

INFO

Information:
Portsmouth Tourist Information, D-Day Museum, Southsea, Clarence Esplanade, Portsmouth, Hampshire, PO5 3NT, Tel. 023 9282 6722, www.visitportsmouth.co.uk, tgl. 10–17 Uhr.
Portsmouth Historic Dockyard, Victory Gate, HM Naval Base, Portsmouth, Hampshire, PO1 3LJ, Tel. 023 9272 8060, www.historicdockyard.co.uk, April–Okt. 10–18, Nov.–März 10–17.30 Uhr, Erw. £ 26, Kinder (5–15 Jahre) £ 19,75, erm. £ 24,25.
Gunwharf Quays und **Spinnacker Tower**: www.gunwharf-quays.com.
Southampton Tourist Information, Oceans Tea Rooms, 13 High Street, Southampton, Hampshire, SO14 2DF, Tel. 023 8178 1017, www.discoversouthampton.co.uk, www.oceans-southampton.com.
Sea City Museum, Havelock Road, Southampton, Hampshire, SO14 7FY, Tel. 023 8083 3007, http://seacitymuseum.co.uk, tgl. 10–17 Uhr, Erw. £ 8,50, Kinder (5–16 Jahre)/erm. £ 6.

3 Rundfahrt auf der Isle of Wight – Inselidylle und Festivals

Abwechslungsreiche Natur mit Steilküsten und Seebäder prägen die Isle of Wight. Die größte Insel Großbritanniens liegt im Ärmelkanal und misst gerade mal 35 km in der Länge und 20 km in der Breite! Durch die Abgeschiedenheit vom Festland, von dem sie die Meerenge des Solent trennt, hat sie sich einen altmodischen Charme bewahrt.

Die Seebäder im Osten und Süden der Insel entstanden zur Zeit Queen Victorias. **Ryde**, mit 26.000 Einwohnern der größte Ort, hat einen historischen Pier. Die beliebten Strände von **Sandown** und **Shanklin** liegen unterhalb der Steilküste. In **Ventnor** wiederum taucht man ein in eine exotische grüne Landschaft. Die geschützte Bucht ist die wärmste Gegend der Insel und im Botanischen Garten gedeihen subtropische Pflanzen. Entlang der A3055 nach Westen wird es einsamer. Einer der schönsten und wildesten Strände findet sich bei **Compton Bay** im Westen. Unweit von hier enden die Kalksteinklippen in der vom Meer umspülten Felsenformation der **Needles** mit rot-weiß-gestreiftem Leuchtturm. Das viel fotografierte Ensemble ist stark von Erosion bedroht. Zu Fuß kann man bis zur Befestigungsanlage **New Battery** heraufsteigen und auf die Felsen blicken. Mit einem Sessellift gelangt man vom Needles Park hinunter zum Strand bei **Alumn Bay**.

Fest zu Ehren der Knolle: Garlic Festival in Newchurch

Auf den Spuren der Dinosaurier

Bis vor 7000 Jahren war die Isle of Wight noch mit dem Festland verbunden. Die Steilküste zeigt daher die typischen Kreidefelsen der Juraküste (s. Kap. 18 u. 19). Durch Erosion wurden besonders im Süden und Westen der Insel zahlreiche Fossilien freigelegt. Bei **Yaverland** und der benachbarten **Whitecliff Bay** wurden Dinosaurierskelette und Mollusken gefunden und in der Brighstone Bay fand man das komplette Skelett eines Sauropoden (pflanzenfressender Riesensaurier). Im **Dinosaur Isle Museum** erfährt man anhand der hiesigen Funde und der lebensgroßen Modelle alles über die Riesentiere.
Dinosaur Isle, Culver Parade, Sandown, PO36 8QA, www.dinosaurisle.com, April–Aug. 10–18, Sept./Okt. 10–17, Nov–März 10–16 Uhr, Erw. £ 5, Kinder (3–15 Jahre) £ 3,70, erm. £ 4.

Gut wandern lässt es sich im Naturschutzgebiet **Brading Down** mit fantastischem Ausblick auf die südlichen Buchten, in denen Wein angebaut wird (s. Kap. 98). Unter den Römern war die Isle of Wight als *Vectis* bekannt und in der **Brading Roman Villa** kann man einige gut erhaltene römische Bodenmosaike besichtigen.

Alljährlich ziehen die Segelregattas in **Cowes** (s. Kap 56) und mehrere Festivals Tausende von Besuchern an, die die beschauliche Inselruhe stören. Das **Isle of Wight Festival** wurde 1970 zu einem britischen Woodstock, bei dem unerwartet an die 600.000 Hippies auf die Wiesen strömten. 2002 wurde der Event wiederbelebt und findet im Seaclose Park nordöstlich der Hauptstadt Newport statt. Das **Garlic Festival** in Newchurch ist ein Volksfest, das Mitte August viele Besucher anlockt. Der auf der Insel angebaute Knoblauch wird dann in allen Formen und Varianten zur Schau gestellt und verköstigt. Beim Musikfestival **Bestival** im September im Robin Hill Country Park sind der Fantasie keine Grenzen gesetzt, Hauptsache man verkleidet sich entsprechend des festgelegten Festivalmottos.

INFO

Information:
www.visitisleofwight.co.uk, www.isleofwightfestival.com, www.garlic-festival.co.uk, www.bestival.net.
Brading Roman Villa, Morton Old Road, Brading, Isle of Wight, PO36 0EN, Tel. 01983 406223, www.bradingromanvilla.org.uk, tgl. 9–17 Uhr, Erw. £ 6,50, Kinder £ 3,75, erm. £ 5,75.

Transport:
Fährverbindungen: www.redfunnel.co.uk, www.wightlink.co.uk, www.hovertravel.co.uk, www.hurstcastle.co.uk/cruises.html.
Aussichtsbusse: http://islandbreezers.islandbuses.info, Erw. £ 10, Kinder/erm. £ 5.

Essen und Trinken:
Garlic Farm, Mersley Lane, Newchurch, Isle of Wight, PO36 0NR, www.thegarlicfarm.co.uk. Hausgemachte Knoblauchprodukte von Chutneys bis zu Popcorn.

Übernachten:
Vintage Vacations LTD, 21 Steephill Court Road, Ventnor, Isle of Wight, PO38 1UH, Tel. 07802 758113, www.vintagevacations.co.uk. Wohnen im liebevoll eingerichteten US Airstream oder nostalgischem Retrowohnwagen. Pro Woche ca. £ 450.

4 Angelsächsisches Erbe in Winchester

Alfred the Great

Gleich zu Beginn der High Street kündet die Statue von Alfred the Great, König von Wessex von 871 bis 899, von der langen Geschichte der Stadt. Ab 686 war Winchester angelsächsische Hauptstadt, mit einer Kathedrale und dem Bischofssitz. Die Schriftstellerin Jane Austen ist hier gestorben und die Tudorkönigin Mary die Blutige, gab einst in der Stadt ihr Hochzeitsbankett. Heute lädt die **Kreisstadt Hampshires** am Rand des South Downs Nationalparks (s. Kap 13) zum Bummel in historischer Kulisse ein.

Im **Winchester Museum** bei der Domfreiheit kann man sich mit den Ursprüngen der Stadt vertraut machen. Die High Street war bereits in der Frühzeit Teil einer langen Handelsstraße. Alfred the Great vereinte als erster die Königreiche der Angelsachsen und stellte die Weichen für ein englisches Reich. Er führte die „Angelsächsische Chronik", eine der wichtigsten Informationsquellen über seine Zeit.

Die **Winchester Cathedral** stammt aus normannischer Zeit und wurde 1093 fertiggestellt. Im langen Kirchenschiff findet man auf der Nordseite das Grab von **Jane Austen** mit einer kleinen Ausstellung zur Schriftstellerin (s. Kap 75). Im Bürgerkrieg wurden 1642 die Fenster der Kirche von Cromwells Truppen zerschlagen. Man rettete die Scherben und fügte sie 1660 wieder zusammen – allerdings unsystematisch. So entstand am Westfenster eine beeindruckende Collage aus Fragmenten. Die **Krypta** ist wegen Grundwasserüberflutung leider nicht immer zugänglich. Dort befindet sich die Statue **Sound II** (1986) von **Antony Gormley** (geb. 1950), einem der bedeutendsten zeitgenössischen britischen Bildhauer. Dem Taucher William Walker, der die vom Wasser bedrohten Fundamente der Kathedrale von 1906 bis 1912 unter schwersten Bedingungen befestigte, ist ebenfalls ein Standbild gewidmet. Der moderne Schrein für den heiligen **St. Swithun**, Bischof von Winchester von 852 bis 865, zieht noch heute Pilger an.

Winchester Hat Fair

Jedes Jahr Anfang Juli während der **Hat Fair** tummeln sich in den Straßen von Winchester Akrobaten, Jongleure und Seiltänzer. Daneben gibt es auch experimentelles Theater britischer und internationaler Truppen, eine *Silent Disco* sowie Konzerte zahlreicher Bands.
Hat Fair, www.hatfair.co.uk.

Südlich der Kathedrale passiert man das fotogene **King's Gate** und gelangt zur renommierten Privatschule **Winchester College**, gegründet von Bischof **William Wykeham** im Jahr 1382. Wykeham war Kanzler unter den Königen Edward III. und Richard II. und revolutionierte das Bildungssystem. Auch das New

Domfreiheit in Winchseter

College in Oxford, in dem die Winchesterabsolventen ihr Studium fortsetzen konnten, geht auf sein Konto. Das Ausbildungsmodell wurde im 15. Jh. von Eton und Cambridge imitiert. Bei einer geführten Tour kann man einige Originalsäle besichtigen und in das exklusive Leben der heutigen Privatschüler hineinschnuppern

Im einstigen Bischofspalastes, **Wolvesey Castle**, wurde im Jahr 1554 das Hochzeitsbankett von Queen Mary Tudor (Bloody Mary) und Philip II. von Spanien gefeiert. Heute stehen nur noch Ruinen. Dahinter beginnen die Grünanlagen am Fluss Itchen. In Richtung Westen gelangt man zur **City Mill**, der alten Kornmühle aus dem 18. Jh. Wer einen weitschweifenden Blick auf die Stadt von oben erhaschen möchte, sollte von hier aus zum Aussichtspunkt **St. Giles Hill** hinaufspazieren.

INFO

Information:
Tourist Information Centre, Guildhall, High Street, Winchester, Hampshire, SO23 9GH, Tel. 01962 840 500, www.visitwinchester.co.uk. Hier gibt es auch Infos zu Kathedrale, Museum und College.

Essen und Trinken:
Chesil Rectory, 1 Chesil Street, Winchester, Hampshire, SO23 0HU, Tel. 01962 851 555, www.chesilrectory.co.uk, Lunch Mo–Sa 12–14.20, Dinner Mo–Do 18–21.30, Fr/Sa bis 22, So Lunch 12–15, Dinner, 18–21 Uhr, 3-Gänge-Lunch £ 19,90. Moderne britische Küche vom Feinsten in einem 600 Jahre alten Haus.

Übernachten:
No. 5 Bridge Street, Bridge Street/Chesil Street, Winchester, Hampshire, SO23 0HN, Tel. 01962 863838, www.no5bridgestreet.co.uk. Modernes Restaurant und Bar mit schickem B&B, DZ ab £ 90.

5 Schwindelnde Höhen – der Turm der Salisbury Cathedral

Der britische Landschaftsmaler **J. W. Turner** hielt die Stadt mit der Kathedrale in mehreren Versionen fest. Seine Ansicht von Salisbury mit Blick von Old Sarum zeigt sich bis heute fast unverändert. In der freundlichen Altstadt mit dem Marktkreuz und der St.-Thomas-Kirche fühlt man sich in vergangene Jahrhunderte zurückversetzt. Hier kann man gut bummeln und einkaufen.

Die **Salisbury Plains** in Wiltshire sind geprägt von sanften Hügeln aus Kalkstein und waren bereits in der Steinzeit ein beliebtes Siedlungsgebiet. Hier findet man die Überreste vieler frühzeitlicher Fundstätten (s. Kap. 60). Salisburys Geschichte begann auf dem Ringwall von **Old Sarum**. Ein Spazierweg führt um den äußeren Wall mit Burggraben, der um ca. 400 v. Chr. entstand. Im Fort stehen die Überreste eines Schlosses, das unter Bischof **Roger von Sarum** (s. Kap. 53) errichtet wurde. Die Ruinen der **ersten Kathedrale**, die vom normannischen Bischof Osmund 1092 eingeweiht wurde, liegen außerhalb des Rings. Im Jahr 1219 beschloss man die Stadt in die Ebene zu verlegen, wo man Anbindung an ein Netzwerk von Flüssen wie Avon, Bourne und Nadder hatte. Dies brachte den gewünschten Erfolg: vom 14. bis ins 18. Jh. blühte der Wollhandel und die Stadt erwirtschaftete großen Reichtum.

Die **neue Kathedrale** von Salisbury entstand in der Zeit von 1220 bis 1258 und bietet ein seltenes

Early English Style: Salisbury Cathedral

Die Magna Carta

Im achteckigen **Chapter House** der Kathedrale ist eine der vier noch erhaltenen Originalkopien der „Magna Charta Libertatum" ausgestellt. Die Magna Charta war die früheste Niederschrift und Festlegung von **Bürgerrechten** der Welt und grenzte die Macht des Königs gegenüber seinen Untertanen ein. Am 15. Juni 1215 wurde der ungeliebte König John von seinen Baronen, Bischöfen und Staatsbeamten genötigt, die Erklärung verschiedener Grundrechte in Runnymede zu unterzeichnen. Die Magna Charta ebnete den Weg für das englische Parlament und ist der Vorläufer späterer Bürger- und Menschenrechtserklärungen, wie der „Bill of Rights" 1688/89 und der „Declaration of Independence" der amerikanischen Kolonien 1776.

Beispiel der frühen englischen Gotik (*Early English Style*). Der Kirchturm, mit 123 m der höchste in England, entstand um 1320 im *Decorated Style*. Die Erbauer verrechneten sich beim Gewicht des Turms: 6500 t lasteten direkt auf den Stützsäulen, was dazu führte, dass diese sich unter dem Gewicht leicht verbogen, was bis heute zu erkennen ist. Zur Beruhigung: 1668 wurde die Konstruktion durch den Architekten **Christopher Wren** mithilfe von Strebepfeilern stabilisiert! Eine Besichtigungstour des Turms sollte man nicht verpassen (Anmeldung empfohlen). Sehenswert ist auch der mittelalterliche Kreuzgang, der zu den größten in England gehört.

Im **Salisbury & South Wiltshire Museum** finden sich Fundstücke aus Stonehenge (s. Kap. 60) und Old Sarum. Interessant sind auch Gemälde von historischen Stadtansichten, wie z. B. Aquarelle von Louise Rayner (1832–1924) oder die stimmungsvollen Landschaftsbilder aus der Romantik von J. W. Turner (1775–1851).

INFO

Informationen:
www.visitwiltshire.co.uk
Salisbury Cathedral, 6 The Close Salisbury, Wiltshire, SP1 2EJ, Tel. 01722 555156, www.salisburycathedral.org.uk. Turmbesichtung (332 Stufen): April–Sept. Mo–Sa stündl. 11.15–15.15, So 13.15/14.15 Uhr, Erw. £ 10, Kinder/erm. £ 8.
The Salisbury & South Wiltshire Museum, King's House, 65 The Close, Salisbury, Wiltshire, SP1 2EN, Tel. 01722 332151, www.salisburymuseum.org.uk, Mo–Sa 10–17, So 12–17 Uhr, Erw. £ 5, Kinder über 5 Jahre £ 2.

Essen und Trinken:
Fisherton Mill, 108 Fisherton Street, Salisbury, Wiltshire, SP2 7QY, Tel. 01722 500200, www.fishertonmill.co.uk, Di–Fr 10–17, Sa 9.30–17 Uhr. Café-Restaurant in einer Mühle.

6 Lebendiges Museum – Römer und Regency in Bath

Seit dem Jahr 1987 gehört Bath zum UNESCO-Weltkulturerbe. Ganz zurecht, denn der Kurort ist – wie der Brite sagt – *easy on the eye* (gut anzuschauen) mit seinem architektonisch sehr homogenen Stadtbild. Und wer sich einmal wie eine Romanfigur Jane Austens fühlen möchte, kann dies alljährlich im entsprechenden Outfit beim Regency Summer Ball tun.

Schon die Kelten entdeckten die heißen Thermalquellen, die hier unterirdisch verlaufen, und verehrten sie als Göttin Sulis. Die Römer bauten ca. 60 n. Chr. einen **Bäderkomplex** rund um die Quelle Aquae Sulis. Ihre Göttin Sulis Minerva vereinte keltische und römische Merkmale. Beim Spaziergang durch die außergewöhnlich gut erhaltene Anlage sieht man das große Freiluftbecken, Abkühlbecken, viele Originalbausteine und Fundstücke. Die Temperatur der Quelle beträgt 46 °C, was man sich ebenfalls im modernen Thermalbad **Thermae Bath Spa** zu Nutze gemacht hat. Auch im heutigen Badetempel speist das warme Thermalwasser das Schwimmbecken.

Jane Austen lässt grüßen: The Hampshire Regency Dancers

Der Kurort wuchs vom 18. bis zum 19. Jh. sprunghaft an, daher stammen fast alle Bauten aus dem englischen Klassizismus, d. h. der **Georgianischen Periode** (1714–1830).Der Architekt **John Wood** (1704–1754) und sein gleichnamiger Sohn (1728–1782) zeichnen verantwortlich für viele der beeindruckendsten Gebäudekomplexe in der Stadt, wie den **Royal Crescent**, ein halbmondförmiger Häuserblock, und die **Assembly Rooms**, wo sich die Kurgäste trafen. Die **Pulteney Bridge**, die 1774 vom klassizistischen Architekten Robert Adam entworfen wurde, ist eine der wenigen Brücken der Welt auf der noch heute Geschäfte auf Kundschaft warten.

In Anlehnung an die einstige Bedeutung der Stadt als Treffpunkt der modischen Welt ist heute in den Assembly Rooms das **Fashion Museum** untergebracht, das Mode vom 16. Jh. bis in die Gegenwart zeigt. **Richard „Beau" Nash** (1674–1761), ein Lebemann, der sich zum **Master of Ceremonies** in der Kurstadt hochgearbeitet hatte, war zum großen Teil verantwortlich für den Erfolg von Bath. Er gestaltete den Kuraufenthalt zu einem Ereignis im Kalender der feinen Gesellschaft. Fortan kam man jedes Jahr *to take the waters*, d. h. um in den Trinkhallen das Heilwasser zu nippen. Tatsächlich bot der Besuch in Bath eine gute Gelegenheit sich auf Bällen zu amüsieren, dem Glücksspiel zu frönen, junge Damen in die Gesellschaft einzuführen und sich zu verheiraten.

Auch **Jane Austen** (s. Kap 75) kam als junge Frau aus guter Familie regelmäßig hierher und lebte sogar einige Jahre in der Stadt. Da wundert es nicht, dass Bath oft als Schauplatz in ihren Romanen auftaucht und als Hintergrundkulisse für deren Verfilmungen dient. Zu Jane Austens Zeiten erlebte das **Regency** (ca. 1795–1820) eine Blüte, mit bahnbrechenden Änderungen in Design und Mode. Basierend auf dem französischen Empirestil orientierte sich die Damenmode an griechischen und römischen Vorbildern mit einfachen, klassischen Linien. Männer trugen zum ersten Mal lange Hosen und kürzere Jacketts. Aljährlich im Juni findet im Rahmen des **Jane Austen Festivals** der **Regency Summer Ball** statt. Bei diesem Kostümball lebt das Regency wieder auf. Um an den Tänzen teilnehmen zu können, müssen sich Gäste nicht nur entsprechend ausstaffieren, sondern vorher in eine Tanzstunde gehen. Informationen erhält man im **Jane Austen Centre**.

INFO

Information:
The Roman Baths, Abbey Church Yard, Bath, Somerset, BA1 1LZ, Tel. 01225 477867, www.romanbaths.co.uk, tgl. Nov.–Feb. 9.30–17.30, März–Juni, Sept./Okt. 9–18, Juli/Aug. 9–22 Uhr, Erw. £ 13,50, Kinder £ 8,80, erm. £ 11,75.
Fashion Museum, Assembly Rooms, Bennett Street, Bath, Somerset, BA1 2QH, Tel. 01225 477789, www.fashionmuseum.co.uk, tgl. Nov.–Feb. 10.30–16, März–Okt. 10.30–17 Uhr, Erw. £ 8, Kinder £ 6, erm. £ 7,25.
Thermae Bath Spa, The Hetling Pump Room, Hot Bath Street, Bath, Somerset, BA1 1SJ, Tel. 0844 888 0844, www.thermaebathspa.com.
Jane Austen Centre, 40 Gay Street, Bath, Somerset, BA1 2NT, Tel. 01225 443000, www.janeausten.co.uk

Übernachtung:
Bath Boutique Stays, Tel. 07723 617486, www.bathboutiquestays.co.uk. Apartments in georgianischen Stadthäusern.

7 Bristol – kulturfreudig, bunt, lebendig

Am Bristol Harbour

Die ehemalige Handelsstadt Bristol ist heute eine lebhafte **Studentenstadt**. Rund um die Ufer des Hafens trifft man sich in einer der Café-Bars und zum Lunch oder Dinner im Restaurant. Kulturbegeisterte können in der Stadt aus dem Vollen schöpfen.

Um den **Hafen**, einst das geschäftige Tor zur Welt, gruppiert sich bis heute das Stadtzentrum. Aufgrund der starken Gezeiten im **Bristol Channel** wurden im 19. Jh. Schleusen angebracht, die das Hafenbecken dauerhaft unter Wasser hielten. In diesen *Floating Harbour* mündet der Bristol-Avon-Kanal, der eine Verbindung zum Fluss Avon schafft.

Das moderne und interaktive Museum **M Shed**, an der Südseite des *Floating Harbour* beschäftigt sich eingehend mit den verschiedenen Aspekten der Geschichte Bristols. Vor dem Museum bringt eine alte Dampfeisenbahn Interessierte zum Museumsschiff **SS Great Britain** (s. Kap. 66). Gegenüber vom Museum auf der anderen Hafenseite wartet das **Arnolfini Arts Centre** mit Wechselausstellungen zeitgenössischer Kunst, Performance und experimenteller Musik auf. Im

Bristols dunkle Vergangenheit

Zu den dunklen Kapiteln der Geschichte Bristols, gehört die Rolle der Stadt im **Sklavenhandel** von 1670 bis 1808. Ab dem 16. Jh. wuchs die britische Handelsmarine und von Neufundland bis in die Karibik entstanden zahlreiche britische Kolonien. Die **Royal African Company** (1660–1752) gründete zudem Handelsniederlassungen in Westafrika. Es entwickelte sich ein sogenannter **Triangular Trade** (Dreieckshandel): Handwerkserzeugnissse wurden von Bristol aus nach Westafrika verkauft, dort raubte man Afrikaner und verschiffte sie als Sklaven an Plantagenbesitzer in Amerika. Im Gegenzug brachte man Güter wie Zucker, Tabak und Baumwolle nach Europa. Bristol wurde der Hauptimporteur für karibisches Zuckerrohr und einer der wichtigsten Sklavenhäfen. Fast eine halbe Million Sklaven wurden auf diese Art und Weise auf Schiffen aus Bristol transportiert, bis man sich dem einträglicheren Handel mit Edelmetallen zuwandte. Die Bewegung der Abolitionisten kämpfte ab 1792 für die Abschaffung des Sklavenhandels, der gesetzlich erst 1833 verboten wurde.
Umstritten ist bis heute die Person von **Edward Colston** (1636–1721). Er war ein ranghoher Offizier der Royal African Company und erwirtschaftete großen Reichtum durch den Sklavenhandel. Davon profitierte die Stadt durch zahlreiche Stiftungen. Ihm ist u. a. ein Denkmal in der Colston Avenue gewidmet.

Bristol Street Art

Das trendige Bristol hat die Street Art als Kunstform akzeptiert. Die Heimatstadt des inzwischen international anerkannten **Banksy** fördert die Spraykünstler, und deren Graffitis sind überall in der Stadt zu sehen. Eine Tour führt vorbei u. a. an Originalen von Banksy sowie Werken aus dem Projekt „See no Evil" (2011) in der Nelson Street.
Street Art Tours, www.wherethewall.com/tours, geführte Tour Erw. £ 7,50, Kinder £ 3,50.

Watershed Media Centre auf der westlichen Seite des Kanals ist ein digitales Kreativzentrum für neue Medien beheimatet. Darüber hinaus gibt es hier ein Programmkino. Am **Millennium Square** fällt gleich die Spiegelkugel auf, in deren Inneren das Planetarium untergebracht ist. Nördlich von hier gelangt man in die Altstadt mit der mittelalterlichen **Kathedrale** und vielen Einkaufsstraßen.

INFO

Information: Bristol Visitor Information Centre, E Shed, 1 Canons Road, Bristol, BS1 5TX, http://visitbristol.co.uk, tgl. 11–16 Uhr.
M Shed Museum, Wapping Road, Bristol, BS1 4RN, Tel. 0117 3526600, http://mshed.org, Di–Fr, 10–17 Uhr, Eintritt frei.
Arnolfini Centre, 16 Narrow Quay, Bristol, BS1 4QA, Tel. 0117 9172300, www.arnolfini.org.uk, Galerien: Di–So 10–18 Uhr, Eintritt frei.
Bristol Planetarium, Anchor Road, Bristol, BS1 5DB www.at-bristol.org.uk/planetarium.html, Mo–Fr 10–17, Sa/So 10–18 Uhr, Erw. £ 12,05, Kinder (3–15 Jahre) £ 7,70, erm. £ 10,05.
Nachtleben: http://bristolnightlife.com.

8 Englische Postkartenansichten auf dem Cotswold Way

Wer die nördlichen Cotswolds durchfährt fühlt sich in eine Bilderbuchlandschaft versetzt: idyllische Örtchen mit Gebäuden aus dem typisch gelblichen Kalkstein der Region liegen eingebettet zwischen grünen Hügeln.

Über die A40 gelangt man nach **Northleach**. Im Ort befindet sich das Museum **World of Mechanical Music**. Der Gründer Keith Harding hat hier ein Sammelsurium von Musikautomaten restauriert. Da klimpert ein altes Berliner Café-Piano ein Lied aus den 1920er-Jahren und dort erklingen Stücke von Grieg oder

Schönes Bourton!

Gershwin. Nördlich von hier erwartet einen an der A429 **Bourton-on-the-Water**. An schönen Tagen drängen sich die Touristen hier um den kleinen Bach, der durch das Örtchen fließt. Unbedingt sehenswert ist **Model Village**, eine Miniaturnachbildung von Bourton aus dem Jahr 1937. Die Anlage wurde anlässlich der Krönung von George VI. gebaut und steht inzwischen unter Denkmalschutz.

Auf der A429 nach Norden passiert man **Stow-on-the-Wold**, ebenfalls ein beliebter Ausflugsort. Von hier führt die A44 westlich nach **Broadway**. Beim Bummel auf der Hauptstraße des Ortes kann man die Aussicht auf den **Broadway Hill** genießen. In **Toddington** an der B4632 ist die Bahnstation der **Gloucestershire Warwickshire Dampfeisenbahn** (s. Kap 67) einen Besuch wert. Noch etwas weiter südlich liegt **Winchcombe** mit dem Tudorschloss **Sudeley Castle**, die Heimat von Catherine Parr (s. Kap. 51).

Wandern auf dem Cotswold Way

Der Cotswold Way ist einer der ausgewiesenen Fernwanderwege (National Trails) in England. Auf einer Länge von 164 km verläuft er von **Chipping Campden** in Gloucestershire bis **Bath** in Somerset (s. Kap. 6). Der Weg auf dem Grat der Kalksteinhügelkette der Cotswolds ist landschaftlich abwechslungsreich und unterwegs gibt es Gelegenheit für Abstecher und Besichtigungen. So hat z. B. fast jedes Örtchen eine hübsche Kirche, sogenannte *wool-churches*, die von Wollhändlern im 15. und 16. Jh. gestiftet wurden. Auch auf Spuren der Römer trifft man, denn der Wanderweg überschneidet sich stellenweise mit der Römerstraße **Fosse Way**. Von Winchcombe nach Süden steigen die Hügel an, die höchste Erhebung ist mit 317 m der **Cleve Hill**. Ab hier wandert man durch bewaldete Gebiete. Nähert man sich Bath, öffnet sich die Landschaft wieder und man hat einen guten Ausblick nach Westen zum Delta des Severn River. Empfehlenswert ist ein Abstecher nach **Circencester**. Als *Corinium* war die Stadt ein wichtiger Stützpunkt der Römer und das Amphitheater sowie das **Corinium Museum** vermitteln einen Einblick in die Frühgeschichte der Siedlung.

INFO

Information:
www.nationaltrail.co.uk/cotswold, www.cotswolds.com, www.northleach.gov.uk, www.bourtoninfo.com, http://stowonthewold-tc.gov.uk, www.broadway-cotswolds.co.uk, www.visitthecotswolds.org.uk www.cirencester.co.uk.

Keith Hardings World of Mechanical Music, The Oak House, High Street, Northleach, Gloucestershire, GL54 3ET, Tel. 01451 860181, www.mechanicalmusic.co.uk, tgl. 10–17 Uhr, Erw. £ 8, Kinder £ 3,50, erm. £ 7.

Sudeley Castle, Winchcombe, Gloucestershire, GL54 5JD, Tel. 01242 602308, www.sudeleycastle.co.uk, März–Nov. tgl. 10–17 Uhr, Erw. £ 14, Kinder (5–15 Jahre) £ 5, erm. £ 13.

Corinium Museum, Park Street, Cirencester, Gloucestershire, GL7 2BX, Tel. 01285 655611, http://coriniummuseum.org, April–Okt. Mo–Sa 10–17, So 14–17, Nov.–März Mo–Sa 10–16, So 14–16 Uhr, Erw. £ 4,95, Kinder (5–15 Jahre) £ 2,25, erm. £ 4,10.

Übernachten:

Cotswold Water Park, Lake Pochard Lodges, South Cerney, Cirencester, Gloucestershire, GL7 5TL, Tel. 01793 751513, www.lakeporchard.co.uk. Skandinavische Blockhütte am Lake Porchard im Cotswolds Water Park. Ab £ 450 pro Woche.

Wheatsheaf Inn, West End, Northleach, Gloucestershire, GL54 3EZ, Tel. 01451 860 244, www.cotswoldswheatsheaf.com. DZ B&B ab £ 140 pro Nacht.

9 Mendips – Höhlenforscher und Sandskulpturen

In der Heimat des steinzeitlichen **Cheddar** kann man nicht nur den leckeren Käse genießen, sondern auch die höhlenreiche Natur. Kunstwerke besonderer Art warten im Seebad **Weston-super-Mare** einmal im Jahr auf Strandbesucher.

Entlang der A371 in Somerset erstreckt sich die Kalksteinhügelkette der **Mendips** von Frome bis Weston-super-Mare. In dem porösen Stein, der aus dem Oberkarbon vor etwa 350 Mio. Jahren datiert, gibt es zahlreiche Höhlen. Die Gegend ist eine der Hochburgen für **Caving** und **Abseiling**, d. h. ein Paradies für Höhlenkletterer und -forscher. Im **Cheddar Valley** hat man zahlreiche Artefakte aus der Alt- und Mittelsteinzeit gefunden. Auch das einzige komplett erhaltene Skelett eines britischen Steinzeitmenschen, der **Cheddar Man** von ca. 7150 v. Chr., wurde dort entdeckt. Heute sind seine Überreste im Natural History Museum in London ausgestellt. In der touristisch ausgerichteten Felsenschlucht der **Cheddar Gorge** stehen die Tropfsteinhöhlen **Gough's Cave** und **Cox's Cave** für Besucher offen. Nur eine Käserei, in der der bekannte Cheddar Cheese hergestellt wird, gibt es noch vor Ort. Das nahe gelegene **Wookey Hole** wird von eher kitschigen Themenparks eingenommen. Wer lieber die Natur genießt, sollte besser von der benachbarten **Ebor Gorge** auf das **Mendip Plateau** wandern.

Cheddar

Abendstimmung in Weston-super-Mare

Am westlichen Ausläufer der Mendips liegt am Bristol Channel **Weston-super-Mare**. Weston ist ein britisches Seebad im alten Stil: Entlang des langen Sandstrandes gibt es Fahrgeschäfte und **Donkey Rides** werden angeboten. Aus den unzähligen Bars entlang der Promenade schallt abends Live-Musik. Am Nordende der Promenade, rund um den **Marine Lake** geht es etwas ruhiger zu. Westons tonhaltiger Sand eignet sich gut zum Burgenbau – beim alljährlichen **Sand Sculpture Festival** kann man hier wahre Kunstwerke bewundern! Jedes Jahr findet außerdem das Popmusikfestival **T4 on the Beach** statt (s. Kap. 91). Da die Gezeiten im Bristol Channel sehr stark sind, eröffnet sich bei Ebbe eine Wattlandschaft. Bei Flut ist das Wasser recht seicht und damit gut für Kinder geeignet.

Informationen:
Cheddar Gorge & Caves, Cheddar, Somerset, BS27 3QF, Tel. 01934 742343, www.cheddargorge.co.uk, tgl. Juli/Aug. 10–17.30, Sept.–Juni 10.30–17 Uhr, Kombiticket für alle Attraktionen, Erw. £ 18,95, Kinder (5–15 Jahre) £ 12,50 (online £ 16,11/10,62).
The Cheddar Gorge Cheese Company, The Cliffs, Cheddar, Somerset, BS27 3QA, www.cheddargorgecheeseco.co.uk, tgl. 10–17 Uhr.
Caving: www.undergroundadventures.co.uk, www.cheddarclimbingcaving.co.uk, www.cheddargorge.co.uk, http://caveclimb.com.
Weston-super-Mare Tourist Information Centre, The Winter Gardens, Royal Parade, Somerset, BS23 1AJ, Tel. 01934 417 117, www.weston-super-mare.com.

INFO

10 Exeter – Stadtbummel, Kultur und Kulinarisches

Ein Highlight der Gotik: die Kathedrale von Exeter

In der freundlichen Studentenstadt am Fluss Exe (s. Kap. 38) haben die Stadtplaner Historisches und Modernes rund um die **High Street** gekonnt miteinander verbunden. Im Einkaufszentrum **Princesshay** sowie in den Sträßchen rund um die Kathedrale findet man gute Einkaufsmöglichkeiten und nette Straßencafés – beste Bedingungen für einen entspannten Stadtbummel.

Exeter war der südwestlichste Stützpunkt der Römer in England und die Grundfesten der Stadtmauer entstanden bereits 55 n. Chr. Im 7. und 8. Jh. florierte Exeter unter den Angelsachsen als Handelsstadt und der Bischofssitz wurde 1050 hierhin verlegt. Teile der Stadtmauer und der Ruinen der einstigen normannnischen Burg **Rougemont Castle** sind in die angrenzenden **Northernhay Gardens** eingebettet. Hier finden das Exeter Food Festival und andere Open Air Veranstaltungen statt (s. u.). Einen Rundgang um die Stadtmauern beginnt man am besten im Park (Flyer erhältlich in der Touristeninformation).

Im Herzen der Altstadt steht die beeindruckende **Exeter Cathedral**, die ursprünglich St. Peter gewidmet war. 1133 nahmen die Normannen Veränderungen am Vorgängerbau vor und auch während der englischen Hochgotik wurden im Jahr 1258 weiter Umbauten – diesmal im *Decorated Style* – durchgeführt. Die Kathedrale zeichnet sich durch das längste ununterbrochene Kreuzgewölbe aller Kirchen des Landes aus. Besonders sehenswert sind die außergewöhnlichen Fassadenskulpturen mit Darstellungen altenglischer Könige, die Miserikordien im Chorgestühl mit der frühen Darstellung eines Elefanten – um 1220 erschaffen – sowie die astronomische Uhr aus dem 14. bis 16. Jh. Wer weiter in die Geschichte eintauchen will, findet im **Royal Albert Memorial Museum** Interessantes über Exeter und die Region Devon sowie internationale Ausstellungsstücke.

Auch kulturell hat Exeter einiges zu bieten. Auf dem Universitätsgelände in der Nähe der Bahnstation St. Davids befindet sich der Skulpturenpark **Streatham Campus Sculpture Walk** u. a. mit Werken von Barbara Hepworth (s. Kap. 46). Die alte Unibibliothek beherbergt das **Filmmuseum Bill Douglas Centre**. Im **Northcott Theatre** kommt ein abwechslungsreiches Programm von Klassik bis Kindertheater auf die Bühne. Konzerte angesagter Bands, Abende mit DJs etc. veranstaltet das **Exeter Phoenix** in der Innenstadt.

Darüber hinaus gibt es seit einigen Jahren Bemühungen, die Stadt als kulinarisches Zentrum des englischen Südwestens zu etablieren. Der Starkoch **Michael Caines** betreibt sein Restaurant im ABode Hotel (ehemals Royal Clarence) direkt gegenüber der Kathedrale. Er war federführend bei der Gründung des **Exeter Festival of South West Food & Drink** (www.exeterfoodanddrinkfestival.co.uk), das jedes Jahr im April in den Northernhay Gardens stattfindet. Hier verkaufen Hersteller aus der Region ihre Produkte und in zahlreichen Kochshows konkurrieren bekannte Köchen in ihren kulinarischen Künsten. Ein mit zwei Michelin-Sternen ausgezeichnetes Restaurant von Michael Caines (www.michaelcaines.com), Gidleigh Park, befindet sich im nahegelegenen **Chagford** im Dartmoor.

INFO

Information:
Tourist Office, Dix's Field (Princesshay/Paris Street), Exeter, Devon, Tel. 01392 665700, www.heartofdevon.com/exeter, Mo–Sa April–Sept. 9–17, Okt.–März 9.30–16.30 Uhr.
Exeter Cathedral, 1 The Cloisters, Exeter, Devon, EX1 1HS, Tel. 01392 285983, www.exeter-cathedral.org.uk, Mo–Sa 9–16.45 Uhr, Erw. £ 6, erm. £ 4, Kinder frei.
Royal Albert Memorial Museum, Queen Street, Exeter, Devon, EX4 3RX, Tel. 01392 665858, www.rammuseum.org.uk, Di–So 10–17 Uhr, Eintritt frei.

Kultur/Nachtleben:
Streatham Campus, www.artsandcultureexeter.co.uk, www.exeter.ac.uk/bdc, www.exeternorthcott.co.uk.
Exeter Phoenix, Bradninch Place, Gandy Street, Exeter, Devon, EX4 3LS, www.exeterphoenix.org.uk.

Essen und Trinken:
The Real Food Store, 11 & 13 Paris Street, Exeter, Devon, EX1 2JB, Tel. 01392 681234, www.realfoodexeter.co.uk, Mo–Fr 9.30–17, Sa 9.30–16.30 Uhr. Das Café erhielt 2013 eine Auszeichnung für den besten *Cream Tea* in der Stadt.

11 Seefahrtsgeschichte in Devon – rund um den Plymouth Hoe

Plymouth ist mit 250.000 Einwohnern die größte Stadt Devons und war einst der bedeutendste Seehafen in Großbritannien (s. Kap. 96). Von der Esplanade am **Plymouth Hoe**, einem offenen Platz über den Klippen, überblickt man den weitläufigen **Plymouth Sound**, auf dem auch heute noch ein geschäftiges Treiben von Fähren, Seglern, Fischer- und Ausflugsbooten herrscht. Mit der Erkundung der Küstenpromenade kann man ein paar entspannte Stunden verbringen.

Schöne Aussichten

Das Panorama genießt man am besten von einem Ausflugsboot, z. B. bei einer Fahrt zum **Royal William Yard**, dem ehemaligen Proviantdepot für die Marine aus dem Jahr 1826. Hier an der Tamarmündung gibt es viele Restaurants mit Aussicht und jeden ersten Sonntag im Monat von 10 bis 15 Uhr einen **Good Food Market** mit Produkten aus der Umgebung.

Zu Plymouths berühmtesten Seefahrern gehören Admiral **Sir John Hawkins**, verantwortlich für den Bau der elisabethanischen Flotte, und sein Cousin **Sir Francis Drake** (s. Kap. 54), Abenteurer und Bezwinger der spanischen Armada. Kapitän **James Cook** segelte von hier aus 1772 auf der Discovery um die Welt. Auch **Charles Darwin** stach 1831 in Plymouth in See. Die Erkenntnisse dieser Expedition arbeitete er in die Evolutionstheorien ein.

Über dem Hafen wacht die **Royal Citadel**, die bereits im 16. Jh. zu Drakes Zeiten enstand. 1664 wurde die Zitadelle unter König Charles II. ausgebaut. Er wollte seine Armee vor den Einwohnern von Plymouth schützen, die im Bürgerkrieg die Parlamentarier unterstützt hatten. Darum ließ Charles die Schießlöcher so ausrichten, dass man die Waffen nicht nur auf den Hafen, sondern auch auf die Stadt richten konnte. Dies verziehen ihm seine Untertanen nie ... Da die Zitadelle weiterhin vom Militär genutzt wird, sind die Öffnungszeiten eingeschränkt. Eine weitere historische Befestigung ist der gegenüberliegende **Mountbatten-Turm** aus dem

Blick über den Tinside Lido

Jahr 1652. Vom Hoe blickt man auch auf **Drake Island**, das ab 1660 als Gefängnisinsel diente und sich nun in Privatbesitz befindet.

Den rot-weiss gestreiften **Smeaton's Tower** auf dem Hoe, ein Werk des Ingenieurs John Smeaton, kann man nicht übersehen. Er stand einst südlich am **Rame Head** und bietet heute Touristen von der Promenade tolle Aussicht. Unweit blickt auch eine Statue von Sir Francis Drake in die Ferne. Das **Naval Memorial** erinnert an die Toten der Weltkriege. Im Sommer bringt ein Bad im **Tinside Lido** Abkühlung (s. Kap. 30).

Bei schlechtem Wetter bietet sich ein Besuch des **National Aquarium** an, in dem man Einblick in die artenreiche Flora und Fauna der britischen Gewässer gewinnt. Eine besondere Attraktion ist das **Scylla Reef**. Die HMS Scylla wurde 2004 zu Forschungszwecken bei Whitsand Bay vor der Küste Cornwalls versenkt und so in ein künstliches Riff verwandelt. Seitdem haben sich etwa 250 Lebewesen dort angesiedelt. Besucher des Aquariums können per Webcam verfolgen wie sich dort Seelachs und Wolfsbarsch ein Stelldichein geben.

Smeaton's Tower

INFO

Information: Touristeninformation, 3–5 The Barbican, Plymouth, Devon, PL1 2AA, Tel. 01752 306330, www.plymouth.gov.uk, April–Okt. Mo–Sa 9–17, So 10–16 Uhr, Nov.–März Mo–Fr 9–17, Sa 10–16 Uhr.
The Royal Citadel, Plymouth, Devon, Tel. 01752 266030, www.english-heritage.org.uk, Erwachsene £ 5, Kinder/erm. £ 4.
National Aquarium: Rope Walk, Coxside, Plymouth, Devon, PL4 0LF, Tel. 0844 893 7938, www.nationalaquarium.co.uk, tgl. Winter 10–17, Sommer 10–18 Uhr, Online: Erw. £ 12,38, Kinder £ 8,78, erm. £ 9,45.
Veranstaltungen: Informationen über Festivals und Events unter www.visitplymouth.co.uk.
Bootsausflüge:
Silverline Cruises, www.silverlinecruises.co.uk, März–Okt. stdl. zum Royal William Yard.
Plymouth Boat Trips, www.plymouthboattrips.co.uk, Ausflüge rund um den Hafen.

12 Im Zentrum von East Anglia – Norwich und die Broads

Es heißt, in Norwich gab es einst „eine Kirche für jede Woche und einen Pub für jeden Tag im Jahr". Noch heute stehen über 30 mittelalterliche Gotteshäuser, die von reichen Kaufleuten finanziert wurden. Von den 450 Pubs existieren noch viele, obwohl die sieben dazugehörigen Brauereien die Zeiten nicht überdauert haben.

East Anglia besteht aus den Grafschaften Cambridgeshire, Suffolk und Norfolk und geht historisch auf die Angelsachsen zurück, die hier im 6. Jh. das Königreich **Ostangeln** gründeten. Im Mittelalter war das flache, von Wasser durchzogene Land mit Textilmühlen übersät und der Wollhandel verschaffte den Bewohnern Reichtum.

Dank der Flüsse Wensum und Yare gelangte man von **Norwich** zum Hafen von Great Yarmouth (s. Kap. 33) und damit auch schnell zur europäischen Küste. Die Stadt hatte ein **Hansekontor** und zog viele Einwanderer an, so z. B. im 16. Jh. flämische und wallonische Weber. Im 19. Jh. verlor sie an Bedeutung und im Zweiten Weltkrieg wurden große Teile der Altstadt zerstört. Heute ist Norwich eine

Die Broads

Die Broads

Östlich von Norwich erstrecken sich die Wasserwege der Broads über Norfolk und Suffolk. Die Landschaft, in der sich viele seltene Vögel tummeln, wird heute wie ein Nationalpark verwaltet. Sie entstand durch Torfaushebungen, die nach dem Anstieg des Wasserspiegels im 13. Jh. überflutet wurden. Sieben **Flüsse** und ihre Nebenarme bilden heute 63 **Seen** bzw. **Lagunen**, die teils weniger als 4 m tief sind und deren Wasserstand von den Gezeiten beeinflusst wird. Nicht alle Wasserwege sind immer schiffbar, allerdings gibt es so gut wie keine Schleusen, anders als z. B. auf dem Kanalnetzwerk (s. Kap. 39). Seit Ende des 19. Jh. ist das Gebiet ein beliebtes Ziel für Bootsausflügler. Bei unzähligen Vermietungen kann man vom Haus- und Segelboot bis zum Kanu alles ausleihen, was auf seichtem Wasser gleitet. Die Fahrt führt weitgehend durch unberührte Natur, aber auch vorbei an zahlreichen Pubs und Hotels. Auch Tagesausflüge sind zu buchen z. B. von **Norwich**, **Wroxham**, **Potter Heigham**, **Horning**, **Stalham**, **Martham** und **Coltishall** aus.
Information: www.broads-authority.gov.uk, www.norfolkbroads.com.

vitale Studentenstadt mit vielen High-Tech-Unternehmen. Bekanntester Exportartikel ist der weit verbreitete **Colemans Mustard**.

Auf dem Campus der Universität zeigt das bedeutende **Sainsbury Centre for Visual Arts** Bildhauerei und konstruktivistisches Design. Die Stiftung aus der Kunstsammlung von Sir Robert und Lady Lisa Sainsbury wurde bereits 1978 in einem Gebäude des Stararchitekten Sir Norman Foster untergebracht. Zu den Highlights zählen u. a. Werke von Henry Moore und Edgar Degas.

Im Stadtzentrum ragt das **Norwich Castle** auf. Um den Hügel aufzuschütten ebneten die Normannen im Jahr 1067 fast 100 Häuser ein. In dem Schloss, das 1121 fertiggestellt wurde, lebte jedoch nie ein König. Seit 1894 beherbergt es das Heimatmuseum von Norwich. Die 1096 von Herbert de Losinga begonnene **Norwich Cathedral** überstand Feuer, Pest und Krieg und ist eine der am besten erhaltenen normannischen Kirchen Englands. Rund um das romanische Gebäude erstreckt sich das ausgedehnte **Cathedral Quarter**. Besonders gut gelungen sind das **Refectory Restaurant** und der Empfangsraum der **Hostry**, in den die Ruinen der Benediktinerabtei integriert wurden. Dahinter gelangt man zum River Wensum mit der **Bishop's Bridge** aus dem Jahr 1340. Die **Tombland Street** vor der Kathedrale diente einst als Marktplatz.

Jedes Jahr findet das **Norwich City of Ale Festival** statt, bei dem man unter 254 Sorten **Real Ale** (s. Kap. 99) seinen Favouriten finden kann.

INFO

Information:
www.visitnorwich.co.uk
Norwich Castle Museum & Art Gallery, Castle Meadow, Norwich, Norfolk, NR1 3JU, www.museums.norfolk.gov.uk, Juli–Sept. Mo–Sa 10–17, So 13–17, Okt.–Juni Mo–Sa 10–16.30, So 13–16.30 Uhr, Erw. £ 7, 17–25 Jahre £ 5,40, Kinder £ 4,90, erm. £ 6.
Sainsbury Centre for Visual Arts, University of East Anglia, Norwich, Norfolk, NR4 7TJ, www.scva.ac.uk, Di–Sa 10–20, So 10–17 Uhr, Eintritt frei.

Natur erleben

Ponys im New Forest

13 Auf Zeitreise – South Downs Way und westlicher Weald

Der Fernwanderweg **South Downs Way** schlängelt sich durch eine sehr abwechslungsreiche Landschaft mit sanften Hügeln, lang gestreckten Tälern, dichten Wäldern und beeindruckenden Kalksteinklippen. Wer die Butser Ancient Farm und des Weald & Downland Open Air Museum besucht, begibt sich auf eine Zeitreise von der Eisenzeit übers Mittelalter bis ins 20. Jh.

The Earl of March Inn

Der historische **Gastropub** aus dem 18. Jh. diente einst als Kutschenstation zwischen Chichester und Midhurst. Heute wird er vom ehemaligen Chefkoch des Ritz Hotels in London geführt. **Giles Thompson** serviert Leckereien wie Gänsestopfleber und *Moules marinières*.
The Earl of March, Lavant Road, Chichester, West Sussex, PO18 0BQ, Tel. 01243 533 993, www.theearlofmarch.com. Sunday Lunch ab £ 15,50.

Östlich von Winchester (s. Kap. 4) beginnt der westliche Ausläufer des **South Downs National Park**. Der über 160 km lange South Downs Way führt fast durch den gesamten Nationalpark von Winchester in **Hampshire** bis Eastbourne (s. Kap. 14) in **Sussex**. Bei Warnford verläuft er an der A32 über den **Old Winchester Hill**, auf dem Siedler der Bronzezeit bereits zwischen 4500 und 3500 v. Chr. Grabhügel errichteten. Von dem 199 m hohen Hügel reicht an klaren Tagen die Sicht bis zur Küste nach Portsmouth (s. Kap. 2) und zur Isle of Wight (s. Kap. 3). Um 600 bis 300 v. Chr. entstand hier ein eisenzeitliches Hügelfort, dessen Mauern aus dem leicht zu verarbeitenden Kalkstein gehauen wurden. Heute haben es sich hier Schafe gemütlich gemacht, die Umrisse des Forts und der Tumuli kann man jedoch noch gut erkennen.

In Richtung Südosten passiert der South Downs Way den Butser Hill (271 m), die höchste Erhebung der South Downs. Unweit von hier kann man auf der **Butser Ancient Farm** das Leben in der Eisenzeit (*Iron Age*) um 300 v. Chr. nachempfinden. Das Dorf mit den Rundhäusern wurde von dem experimentellen Archäologen **Peter J. Reynolds** (1939–2001) 1972 gegründet, mit dem Ziel Theorien über frühzeitliche Lebensweisen mittels praktischer Anwendung auszuprobieren. Hier hält man u. a. die seltene behörnte Rasse der Manx Loghtan Sheep. In verschiedenen Workshops können Teilnehmer z. B. die Herstellung von bronzezeitlichen Werkzeugen erlernen. Das keltische Festival **Beltane** wird hier im alten Stil gefeiert.

Eingebettet in das Gebiet des Nationalparks ist der westliche Teil des **Weald**

Tier mit Seltenheitswert:
Manx Loghtan Schaf auf der Butser Ancient Farm

Idyllisches Cottage im Weald & Downland Open Air Museum

(altenglisch: Wald), der zu angelsächsischen Zeiten als *Andredesweald* bezeichnet wurde. Im 16. Jh. gehörte ein Teil des Gebiets den Earls of Arundel (s. Kap. 50). Ab 1732 war es im Besitz des Duke of Richmond und gehört noch heute zu den Ländereien des Goodwood Estate (s. Kap. 92). Das **Weald & Downland Open Air Museum** im Lavant Valley rettet historische Häuser aus dem Zeitraum von 1310 bis 1910 vor dem Verfall, indem man sie Stein für Stein abträgt und im Freilichtmuseum wieder aufbaut. Jedes Gebäude hat seine eigene Geschichte: Das kann ein Cottage mit Nutzgarten sein, ein Getreidespeicher, ein Schulhaus oder eine Kirche. Hier leben auch Nutztiere wie Shire Horses, die z. B. den Pflug zogen. Beim „Kochen in der Tudorzeit" und anderen handwerklichen Demonstrationen bekommt man Einsichten in längst vergangene Lebenswelten.

INFO

Information:

Old Winchester Hill: www.naturalengland.org.uk, www.english-heritage.org.uk.

Butser Ancient Farm: Chalton Lane, Chalton, Hampshire, PO8 0BG, Tel. 02392 598838, www.butserancientfarm.co.uk, April–Sept. tgl. 10–17, Okt.–März, Mo–Fr 10–16 Uhr, Erw. £ 7,50, Kinder (5–16 Jahre) £ 3,50, erm. £ 6,50.

Weald & Downland Open Air Museum: Singleton, Chichester, West Sussex, PO18 0EU, Tel. 01243 811348, www.wealddown.co.uk, März–Okt. tgl. 10.30–18, Nov.–Feb. Mi, Sa/So 10.30–14 Uhr, Erw. £ 10,70, Kinder/Studenten £ 5,90, Senioren £ 9,70.

Übernachten:

The Old Post Office, Singleton, Chichester, West Sussex, PO18 0HA, Tel. 01243 811260, www.theoldpostofficesingleton.co.uk. B&B in einem Cottage wie aus dem Bilderbuch. DZ £ 40.

Langrish House Hotel, Langrish, Petersfield, Hampshire, GU32 1RN, Tel. 01730 266941, www.langrishhouse.co.uk. Landhotel in einem historischen Haus. DZ mit Früstück ab £ 135.

14 Weiße Klippen am Beachy Head

Die weißen Kreidefelsen, die entlang der Küste von Südostengland in den Himmel ragen, inspirierten schon die alten Griechen. Sie nannten die britischen Inseln *Albion* (weißes Land). Markant sind die sogenannten **Seven Sisters**, die sich am Ostrand des South Downs National Park (s. Kap. 13) bis zum **Beachy Head** erstrecken. Jede der „Schwestern" hat einen Namen: Haven Brow, Short Brow, Rough Brow, Brass Point, Flagstaff Point, Baily's Brow und Went Hill Brow. Das Panorama der Klippen mit dem rot-weiß-gestreiften Leuchtturm, der bei Beachy Head aus den Fluten ragt, ist eines der meistfotografierten Motive Südenglands und diente oft als Kulisse, z. B. im Film „Quadrophenia" (1979) und in „Harry Potter und der Feuerkelch" (2005).

Westlich liegt der Ort **Seaford**, im Mittelalter ein wichtiger Hafen an der Mündung des Ouse Rivers und im Verbund der Cinque Ports (s. u.). Da der Hafen häufig versandete wurde der Flusslauf schließlich umgeleitet und ein neuer Hafen entstand bei **Newhaven**. Einen guten Blick auf die Seven Sisters hat man vom Seaford

Beachy Head

Head Park und vom Freizeitgelände des Seven Sisters Country Park an der Mündung des **Cuckmere River**. Für eine Wanderung auf den Klippen bis zum Beachy Head folgt man von hier aus dem **South Downs Way** (s. Kap. 13). Seit 1902 ist das **Beachy Head Lighthouse** in Betrieb und war noch bis 1983 bemannt. Heute wird die Erneuerung der roten Streifen des Turms durch eine Bürgerinitiative finanziert, damit der Turm weiter Erinnerungsfotos zieren kann. Der alte Leuchtturm, **Belle Tout Lighthouse**, stand ursprünglich auf der benachbarten Klippe. Aufgrund der Erosion musste er 1999 ein gutes Stück landeinwärts verschoben werden.

74 Türme – Martello Towers

Während der Napoleonischen Kriege entstanden entlang der Küste von der Themse bis Seaford 74 Befestigungstürme, genannt Martello Towers. Das **Seaford Heimatmuseum** ist heute im Tower 74 untergebracht. In Eastbourne wurde 1808 eine Redoutenfestung als Soldatenunterkunft und Warenlager mit 10 Kanonen gebaut, auch diese Räumlichkeiten nutzt heute ein Museum (www.seafordmuseum.co.uk, www.eastbournemuseums.co.uk).

Wer möchte, kann von hier aus auf dem South Downs Way bis Eastbourne wandern oder mit dem Auto der A259 folgen. Ein kurioses Stranderlebnis wartet unterhalb der Klippen bei **Birling Gap**: Den Kieselstrand erreicht man nur über eine Leiter. Einmal angekommen findet man hier zahlreiche Fossilien.

Bald eröffnet sich das Panorama auf **Eastbourne**. Die Stadt zählte zum Besitz der **Dukes of Devonshire**, die 1726 das **Compton House** erbauen ließen, in dem heute eine Sprachschule untergebracht ist. George III. besuchte 1780 neben Weymouth (s. Kap. 90) auch Eastbourne und gab dem Ort damit sein Gütesiegel. Um 1858 beauftragte William Cavendish, der siebte Duke of Devonshire, den Architekten Henry Curry mit dem Bau eleganter Wohnblocks entlang der **Avenue Devonshire Place**, die in die Uferpromenade **Grand Parade** mündet. Von hier schlendert man bis zum **Eastbourne Pier**, der 1865 von Eugenius Birch entworfen wurde. Während des Zweiten Weltkriegs, in dem Eastbourne großen Schaden erlitt, wurden auf dem Pier Geschützstände eingerichtet. 1970 brannte das einstige Theater ab und wurde durch einen Nachtclub ersetzt. Trotz der Umbauten hat sich der Pier seinen altmodischen, authentischen Charme bewahrt. Die Uferpromenade im Westen der Stadt hat noch immer ein relativ homogenes Gesicht, obwohl die viktorianischen Fassaden vielfach einer Renovierung bedürften. Die junge Generation bevorzugt den modernen Jachthafen **Sovereign Harbour**. Umgeben von schicken Apartmenthäusern, Cafés und Restaurants kann man hier entspannt sitzen. Ausstellungen moderner Kunst sieht man in der neuen **Towner Gallery**.

INFO

Information:
www.seafordtown.co.uk,
www.visiteastbourne.com,
www.townereastbourne.org.uk,
www.eastbournepier.com.
Towner Gallery: Devonshire Park, College Road, Eastbourne, East Sussex, BN21 4JJ, Tel. 01323 434670, www.townereastbourne.org.uk, Di–So 10–17 Uhr, Eintritt frei.

Übernachten:
Im **Belle Tout Lighthouse** ist heute ein B&B untergebracht, Beachy Head, East Sussex, BN20 0AE, Tel. 01323 423185, www.belletout.co.uk. DZ mit Frühstück ab ca. £ 155.

15 Pferde und Oldtimer – im New Forest National Park

Ein Paradies für Huftiere: New Forest National Park

Die sanften Hügel des mit 571 m^2 kleinsten der britischen Nationalparks, **New Forest** (s. Kap. 86), sind geprägt von einer Heidelandschaft. Ginsterbüsche und Heidekraut wechseln sich ab mit Wäldchen und Farndickicht. Eine der größten Attraktionen sind die **New Forest Ponies** und **Donkeys** (Esel), die es sich häufig mitten auf der Straße gemütlich machen, auch den Ortschaften statten die Tiere oft einen Besuch ab.

Der Nationalpark ist von Nebenarmen des **Lymington River** und des **Beaulieu River** durchzogen. Dadurch entstehen in Senken Sümpfe mit seltener Flora und Fauna. Noch heute grasen im New Forest Pferde, Esel, Kühe und Schweine freilaufend im größten zusammenhängenden wilden Weideland. Das Parkgebiet ist durch Weideroste (*cattle grids*) abgegrenzt, damit die Huftiere nicht noch weiter herumstreifen können.

Ab 1079 war das Gebiet königlicher Jagdwald und die *forest laws* untersagten die Einzäunung von Land, damit die Wildtiere genug Weide- und Wanderfläche hatten. Im Gegenzug erhielten die Anwohner, die sogenannten *commoners*, das Recht, ihre Nutztiere auf dem Land weiden zu lassen. Noch heute gehören alle Tiere auf der Heide den *commoners* und man folgt dem reformierten *New Forest Law* von 1877. Einmal im Jahr werden die Pferde zusammengetrieben, untersucht und gebrandmarkt. Bei Beaulieu Road finden mehrmals jährlich öffentliche Ponyauktionen statt (www.nfls.org.uk), die einen Besuch lohnen. In den Waldgebieten lebt scheues Rotwild und bei den Wasserläufen Iltisse, Nerze und Otter. Auf giftige Kreuzottern sollten Wanderer achten. Im **New Forest Wildlife Park** kann man Otter, Eulen und seltene Wildtiere aus sicherer Nähe betrachten.

Klein, bunt, umweltfreundlich

Seit 2013 werden im New Forest umweltfreundliche **Mini-Elektroautos** vermietet (www.newforestactivities.co.uk).

Der Nationalpark eignet sich bestens zum Wandern und Radfahren, die Steigungen betragen maximal 129 m. Auch Reiter kommen auf ihre Kosten (s. u.). Rundfahrten durch den Park veranstaltet **New Forest Tours**. Auf drei Routen (blau, rot und grün) befahren Aussichtsbusse den Nationalpark. Man kann beliebig ein- und aussteigen und die Busse wechseln. Auf der blauen Route etwa liegen

Beaulieu Castle

Küstenorte, wie z. B. das malerische **Lymington**. Von hier starten Ausflugsboote zur historischen Werft **Buckler's Hard** und eine Fähre zur Isle of Wight.

In einem der *tea rooms* im Örtchen **Beaulieu** sollte man unbedingt *Cream Tea* getrunken haben. 1204 gründete hier König John die **Beaulieu Abbey**. Das einstige Torhaus, **Palace House**, ist seit 1538 im Besitz der Familie Montagu. Heute ist das heimelige Schlösschen eingegliedert in einen Erlebnispark mit dem **National Motor Museum**. Autoliebhaber werden begeistert sein: 250 Fahrzeuge erwarten die Besucher, darunter auch eine Kollektion von original James-Bond-Autos aus verschiedenen Filmen. Regelmäßig finden auch Autoralleys statt (s. Kap. 90).

INFO

Information:
New Forest Visitor Centre, Lyndhurst, Hampshire, SO43 7NY, Tel. 023 8028 2269, www.thenewforest.co.uk.
The New Forest Tour, www.thenewforesttour.info. Tickets online oder im Visitor Centre.
New Forest Wildlife Park, Deer-leap Lane, Longdown, Ashurst, Southampton, Hampshire, SO40 4UH, Tel. 02380 292408, www.newforestwildlifepark.co.uk, tgl. April–Okt. 10–17.30, Nov.–März 10–16 Uhr, Erw. £ 10,50, Kinder (3–16 Jahre) £ 7,50, Senioren £ 9,50.
National Motor Museum, Beaulieu, Hampshire, SO42 7ZN, Tel. 01590 612345, www.beaulieu.co.uk, tgl. Okt.–Mai 10–17, Mai–Sept. 10–18 Uhr, Sommer: Erw. £ 21, Kinder £ 10,50, Jugendliche £ 12,50, Senioren £ 19,50.
Reiterhof-Info: www.thenewforest.co.uk/activities/horse-riding.aspx

16 Das ländliche Dorset – Cranborne Chase und Milton Abbas

Das Hinterland der Grafschaft Dorset wird von Herrenhäusern, Gärten, Feldern und prähistorischen Hügelforts (s. Kap. 60) bestimmt. In der Cranborne Chase wird bis heute Fasanenjagd betrieben und das Dörfchen Milton Abbas hat Seltenheitswert. Dorset hat nie einen industriellen Aufschwung erlebt, wie z. B. Devon oder Cornwall. Es blieb daher weitgehend ländlich und unberührt. Fast die Hälfte der Grafschaft gehört zu den **AONB** (s. S. 238) Englands, d. h. den Gebieten von außerordentlicher natürlicher Schönheit. Hier bewegt man sich in Thomas Hardys „Wessex" (s. Kap. 76), das den Hintergrund für seine Romane bildete.

Die **Cranborne Chase**, einst der Jagdforst von König John (1166–1216), erstreckt sich von Hampshire bis Wiltshire. Noch heute gilt das Gebiet als eine der besten Gegenden für die Fasanenjagd. 1714 gelangte der Rushmore Estate in den Besitz der Pitt-Rivers-Familie. General Augustus Pitt-Rivers (1827–1900) hatte während seiner Zeit bei der Armee ein Interesse an Archäologie entwickelt und nahm Ausgrabungen auf den Ländereien vor. Seine römischen und angelsächsischen Funde sind heute im Pitt Rivers Museum in Oxford (s. Kap. 84) ausgestellt. Der General ließ auch die **Lamer Tree Pleasure Gardens** anlegen (Anfahrt über die A354 und die B3081 in Richtung Tollard Royal). Der Landschaftspark besteht aus einem Rotwildgehege, einem großen romantischen Garten und verschiedenen Follies, Zierbauten zur „visuellen Erbauung". Sein Erbe William Gronow-Davis veranlasste 2009 für viel Geld den Bau eines umstrittenen, indisch inspirierten Folly auf dem Gelände außerhalb des Parks. Rundherum findet alljährlich das **Larmer Tree Musikfestival** statt (s. Kap. 91).

Unweit von Tollard Royal steht **Ashcombe Manor**, einst die Heimat des Fotografen Cecil Beaton (1904–1980). Danach kaufte es die Sängerin Madonna, deren Exmann Guy Ritchie noch heute Jagdpartien hier veranstaltet (s. Kap. 91).

Über die A354 gelangt man nach Süden zum Dörfchen **Milton Abbas** (Abfahrt bei Milborne St. Andrews), der ersten „Planstadt" Englands. Im Jahr 1752 erwarb Joseph Damer (1718–1798), der spätere Earl of Rochester und Viscount Milton, die **Abtei von Middleton**, mit der Absicht, ein großartiges Anwesen zu errichten. Er baute sein Herrenhaus in der Nähe der Abtei und beauftragte den Landschaftsarchitekten Capability Brown (s. Kap. 58) mit der Gestaltung einer Parklandschaft. In seiner schönen neuen Welt war ihm das alte Dörfchen ein Dorn im Auge. Er ließ es kurzerhand abreißen und wenige Kilometer entfernt das heutige Milton Abbas errichten.

Entlang einer langen Dorfstraße schmiegen sich identische Häuschen mit Vorgarten und allem, was ein Dorf so braucht, von der Post bis zum Pub. Nicht alle ursprünglichen Bewohner des Dorfes durften damals in die neuen Häuser umziehen – nur die, die dem Earl genehm waren. Die Schüler des Gymnasiums bereiteten ihm ebenfalls Ärger: Sie warfen Kieselsteine in seinen Schornstein und stahlen Gurken aus seinem Garten. Der Earl beschwerte sich im Parlament und die Schule wurde nach Blandford verlegt. Sicher würde er sich im Grabe herumdrehen, wenn

Milton Abbey School und Milton Abbey

er wüsste, dass heute in seinem Haus die **Milton Abbey School** untergebracht ist. Zu der exklusiven Privatschule hat man als Besucher keinen Zugang. Allerdings kann man die **Milton Abbey** besichtigen, in der man das aufwendige Grab der Lady Caroline Milton findet, das ihr Mann für sie errichten ließ.

Information:
Larmer Tree Gardens, Tollard Royal, Wiltshire, SP5 5PY, Tel. 01725 516971, www.larmertreegardens.co.uk, www.larmertreefestival.co.uk, März–Okt. So–Do 11–16.30 Uhr, Erw. £ 4, Kinder (bis 14 Jahre) £ 2,50, erm. £ 3.

Milton Abbas: www.miltonabbas.org.uk, www.miltonabbeyfestival.com. Ende Juli findet das historische **Milton Abbas Festival** statt, währenddessen das 18. Jh. wieder auflebt. Gleichzeitig veranstaltet die Abbey ein Musikfestival mit Konzerten in der Abtei.

INFO

17 Der Ridgeway – Großbritanniens älteste Straße

Wer heute über den **Ridgeway National Trail** wandert, tritt in die Fußstapfen von Händlern, Viehtreibern und Soldaten, die den Weg bereits seit prähistorischen Zeiten entlangzogen. Oft als Großbritanniens älteste Straße bezeichnet wird die Route seit ca. 3500 v. Chr. kontinuierlich benutzt.

Als die Menschen der Jungsteinzeit sesshaft wurden und sich landwirtschaftlich und handwerklich betätigten, fand bald auch Handel statt. Man nutzte Transportwege wie den Ridgeway, die über Erhebungen mit karger Vegetation und guter Aussicht führten. Der heutige Wanderweg, 139 km lang, beginnt auf dem Kalksteingrat der **North Wessex Downs** bei Overton und setzt sich bis zum Ivinghoe Beacon in den Hügeln der **Chilterns**, südlich von Oxford bis Buckinghamshire fort. Sehr wahrscheinlich reichte die Straße einst sogar noch weiter: in Richtung Süden bis zur Ärmelkanalküste von Dorset und im Nordosten bis nach Norfolk an der Nordseeküste.

Avebury: Fachwerkhäuser am Ridgeway

Im Haus von Roald Dahl

Südlich von Wendover lebte ab 1960 im Ort **Great Missenden** der Schriftsteller Roald Dahl (1916–90). Im Zweiten Weltkrieg war Dahl Pilot in der Royal Air Force, was ihn zum Schreiben brachte. Er begann mit Kurzgeschichten und schrieb später Kinderbücher, zu denen so bekannte Werke wie „Matilda, James und der Riesenpfirsich", „Charlie und die Schokoladenfabrik" und „Der fantastische Mr. Fox" gehören. Dahl schrieb in einer kleinen Hütte am Ende seines Gartens und zwar immer mit dem Bleistift, – denn er konnte nicht tippen. **The Roald Dahl Museum and Story Centre**, 81–83 High Street, Great Missenden, Buckinghamshire, HP16 0AL, Tel. 01494 892192, www.roalddahlmuseum.org, www.roalddahl.com, Di–Fr 10–17, Sa/So 11–17 Uhr, Erw. £ 6,60, Kinder (5–18 Jahre)/erm. £ 4,40.

Vom **Overton Hill** in Wiltshire verläuft der westliche Teil des Weges über luftige Hügel. Der Blick schweift über Felder unterbrochen von kleinen Buchenwäldern und Schafweiden. Das Hügelfort **Barbury Castle** markiert den höchsten Punkt dieses Abschnitts. In Wiltshire und Oxfordshire finden sich entlang der Strecke zahlreiche prähistorische Monumente wie die Steinkreise von **Avebury** und die Kreidezeichnungen in **Uffington** (s. Kap. 60). **Wayland's Smithy** ist ein Hügelgrab, das zwischen 3700 und 3400 v. Chr. entstand. Der Name geht auf die Angelsachsen zurück, die die Stätte mit ihrem mythischen Gott Wieland dem Schmied in Zusammenhang brachten. Der Legende nach beschlug der unsichtbare Schmied die Pferde von Reisenden, wenn sie ihm einen Silberpfennig hinterlegten.

In **Wantage** wurde der angelsächsische König Alfred the Great geboren (s. Kap. 4), der England als Erster vereinte. Nähert man sich **Goring Gap**, geht es talabwärts und der Weg verläuft durch Waldgebiete an der Themse entlang. Hier wird es urbaner und links und rechts liegen kleinere Ortschaften. Auf der Strecke von Wallingford nach Nuffield passiert man den eisenzeitlichen Graben **Grim's Ditch**, wahrscheinlich eine damalige Landesgrenze. Wenn man von hier weiter in die Chilterns vordringt, geht der Pfad wieder bergan bis zum höchsten Punkt, **Coombe Hill**.

Bei Wendover führt der Ridgeway National Trail dicht vorbei am **Chequer's Court**. Das Herrenhaus ist seit 1921 der offizielle Landsitz des englischen Premierministers, auf dem er Staatsgäste empfängt und bewirtet. Seit dem 12. Jh. befindet sich hier ein Anwesen, das 1565 von William Hawtrey restauriert wurde. Im Jahr 1715 zog John Russell, ein Enkel von Oliver Cromwell hier ein, was sich noch an den vielen Cromwell Memorabilia zeigt. Im Ersten Weltkrieg war hier ein Krankenhaus eingerichtet, bevor das Haus an den Staat überging. Leider kann es nur aus der Ferne bewundert werden. Der Wanderweg endet am Aussichtspunkt **Ivinghoe Beacon**, wo er eine weitere historische Straße, den Icknield Way, kreuzt.

Information:
www.nationaltrail.co.uk/ridgeway, www.chilternsaonb.org, www.swindon.gov.uk (Suche: Barbury Castle)
www.nationaltrust.org.uk/avebury
www.english-heritage.org.uk/days out/properties/waylands-smithy, http://wantage.com

INFO

18 Jurassic Coast – Worth Matravers bis Chapman's Pool

Chapman's Pool

Aufmerksame Fossiliensammler entdecken entlang der **Jurassic Coast** (Juraküste) häufig Fundstücke am Strand, denn durch Erosion kommt es entlang der Küste immer wieder zu Klippenabstürzen. Mit über 155 km Länge verläuft sie von den Old Harry Rocks (s. Kap. 37) bis zum Orcombe Point bei Exmouth (s. Kap. 38). Sie ist Teil des **South West Coast Path** (s. S. 239) und gehört zum UNESCO-Weltnaturerbe.

Die hier freigelegten fossilienreichen Gesteinsschichten gewähren einen Einblick in unsere Erdgeschichte. Die ältesten Steine aus dem Trias (Triassic), vor ca. 250–200 Mio. Jahren, finden sich größtenteils im Osten Devons, z. B. bei **Ladram Bay**. Sie haben durch Eisenoxid eine rötliche Färbung. In dieser Periode entwickelten sich neben Dinosauriern u. a. auch Schildkröten, Krokodile und die ersten Säugetiere. Während des Jura (Jurassic), vor ca. 200–145 Mio. Jahren, entstanden tropische Wälder und Sümpfe. In Lehm, Sand- und Kalkstein aus dieser Periode fand man Dinosaurier, Flugsaurier und Ammoniten, zu sehen z. B. bei Lyme Regis. In der Kreidezeit (Cretacious), vor ca. 145–65 Mio. Jahren, gab es Salzmarschen, Sümpfe und Lagunen. Dort sanken Algen, Plankton und Krustentiere zu Boden und ihre Skelette wurden zu Kreidegestein. Aus dieser Zeit stammt der **Purbeck Marble** (s. Kap. 37) ein fossilienhaltiger Kalkstein, der Marmor ähnelt und in Form von Fliesen und Kacheln in vielen Kathedralen, wie z. B. der von Exeter (s. Kap. 10), verarbeitet wurde. **Portland Stone** (s. Kap. 90), ein grau-weißer, glatter Kalkstein fand seinen Weg in den Großteil der historischen Gebäude Londons, vom Tower bis zur St. Paul's Cathedral und ist noch heute beliebt.

Historischer Pub

Das historische Lokal **Square & Compass** in **Worth Matravers**, einst ein Schmugglertreff, hat über die Jahrhunderte viele illustre Gäste verköstigt. Seit vier Generationen in der Familie Newman, braut der heutige Eigentümer, Charlie Newman, seinen eigenen Cider (s. Kap. 98) und sammelt Fossilien, die man im angegliederten **Museum** besichtigen kann. Der Pub ist so klein, das er hauptsächlich aus einer Theke besteht. Müde Wanderer machen es sich auf dem Rasen gemütlich.

The Square and Compass, Worth Matravers, Swanage, Dorset, BH193LF, Tel. 01929 439229, http://squareandcompasspub.co.uk.

Wanderung von Worth Matravers bis Chapman's Pool

Das Örtchen **Worth Matravers** liegt auf der naturbelassenen Isle of Purbeck (s. Kap. 37). Beim Wandern eröffnen sich immer wieder Ausblicke auf die Kalksteinklippen, die von sattgrünen Wiesen überzogen sind. Auf der ca. 1,5-stündigen Wanderung muss man einige Steigungen überwinden. In Worth Matravers parkt man auf dem Parkplatz am Ortseingang. Am Dorfteich geht's nach rechts in die Weston Road/Renscombe Road, bald passiert man die **Weston Dairy Farm**. Beim Renscombe Parkplatz führt der Weg über eine Wiese zur Klippenküste. Westlich blickt man auf die atemberaubende Bucht **Chapman's Pool**. Der Pfad geht weiter entlang der Küste und nach kurzer Zeit kommt man zu einer steilen Talsenke. Hunderte von Stufen führen hinab und wieder hinauf. Oben liegt St. Aldhelms Head bzw. **St. Alban's Head**. Die Kapelle, ursprünglich aus dem 13. Jh., ist dem heiligen St. Aldhelm (s. Kap. 59) gewidmet. Vorbei am Ausguck der Coastguard geht es in Richtung Osten. Nach ca. 20 Min. führt der Weg zum alten Steinbruch **Winspit Quarry**. Hier wurde vom 17. bis zum 19. Jh. Portland Stone abgebaut und direkt auf die Transportschiffe geladen. Nun wendet man sich wieder landeinwärts und kehrt zurück hinauf nach Worth Matravers.

INFO

Information:
http://jurassiccoast.org, www.southwestcoastpath.com.

Essen und Trinken:
The Square and Compass, Worth Matravers, Dorset, BH19 3LF, www.squareandcompasspub.co.uk.

Übernachten:
Weston Dairy Farm Camping, Worth Matravers, Dorset, BH19 3LJ, Tel. 07757 159749, 07974 565420, www.worthcamping.co.uk, Ende Juli–Ende Aug., Preise pro Nacht, Auto £ 5, Erw. £ 7, Kinder £ 3.

19 Dschungelabenteuer auf dem Undercliff Walk – von Seaton bis Lyme Regis

Der **Undercliff Walk** zwischen Seaton und Lyme Regis an der Juraküste (s. Kap. 18 u. 19) verspricht Abenteuer und einzigartiges Naturerlebnis. 1959 wurde das Undercliff zum Naturschutzgebiet erklärt. Danach war dem Wildwuchs keine Grenzen mehr gesetzt und es bildete sich ein dschungelartiger Wald, in dessen Unterholz schon lange kein Mensch mehr vorgedrungen ist. Einzig der Wanderpfad wird regelmäßig von Überwucherungen freigehalten.

Bei **Bindon Manor** ereignete sich zu Weihnachten 1839 ein dramatischer Erdrutsch. Ein ca. 6 ha großes Stück Land, sackte mit einem Mal 60 m nach unten ab, und ließ einen 800 m breiten Abgrund zurück. Dabei blieb ein ganzes Feld stehen, bekannt als **Goat Island**, von dem der Bauer im folgenden Jahr sogar noch die Ernte einholte. Das Ereignis rief Sensationshungrige auf den Plan, angeblich sogar Queen Victoria, und man kam mit Ausflugsbooten, um sich die abgestürzten Klippen anzusehen. Im **Lyme Regis Museum** (s. u.) kann man Zeichnungen sehen, die das Ereignis dokumentierten.

In dem Mikroklima, das durch Vegetation vor Wind und Wetter geschützt ist, findet man einen großen Artenreichtum, – von der Sumpforchidee bis zum Wiesel. Der Wanderpfad windet sich auf und ab, ist teilweise steinig und kann oft rutschig sein, es gibt Stufen und größere Steigungen, daher sollte man gutes Schuhwerk tragen. Ein Abweichen von der Route in die Wildnis ist verboten und gefährlich: Zwischen den Büschen verbergen sich unerwartete Felsspalten. Wenn man einmal auf dem Weg ist, gibt es keine Möglichkeit abzubiegen. Entweder man kehrt um oder wandert durch bis zum Ende.

In **Seaton** befindet sich der Pfadeingang beim Axmouth Harbour. Hier verläuft der Undercliff Walk oberhalb eines Golfclubs steil nach oben zu den **Haven Cliffs** und man blickt zurück auf Seaton und Beer (s. Kap. 40). Dann geht es hinein in das Dickicht. Obwohl man die Brandung rauschen hört, sieht man während der Wanderung nur selten das Meer. Beim Plateau von Goat Island bei **Rousdon** hat man die Hälfte des Weges hinter sich. Danach taucht man wieder hinab in die Wildnis bis man sich auf dem Abstieg nach **Lyme Regis** befindet, wo man mit einem Blick über die weite Bucht belohnt wird. Der Wanderweg endet an der halbrunden Mole von Lyme, genannt *the Cobb*, ursprünglich errichtet von Edward I. im Jahr 1279.

Die Bucht von Lyme eignet sich besonders gut zum Fossiliensammeln. Im Jahr 1811 entdeckte die zwölf Jahre alte Mary Anning (1799–1847) hier das komplette Skelett eines 11 m langen Ichtosauriers (Fischsaurier), das heute im Natural History Museum in London ausgestellt ist. Dies blieb nicht ihr einziger Fund. Das **Lyme Regis Museum** hat der erfahrenen Paläontologin eine Ausstellung gewidmet. Lyme Regis ist ein beliebtes Touristenziel und die Uferpromenade eignet sich für eine gemütliche Rast in einem der vielen Cafés. Am Strand von **Charmouth** finden sich immer viele Fossilienjäger. Seine Funde kann man dann gleich im **Charmouth Heritage Coast Centre** unter dem Mikroskop prüfen.

Lyme Regis Uferpromenade

Information:
http://jurassiccoast.org, www.southwestcoastpath.com/walksdb/81, www.seatonbay.com/adventure/undercliff.html.

Undercliff Walk, 11,6 km, Dauer: 3–4 Std. First-Bus Nr. x53 zwischen Seaton und Lyme Regis (www.firstgroup.com/ukbus/dorset).

Lyme Regis Tourist Information, Church Street, Lyme Regis, Dorset, DT7 3BS, Tel. 01297 442138, www.lymeregis.org.

Lyme Regis Museum, Bridge St, Dorset, DT7 3QA, Tel. 01297 443370, www.lymeregismuseum.co.uk, April–Nov. Mo–Sa 10–17, So 11–17, Dez.–März Mi–So 11–16 Uhr, Erw. £ 3,95, Senioren £ 3,45, Kinder und Studenten frei.

Charmouth Heritage Coast Centre, Lower Sea Lane, Charmouth, Dorset, DT6 6LL, www.charmouth.org/chcc, April–Okt. tgl. 10.30–16.30, Nov.–März Mi–So 10.30–16.30 Uhr, Eintritt frei.

INFO

20 Wanderung zum Berry Head

Der Berry Head ist heute ein Naturschutzgebiet, denn hier nistet u. a. die größte Kolonien von Trottellummen (*guillemots*) in Großbritannien. Die Vögel werden spaßeshalber auch die **Brixham Penguins** (Pinguine) genannt.

Vom westlichen Hafenende im lebhaften **Brixham** (s. Kap. 43) führt die leicht ansteigende Berry Head Road hinauf zum Landvorsprung Berry Head. Bald sieht man unterhalb einen langen Damm, **Brixham Breakwater**. 1866 kam es hier während eines verheerenden Sturms zu einem großen Unglück mit vielen Verlusten innerhalb der Fischereiflotte. Viele der Schiffe konnten aufgrund der hohen Wellen nicht in den Hafen einlaufen. Sogar das Leuchtfeuer wurde weggeschwemmt, was die Orientierung unmöglich machte. 50 Schiffe wurden damals zerstört und 100 Menschen ließen ihr Leben. Auch andere Schiffswracks liegen in der Tor Bay auf dem Meeresgrund. Als Antwort auf das Unglück entstand zwischen 1893 und 1916 der 914 m lange Damm, der seitdem den äußeren Hafen schützt. Wer möchte, kann darüber spazieren. Unterhalb befindet sich der **Breakwater Beach**, ein kleiner, aber attraktiver Strand mit einem netten Café-Bistro. Der Strand ist bei Tauchern in ganz Großbritannien bekannt, da er relativ geschützt ist und sich für Anfänger eignet. Nicht weit von hier findet man das Meerwasserschwimmbad **Shoalstone Pool** (s. Kap. 30). Nur Mutige wagen sich in das unbeheizte Meerwasser, der Ausblick ist allerdings fantastisch.

Von hier führt die Berry Head Road immer weiter bergan. Unterwegs passiert man das **Berry Head Hotel**, dessen Terasse zu einem *Cream Tea* inklusive Aussicht einlädt. Anschließend steigt der Pfad hinauf zum Naturschutzgebiet etwas steiler an.

Die Geschichte des Berry Head geht zurück bis in die Eisenzeit in der hier ein Hügelfort stand. Schon unter König Henry VIII. wurde oberhalb von Brixham auf dem Berry Head eine Verteidigungsanlage errichtet. Noch heute stehen dort die Reste eines Forts aus der Zeit der Napoleonischen Kriege. Zwischen 1689 und 1815 lief die Marine regelmäßig in Brixham ein und versorgte sich mit Frischwasser und Lebensmitteln. Napoleon verbrachte einige Tage im Hafen als Gefangener an Bord der HMS Bellerophon, bevor er ins Exil nach St. Helena ausgewiesen wurde.

Am Breakwater Beach

Auf der Terrasse vom Berry Head Hotel

INFO

Information:

Berry Head Nature Reserve
www.countryside-trust.org.uk/berryhead, Tel. 01803 882619.

Essen und Trinken:

The Breakwater Bistro, Berryhead Road, Brixham, Devon, TQ5 9AF, Tel. 01803 611, www.breakwaterbistro.co.uk, tgl. 9–21.30 Uhr. Fischgerichte, Salate, Snacks.

Übernachten:

Berry Head Hotel, Berry Head Road, Brixham, Devon, TQ5 9AJ, Tel. 01803 853 225, http://berryheadhotel.com. 3-Sterne-Hotel, Hochsaison DZ mit Frühstück ab £ 140.

Fähre:

Brixham–Torquay, Princess Pier, Torquay, Devon, April–Okt. 9.45–17.15 Uhr, £ 1.

Tauchkurse:

Shoalstone Pool, Berry Head Road, Brixham, Devon, TQ5 9AF, Tel. 01803 851806, 30. Juni–30. Sept.

21 Mit dem Haytor Hoppa Bus über das Dartmoor

Die Haytor Rocks im Dartmoor

Schon Arthur Conan Doyle ließ Detektiv Sherlock Holmes auf dem Dartmoor den „Hund von Baskerville" jagen. Die Gegend ist das sagenumwobenste unter den englischen Mooren und kommt in Beschreibungen oft als nebelverhangen, düster und bedrohlich daher. Über den höchsten Erhebungen in Südengland, wie dem **High Willhays** mit 622 m, bildet sich tatsächlich oft Regen, der die Kuppen der Hügel in Nebel hüllt. Dies verstärkt zusätzlich den Reiz der Landschaft, die an die schottischen Hochmoore erinnert.

Einer alten Legende nach sollen am **Hound Tor** im Jahr 1677 tatsächlich Geisterhunde gesehen worden sein – vielleicht unterlag man dabei einer optischen

Täuschung, denn die Felsformation kann von unten betrachtet ein wenig an Hundeköpfe erinnern. Gänsehaut auslösend ist auch, dass sich in der Haupstadt Princetown, mitten im Moor, das **Dartmoor Prison** befindet. 1890 entstand es für Gefangene aus den Napoleonischen Kriege. Im Jahr 1966 entkam hier ein Krimineller mit dem klangvollen Namen Frank Mitchell, *the mad axman* (der Wahnsinnige mit der Axt). Bei einem früheren Gefängnisausbruch hatte er ein älteres Ehepaar mit einer Axt bewaffnet in Schach gehalten.

Das Moor ist von Wasserläufen und Reservoirs durchzogen und als Wanderer passiert man überall Wasserfälle. Auf den kargen Hügeln stehen Granitfelsen, die in seltsamen Formationen aufeinandergeschichtet sind. Abgeleitet von dem keltischen Wort *twr*, (d. h. Turm), erinnern diese *tors* an prähistorische Monumente. Sie sind jedoch nicht menschlichen Ursprungs, sondern auf natürliche Weise durch Erosion entstanden.

Heute treiben auf den Hügeln weder schaurige Ungeheuer, noch blutrünstige Gangster ihr Unwesen – stattdessen wimmelt es von Touristen. Von dem einst dichten Dartmoor Forest, seit 1307 Jagdrevier der Duchy of Cornwall (s. Kap. 97), ist noch ein knorriges Eichenwäldchen bei **Wistman's Wood**, nördlich von Princetown erhalten. In den Tälern ist die Landschaft lieblich und es gibt hübsche Örtchen, wie z. B. **Postbridge**, mit einer Steinbrücke (*clapper bridge*) aus dem 13. Jh. Im Westen des Moors sollte man sich die wunderschöne **Lydford Gorge** (nahe der A386) anschauen, eine Klamm durch die enge Felsschlucht des Flusses Lyd.

Auf Spurensuche im Dartmoor

Das **Letterboxing**, eine Art Schnitzeljagd, wurde 1854 im Dartmoor erfunden. James Perrott hinterließ eine leere Flasche im Unterholz und bat nachfolgende Wanderer dort eine Nachricht zu hinterlassen, was diese mit großem Eifer taten. Heute besteht der Sport darin, ein weitverzweigtes Netz an Boxen aufzuspüren. Hat man eine Box gefunden, hinterlässt man dort in einem Buch einen Abdruck seines persönlichen Stempels und nimmt den dortigen Stempel in das eigene Sammelbuch auf, bis man in den 100 Club aufgenommen wird, d. h. 100 Boxen gefunden hat. **Geocaching** ist die moderne Version des Sports, bei dem man per GPS versucht, den nächsten *clue* (Hinweis) zu verfolgen. Die *clues* gibt es teils im Internet, teils nur von Mund zu Mund (www.dartmoor.co.uk, www.geocaching.com, www.dartmoorletterboxing.org).

Haytor Hoppa Bus

Im östlichen Dartmoor verkehrt in den Sommermonaten der Haytor Hoppa Bus zwischen **Newton Abbot** und **Bovey Tracey**. Damit erreicht man Sehenswürdigkeiten, wie die **Haytor Rocks**, **Hound Tor Rocks**, den Wasserfall **Becky Falls** und das Örtchen **Widecombe-in-the-Moor**. Unterwegs kann man aus und wieder einsteigen (*hop-on hop-off*). Rundwanderungen führen in die Nähe der Bushaltestellen, sodass man sein Auto am Ausgangsort parken kann (www.dartmoor-npa.gov.uk, April–Okt., Tagesticket Erw. £ 5, Kinder £ 2,50, Hunde £ 0,25).

INFO

Information:
Dartmoor Tourist Information, Devon, www.dartmoor.co.uk. Haytor Visitor Centre, Tel. 01364 661520, Princetown, Tel. 01822 890414, Postbridge, Tel. 01822 880 272, Bovey Tracey, Tel. 01626 832047. **Dartmoor Nationalpark**, www.dartmoor-npa.gov.uk.

22 Im Westen der Lizard Peninsula – Traumstrände und Telegrafensignale

Die Hauptstraße A3083 führt von **Helston**, der einzigen größeren Stadt der Lizardhalbinsel, zum windumtosten **Lizard Point**, der südlichsten Spitze. Sie ist zugleich der südlichste Punkt des britischen Festlandes. Hier im Westen der Halbinsel ist die Landschaft lieblicher und die Gegend etwas touristischer als im Osten. Dennoch findet man an den Stränden auch zur Hauptsaison immer noch einen Platz.

Gleich außerhalb von Helston befindet sich das **Culdrose Airfield HMS Seahawk** der Royal Navy. Die britische Marine trainiert in den hiesigen Gewässern ihre Taucher und Helikopterpiloten, auch Prinz William wurde hier ausgebildet. Am 18. Mai 2012 landete auf dem Rollfeld die Olympische Fackel aus Athen, in einem goldverkleideten Airbus der British Airways, bevor sie ihre Reise durch Großbritannien in die Olympiastadt London antrat.

Bade- und Surfstopps

Praa Sands an der A394 ist eine familienfreundliche Bucht mit Café-Restaurant. In **Porthleven** gibt es ein Riff, das gute Surfwellen aufwirft. Südlich von hier erstreckt sich ein langer Sandstrand bis **Gunwallow Cove**, vorbei am **Loe Pool**, einer Süßwasserlagune, die nur durch den schmalen Sandstreifen Loe Bar vom Meer getrennt ist. Hier gibt es allerdings starke Strömungen. Weiter südlich liegt **Kynance Cove**, weithin bekannt als einer der schönsten Strände Cornwalls, eingerahmt von Felsen aus Serpentingestein (s. Kap. 23). Nahe dem Örtchen **Mullion** befinden sich die Buchten **Poldhu Cove** und **Polurrian Cove**, die wegen der langgestreckten Wellen besonders bei Surfern beliebt sind.

Die A3083 führt den Reisenden weiter ins belebte Städtchen Mullion mit dem Hafen **Mullion Cove**. Die Hafenwälle entstanden 1895 und boten den Sardinenfischern Windschutz. Von Poldhu Cove bei Mullion führt ein Weg hinauf zum **Marconi Centre**. Der Ingenieur und spätere Nobelpreisträger Guglielmo Marconi war Pionier der drahtlosen Kommunikation. Seine Firma in London experimentierte zuerst mit Übertragungen an benachbarte Küsten. Von Poldhu aus erfolgte dann am 12. Dezember 1901 die erste transatlantische Übertragung ins 3200 km entfernte Neufundland. An der Steilklippe erhebt sich das **Marconidenkmal**, das irgendwie an den Comic-Helden Batman erinnert … Atemberaubend ist die Aussicht von hier oben!

Am Ende der A3083, im Dorf Lizard Village (s. Kap. 23), kann man einen Abstecher in die benachbarte **Housel Bay** machen. Hier befindet sich die **Lizard Wireless Station**, von der aus Marconi 1901 erstmals Signale bis zur 300 km entfernten Isle of Wight (s. Kap. 3) funkte. Heute ist die Station, in der 1910 auch der erste SOS-Ruf von einem Schiff empfangen wurde, ein Museum. Amateurfunker dürfen gegen eine kleine Gebühr die Funkanlage benutzen, um eine Nachricht zu versenden.

Am **Lizard Point** ist der historische Leuchtturm **Lizard Lighthouse** sehenswert. Ein Besucherzentrum sowie Eddy, der Leuchtturmwächter, informieren über seine Geschichte.

Poldhu Cove – bei Surfern beliebt

INFO

Information:
The Marconi Centre, Poldhu, Cornwall, TR12 7JB, Tel. 01326 241656, marconi-centre-poldhu.org.uk, ganzjährig Di, Fr 19–21 Uhr, Okt.–April So 13.30–16.30, Mai/Juni, Sept. So, Mi 13.30–16.30, Juli/Aug. So, Mi/Do 13.30–16.30 Uhr.
Lizard Wireless Station, Housel Bay, Cornwall, Tel. 01326 561407, www.lizardwireless.org. Das Museum wird von freiwilligen Mitarbeitern geführt und ist nicht immer geöffnet, Infos auf der Webseite.
Lighthouse Visitor Centre, Lizard, Cornwall, TR12 7NT, Tel. tel 01326 290202, www.trinityhouse.co.uk, Erwachsene £ 2,75, Kinder unter 16 Jahre £ 1,75.
Übernachten:
Lizard Lighthouse, Lizard, Cornwall, TR12 7NT, Tel. 01326 240333, www.cornishcottagesonline.com. Leuchtturmcottages. Eine Woche in der Hochsaison ca. £ 635 für 6 Pers.
Essen und Trinken:
Seadrift, am Hafen von Porthleven, Cornwall, Tel. 01326 558733, www.seadriftporthleven.co.uk. Brunch 10–14 Uhr, leckere Fischgerichte.

23 Im Osten der Lizard Peninsula – Hexenkräuter und Schlangenstein

Der Osten der Lizardhalbinsel ist traumhaft für **Wanderer**, Naturfreaks und Urlauber, die es auch mal etwas abenteuerlicher mögen. An der Küste sind die schroffen, schwarzen Klippen von fjordähnlichen tiefen Einschnitten unterbrochen. Die wunderschönen Buchten, die sich dort verbergen, sind oft nur über sehr steile Fußwege (oder per Boot) zu erreichen. Einheimische wagen sich sogar an Strände, die man nur durch Abseilen erreichen kann.

Der Küstenstrich gehört zu den besten **Tauchgebieten** Cornwalls, zum einen aufgrund der üppigen Meeresflora und -fauna (s. Kap. 24), aber auch wegen der vielen Wracks von Schiffen, die hier während der Jahrhunderte auf Grund liefen.

Die schroffen Klippen der Lizard Halbinsel

Östlich der Landstraße A3083 erstreckt sich das Naturschutzgebiet der **Goonilly Downs**. Die Abwesenheit größerer Städte und Straßen hat dazu geführt, dass sich seltene Pflanzenarten erhalten haben, wie die Cornische Erika (*cornish heath*), die nur hier wächst. Die Namen der hiesigen Flechten klingen wie Zutaten für ein Hexengebräu: Knolliges Mädesüß (*dropwort*), Läusekraut (*lousewort*), Gemeines Kreuzblümchen (*milkwort*) und Sardischer Hahnenfuß (*hairy buttercup*).

Mitten in der Landschaft, unweit von neolithischen Megalithen und Grabhügeln, ragen an der Landstraße B3294 die riesigen Satellitenschüsseln der **Goonilly Earth Station** auf. 1962 fand die erste transatlantische Fernsehübertragung per Satellit statt. Mit ca. 60 Schüsseln und transatlantischen Glasfaserkabeln werden Daten übertragen. Momentan entsteht ein neues Besucherzentrum, das Einblick in die moderne Kommunikationstechnologie geben wird (www.goonhilly.org).

Wandertipp

Eine anspruchsvolle Wanderung von ca. 4,5 Std. führt von **Church Cove** bei Lizard Village nach **Coverack**, wo man übernachten kann. Es besteht auch die Möglichkeit bis St. Keverne weiterzuwandern und von dort mit dem Bus an den Ausgangspunkt zurückzukehren. Auf dem ausgeschilderten Küstenwanderweg muss man einige Steigungen überwinden, überquert Bäche und Zaunübertritte und wandert durch Gärten und Felder. Hinter **Carn Barrow** passiert man den Krater einer eingebrochene Meereshöhle **Devil's Frying Pan**. Danach führt eine steile Straße hinab nach **Cadgwith** und weiter an der Klippe entlang. Immer wieder stößt man auf Serpentingestein, auch Schlangenstein genannt, ein bernsteinähnliches Mineral mit Maserung. Hinter **Kuggar** gelangt man zum Strand **Kennack Sands**. Am Ostende des Strandes muss man wieder auf den Küstenweg hinaufkraxeln. Über den Vorsprung **Carrick Lûz** geht es hoch nach **Beagels Point**. Der Weg verläuft rund um den Vorsprung bis **Black Head**, einem guten Aussichtspunkt, und von hier nach **Coverack**, dessen Hafenmauer aus Serpentingestein besteht.

Die B3294 führt bis **St. Keverne**, danach ist man auf dem Weg zur Küste auf sehr enge, steile Sträßchen (teils bis 25 % Gefälle) angewiesen, die kaum zwei Fahrzeugen Platz bieten. Besser nimmt man die A3083 nach **Lizard Village**. Das kleine Örtchen eignet sich gut als Basis für eine mehrtägige Erkundung der Halbinsel. Von hier kann man nach Westen und Osten entlang der Küste wandern.

INFO

Übernachten:
Teneriffe Farm Campsite (National Trust), Predannack, Cornwall, TR12 7EZ, Tel. 01326 240293, teneriffefarmcampsite.blogspot.co.uk. Hier kann man z. B. *camping pods* mieten, längliche Holzhäuser mit allem Komfort.
Essen und Trinken: **The Top House Pub**, Lizard Village, Cornwall, TR12 7NQ, Tel. 01326 290974, www.thetophouselizard.co.uk. Übernachtung im Cottage möglich. Gemütliche Dorfkneipe mit gutem Essen. Montags ist Folknacht, bei der Einheimische in die Saiten greifen. Die Bänke am Tisch Nr. 6 stammen vom Wrack des deutschen Seglers Wandsbeck, der hier im Mai 1900 auf Grund lief!
Busse:
www.cornwallpublictransport.info, www.westerngreyhound.com.
Souvenirs: In den Dorfläden der Gegend findet man hübschen Schmuck aus **Serpentingestein**.

24 Auge in Auge mit dem Planktonfresser – Riesenhaie in Südcornwall

Seevögel, Seehunde und Delfine werden an der cornischen Südküste oft gesichtet. Die größte Attraktion ist jedoch der Riesenhai (*basking shark*), den der warme Golfstrom im Sommer auch nach Nordeuropa bringt. Von April bis September ist er in den Gewässern vor Cornwall auf der Suche nach Plankton.

Ein **Riesenhai** ist ca. 6–8 m lang, einzelne Exemplare bringen es auf 12 m. Für den Menschen ist der Hai ungefährlich, denn er ernährt sich ausschließlich von Plankton. Der sanfte Riese kommt dennoch ziemlich furchterregend daher: Er schwimmt mit weit aufgerissenem Maul und filtert so bis zu 2000 t Wasser pro Stunde durch seine Kiemen, das ist etwa soviel wie in ein großes Schwimmbecken passt. Im Gegensatz zu fleischfressenden Haien hat er nur verkümmerte Zähne. Er nutzt stattdessen seine Kiemenspalten, um Kleinstlebewesen aus dem Wasser herauszufiltern.

Obwohl Riesenhaie im Nordostatlantikraum auf die Liste der gefährdeten Arten gesetzt wurden, sind sie in vielen Ländern nicht geschützt. Viele Initiativen setzen sich weltweit für den Schutz von Haien ein. Beim **Hella Point** sind freiwillige Helfer des **Cornwall Wildlife Trusts** postiert, die das Verhalten der Haie studieren. Die Klippen zwischen Hella Point und **Porthgwarra** (s. Kap. 73) nahe Land's End sowie die Gewässer vor der **Lizard Peninsula** (s. Kap. 22 u. 23), der südlichsten Ecke Cornwalls, sind besonders gute Beobachtungspunkte. Rund um Großbritanniens Küsten findet man auch andere Haiarten, wie z. B. Katzenhaie, Sandtigerhaie, Blauhaie und Makrelenhaie (s. Kap. 94).

Riesenhaie schwimmen am Tag nahe an der Wasseroberfläche, da sich das Plankton bei Sonneneinstrahlung nach oben bewegt. Wenn sich ein Riesenhai im Wasser nähert, sieht man die charakteristische große Rückenflosse, weshalb Schwimmer und Bootsausflügler oft fälschlicherweise berichten, sie hätten „einen großen Weißen" gesehen.

Wer mutig und fit genug ist, mit den Haien zu schwimmen, kann dies bei den **Porthkerris Divers** auf der Lizard Peninsula tun. Die entlegene Porthkerris Bucht liegt mitten in den

Tauchausflug in Porthkerris

Der planktonfressende Riesenhai

besten Tauchgewässern Cornwalls. Hier werden auch Tauchausflüge, z. B. zum Riff der **Manacles** angeboten, wo sich viele Schiffswracks befinden. Beim Badeausflug mit den Haien wird nur geschnorchelt, d. h. man benötigt kein Tauchtraining. Der Skipper versucht, die Schwimmroute der Haie vorauszuahnen und die Taucher werden dort ins Wasser gelassen, wo das Tier kurz danach vorbeigleitet. Man kann in beträchtliche Nähe kommen, allerdings sind die Haie so fix unterwegs, dass man schnell mitschwimmen muss. Zum Streicheln eignet sich der Hai nicht, denn seine Haut ist rauh wie Sandpapier und von Parasiten bevölkert. Wer lieber im Trockenen bleiben möchte, kann mit einem Ausflugsboot zum **Shark-Watching** auslaufen. Solche Touren bietet z. B. **Marine Discovery** in Penzance an.

Roskillys Eiscreme

Von der Roskilly Farm stammen hausgemachtes Eis und andere Leckereien, mit denen man die Kalorien, die man beim Tauchen verbraucht hat, wieder nachfüllen kann. **Roskilly's**, Tregellast Barton Farm, St. Keverne, Cornwall, TR12 6NX, Tel. 01326 280479, www.roskillys.co.uk. Neben Shop und Eiscafé auch Restaurant und Ferienwohnungen.

INFO

Information:
www.cornwallwildlifetrust.org.uk, www.wwf.de, www.sharkproject.org/haiothek.
Porthkerris Divers, Porthkerris Cove, St. Keverne, Cornwall, TR12 6QJ, Tel. 01326 280620, www.porthkerris.com. *Shore diving* (in der Bucht) £ 35, Tief-Tauchkurs für Anfänger ab £ 60. Ferienwohnung und Campingmöglichkeiten. Anfahrt über die B3293 bis St. Keverne, dann Richtung Tregaminion. Parken oberhalb der Bucht. Der Nachbarort Porthoustock ist nur per Jeep oder zu Fuß erreichbar (25 % Gefälle).
Marine Discovery Penzance, Shed 5, Albert Pier, Penzance Harbour, Cornwall, TR18 2LL, Tel. 01736 874907, 07749 277110, www.marinediscovery.co.uk. Katamarantrips: 4 Std. £ 40 pro Pers. (ab 12 Jahre), 3 Std. von Penzance bis Land's End Erw. £ 35, Kinder £ 25.

25 Moor, Menhire und alte Minen – unterwegs in Westcornwall

Der Wind pfeift durch die ausgehöhlten Mauern der Schornsteine im **Bergbaurevier St. Just**. Früher eine der Hochburgen der cornischen Zinn- und Kupferindustrie zählt es heute zum UNESCO-Weltkulturerbe. Auf der westlichen Landzunge Cornwalls, die sich bis nach **Land's End** erstreckt, ragen karge Hügel aus der Moorlandschaft und in die felsige Granitküste hat das stürmische Meer tiefe Einschnitte gegraben. Die fjordähnlichen Buchten werden im Cornischen *zawn* genannt.

Von St. Ives folgt man der Landstraße B3306 zunächst bis nach Zennor. Durch die Moorlandschaft verläuft hier der **Tinner's Way**, der alte Pfad, auf dem Esel das Erz von den Minen zur Verschiffung nach St. Ives transportierten. Schon ab ca. 2200 v. Chr. wurden Zinn- und Kupferlager ausgebeutet. Nur wenige hundert Jahre später stellte man durch die Vermischung von Zinn mit Kupfer Bronze her, ein beliebtes Produkt beim Handel mit hochentwickelten Mittelmeerkulturen wie den Phöniziern. Untergebracht in einer alten Mühle aus dem 16. Jh., zeigt das **Zennor Wayside Museum** fast 5000 regionale Artefakte von der Bronzezeit bis in die

Hier pfeift der Wind durch den Schornstein

Prähistorische Spuren auf dem Moor

Zwischen Morvah und Madron steht der Dolmen **Lanyon Quoit** nahe Lanyon Farm. Die 13 t schwere Deckplatte der einstigen Grabkammer wird von drei Pfeilern gestützt. In westlicher Richtung gelangt man zum ringförmigen **Mên-an-Tol**. Der runde Stein wird flankiert von zwei Menhiren, ihm werden heilende Kräfte zugeschrieben. Einst schob man Kinder durch die Öffnung, um den Nachwuchs vor Unheil und Krankheit zu schützen. Östlich von hier steht der Steinkreis **Nine Maidens**, ein Ring von elf Steinen, versteinerte Jungfrauen (s. Kap. 60). Auf dem Rückweg gelangt man vorbei am Schacht der **Ding Dong Mine** wieder zur Lanyon Farm.

Moderne. Nach einem Spaziergang zur Bucht **Pendour Cove**, in der der Legende nach die Meerjungfrau Morveran einen Priestersohn in die Fluten lockte, kann man sich im Tinners Arms Pub aus dem Jahr 1271 stärken.

Weiter geht es in Richtung **Pendeen**. Überall ragen die Ruinen der Pumpstationen für die Minenschächte aus der Landschaft. Dampfmaschinen ermöglichten ab dem frühen 19. Jh. das Abpumpen von Grundwasser aus größerer Tiefe. Die neue Technik löste einen Boom aus und Cornwall wurde zum größten Zinnproduzenten der Welt. Erst im 20. Jh. verlagerte sich die Industrie nach Übersee und der Tiefbau wurde eingestellt. Die **Geevor Tin Mine** in Pendeen dient heute als Museum, in dem man sich unter Tage begeben kann. 2013 gewann das Museum, das lebendig aufgearbeitete Infos zum Leben der Bergleute zeigt, den Cornwall Tourism Award. Von hier aus führt eine kurze Wanderung zur **Levant Mine**, deren Schächte sich am Rand einer Klippen erheben. In diesen wurde unterhalb des Wasserspiegels gearbeitet und die Bergarbeiter hörten die Brandung über sich zusammenschlagen. Die Dampfmaschine, die das Wasser aus dem Schacht pumpte, kann man heute noch in Aktion sehen. Bis **Botallack**, wo eine der größten Minen (ca. 530 Arbeiter) stand, sind die Klippen mit Ruinen übersäht.

Das Aus der Zinnproduktion führte zu Elend und Arbeitslosigkeit, viele Minenarbeiter wanderten in der Folge aus. **St. Just-in-Penwith**, einst das geschäftige Zentrum einer Industrieregion, lebt heute vom Tourismus und eignet sich als Ausgangsbasis für die Erkundung der Gegend. Dem Ort vorgelagert ist das windumtoste **Cape Cornwall** – in vieler Hinsicht attraktiver und fotogener als die Touristenfalle **Land's End**. Unweit von hier liegt auch **Sennen Cove**, eine der schönsten Buchten auf der Penwith Peninsula.

INFO

Information: www.stjust.org/about-st-just/town-guide
Zennor Wayside Museum, Zennor, St. Ives, Cornwall, TR26 3DA, www.chycor.co.uk/tourism/zenor_museum, April/Okt. So–Fr 11–17, Mai–Sept. So–Fr 10.30–17.30 Uhr, Sommersaison auch Sa.
Geevor Tin Mine, Pendeen, Cornwall, TR19 7EW, Tel. 01736 788662, www.geevor.com, Nov.–März 9–16, April–Okt. 9–17 Uhr, Erw £ 11, Kinder (ab 4 Jahre)/Studenten £ 6,50, erm. £ 9,50.
Essen und Trinken/Übernachten:
Tinners Arms Pub, Zennor, St. Ives, Cornwall, TR26 3BY, www.tinnersarms.com, Mo–Sa 11.30–23, So 12–22.30 Uhr. Auch Zimmervermietung, DZ ab £ 95.

26 Hartland Peninsula – Küstenwanderung mit Wasserfällen und Museumsdorf

Überwältigende Ausblicke auf die Küste und das Meer verspricht der Abschnitt des **South West Coast Path** rund um die Hartland-Halbinsel in Norddevon. Er stellt allerdings auch einige Anforderungen an den Wanderer. Südlich des Hartland Point bestehen die Klippen der **Steilküste** aus dunklen, zerklüfteten Felsen, die tektonische Plattenbewegungen vor ca. 300 Mio. Jahren nach oben drückten. Bei Ebbe kann man zwischen den wie eine Ziehharmonika aufgefalteten Felsadern an **Blegberry** und **Broad Beach** klettern.

Am Hartland Quay befand sich im 16. Jh. ein bedeutender Hafen, dessen Kai allerdings bei einer Sturmflut im Jahr 1887 hinweggeschwemmt wurde. In der ehemaligen Zollstation bietet heute das **Hartland Quay Hotel** Unterkunft und Verpflegung. Zudem

Vogelinsel Lundy

Von der Landzunge am Hartland Point sieht man in der Ferne die **Vogelinsel Lundy**, benannt nach den Papagaientauchern (altnordisch *lunde*, engl. *puffin*), die hier einst in großer Anzahl nisteten. Heute gibt es noch eine kleine Kolonie ebenso wie zahlreiche Seehunde. Die 5 km lange Insel im Strom zwischen Bristolkanal und Atlantik gehört zu den wenigen Marineschutzgebieten Englands, u. a. wegen der zahlreichen Korallenriffe rund um das Eiland. Im Mittelalter hausten hier Piraten, König Henry VIII. errichtete auf der Südseite eine Burg. Heute erreicht man die Insel auf Tagesausflügen von Bideford und Ilfracombe (**Lundy Shore Office**, The Quay, Bideford, EX39 2LY, Tel. 01271 863 636, www.lundyisland.co.uk, März–Okt., MS Oldenburg, Erw. £ 35, Kinder £ 18). Der **Landmark Trust** (s. Kap. 101) bietet auf Lundy zahlreiche Ferienunterkünfte an.

Zerklüftete Felsen am Hartland Point

wurde hier ein kleines **Museum** eingerichtet, das von Schmugglern und gestrandeten Schiffen berichtet. Viele Schiffe fanden den Weg zum schützenden Hafen nicht, weshalb zahlreiche Wracks den Küstenstreifen pflastern. Bevor 1847 der **Leuchtturm am Hartland Point** entstand, diente der 40 m hohe Kirchturm der St. Nectan's Church (der höchste in Devon) im benachbarten Örtchen **Stoke** als Orientierung. Die Kirche geht auf das 12. Jh. zurück und gehörte zur Augustinerabtei **Hartland Abbey**, deren Herrenhaus und Gartenanlage man besichtigen kann. Henry VIII. vermachte das Anwesen William Abbot, dessen Nachkommen – die Familie Stucley – noch heute das Hartland Abbey Hotel führen. Südlich von Stoke erstreckt sich die Biosphäre des **Speke's Valley**, mit seltener Flora und Fauna. Am Surferstrand von **Speke's Mill Mouth** ergießt sich ein spektakulärer **Wasserfall** ins Meer.

Steile Dorfstraße in Clovelly

Vom **Hartland Point** in südöstliche Richtung, vorbei am **Wasserfall beim Mouthmill Beach**, gelangt man bald nach **Clovelly**. Das ehemalige Fischerdörfchen mit 443 Seelen, seit 1738 im Besitz der Hamlyn Familie, ist bereits seit über 100 Jahren ein **Museumsdorf**. Im Sommer fallen hier Scharen von Bustouristen ein. 1885 beschrieb der Schriftsteller **Charles Kingsley** (1819–1975) das Zuhause seiner Kindheit im Roman „Westward Ho!". Seit 1889 sorgen die Hamlyns dafür, dass der Charakter des Dorfes erhalten bleibt. Atemberaubend ist hier nicht nur die Aussicht: die Dorfstraße fällt 120 m steil zum Hafen ab, sodass Fahrzeuge sie nicht bewältigen können. Die Anwohner behalfen sich früher mit Eseln, heute dienen Schlitten zum Transport von Gegenständen. Ab- und Aufstieg auf der kopfsteingepflasterten Straße sind dementsprechend beschwerlich. Für Gehbehinderte und Fußmüde wird jedoch ein Shuttleservice zum Hafen angeboten.

INFO

Information: www.hartlandpeninsula.co.uk, www.clovelly.co.uk. **Hartland Abbey**, Hartland, Bideford, Devon, EX39 6DT, Tel. 01237 441234, www.hartlandabbey.co.uk, März–Okt. So–Do, Haus 14–17, Garten 11.30–17 Uhr, Erw. £ 10,50, Kinder £ 4, erm. £ 10.

Übernachten: Hartland Quay Hotel, Hartland, Bideford, Devon, EX39 6DU, Tel. 01237 441 218, www.hartlandquayhotel.co.uk. **Hartland House & Spa**, Long Furlong, Hartland, EX39 6AT, www.hartlandhouseretreat.com. Verschiedene Cottages mit Spa und Schwimmbad, 4 Pers. ab ca. £ 650 pro Woche.

27 Exmoor – grüne Täler, karge Hügel, wild lebende Ponys

Von allen Mooren Englands bietet das Exmoor sicherlich die abwechslungsreichste Landschaft: Von windgefegten Hügeln und Tälern bis zu tiefgründigen, baumbestandenen Schluchten ist alles vorhanden. Seit 1952 als Nationalpark geschützt erstreckt es sich zwischen den Counties Norddevon und Somerset von Combe Martin im Westen und Dulverton im Süden bis nach Minehead im Osten. Im südlichen Teil des Moors schlängelt sich der **River Barle** durch sattgrüne Wiesen umgeben von Laubwäldern. Etwa 10 km nordwestlich von Dulverton gelangt man zu den **Tarr Steps**, einer Steinplattenbrücke *(clapper bridge)* aus dem Mittelalter, die hier

Exmoor Ponys und Reiterurlaub

Die Chancen, eines der seltenen **Exmoor Ponys** in freier Wildbahn zu Gesicht zu bekommen, sind gering, da es nur noch etwa 300 wildlebende Tiere gibt. Die anderen sind im Besitz von Züchtern und Landwirten. Man nimmt an, dass die Ponys eng verwandt sind mit Wildpferden der Frühzeit, die bei der Eisschmelze nach der letzten Eiszeit in bergigen Gegenden überlebten. Die Rasse von gedrungenem Wuchs mit dichtem Fell und buschiger Mähne ist demnach über 10.000 Jahre alt. Sie unterscheidet sich von anderen vor allem durch den großen Kopf und die Kieferknochen. Im **Exmoor Pony Centre** in Dulverton hat es sich der **Moorland Mousie Trust** zur Aufgabe gemacht, die Ponyrasse vor dem Aussterben zu bewahren. Hier kann man eine *Taster Session* buchen, um sich als Neuling im Ponyreiten zu versuchen.
Moorland Mousie Trust, Exmoor Pony Centre, Ashwick, Dulverton, TA22 9QE, Tel. 01398 323 093, www.moorlandmousietrust.org.uk, So–Fr 10–16 Uhr, Eintritt frei.
Reiterurlaub: **Spirit of Exmoor Riding Holidays**, High Bullen Farm, Ilkerton, Barbrook, Lynton, EX35 6PH, Tel. 01598 753318, www.spiritofexmoor.com. Einführungskurs (2 ÜN mit Vollpension) £ 250 p. P. **Brendon Manor Riding Stables**, Lynton, EX35 6LQ, Tel. 01598 741246, oareford@freeuk.com. Verschiedene Kurse.

Sattgrüne Wiesen und bewaldete Täler im Exmoor

auf 55 m den Fluss überspannt. Rund um **Simonsbath**, ca. 17 km weiter flußaufwärts, findet man in Form eines Birkenwäldchens noch die Überreste des einstigen **Exmoor Forest**, eines königlichen Jagdgebietes aus normannischer Zeit. Im Jahr 1818 siedelte sich ein gewisser John Knight hier an, der die Weichen für die Landwirtschaft stellte. Daraus resultierte die Abholzung der Waldflächen sowie die Kultivierung der Moorlandschaft, die heute noch durch grasende Schafherden und Rodung erhalten wird. Je weiter nördlich man fährt, desto höher und karger werden die Hügel, die steil in bewaldete Täler abfallen. Die höchste Erhebung ist mit 519 m der **Dunkery Beacon**, der sich hinter der Küste bei Porlock (s. Kap. 28) erhebt. Das Exmoor hat auch die höchste Seeklippe des Landes: 244 m türmt sich der Felsen **Great Hangman** bei Combe Martin über den Wogen des Meers auf.

Romantische Räuberbraut

Der Schriftsteller **Richard Doddrige Blackmore** machte 1869 mit seinem Roman über die schöne **Lorna Doone** das Exmoor für Touristen populär. Die Tochter eines Räuberhauptmanns verliebt sich in einen armen Burschen, der auf Rache aus ist, da der Clan seinen Vater ermordet hat. Nach vielen Irrungen und Wirrungen gibt es für die beiden ein Happy End im Exmoor. Das **Lorna Doone Country** befindet sich zwischen East Lyn River und Badgworthy Water bei Malmsmead.

INFO

Informationen: www.activeexmoor.com, www.visit-exmoor.co.uk. **Dulverton National Park Centre**, 7–9 Fore Street, Dulverton, West Somerset, TA22 9EX, Tel. 01398 323841, www.exmoor-nationalpark.gov.uk, tgl. 10–17 Uhr. Weitere Besucherzentren in Dunster und Lymouth.

Aktivitäten:
Wimbleball Activities Centre, Brompton Regis, Dulverton, Somerset, TA22 9NU, Tel. 01398 371460, www.swlakestrust.org.uk, Sa–Mi 9–17 Uhr. Am Wimbleball Lake bei Haddon Hill gibt es neben verschiedenen Wassersportangeboten auch Bogenschießen, Free Climbing etc.

28 Steile Schluchten in Little Switzerland – das Küstengebiet des Exmoor

Die spektakuläre **Küstenstrasse A39** windet sich zwischen Dunster und Combe Martin in Serpentinen um die höchsten Klippen. Auf den Höhen eröffnet sich ein weiter Blick über den **Exmoor National Park** (s. Kap. 27), dessen Küstengebiet sich aufteilt zwischen den Grafschaften Somerset und Devon. Geht es hinunter ins Tal, muss man mit steilem Gefälle rechnen. Kein Wunder, dass die Gegend sich den Spitznamen „Little Switzerland" (kleine Schweiz), eingehandelt hat.

Folgt man der A39 Richtung Westen, passiert man **Dunster**. Das historische Örtchen an der Grenze zum Nationalpark besitzt ein altes Marktkreuz, **Yarn Market**, aus dem Jahr 1609, wo früher das Wolltuch der Gegend, genannt *Dunsters*, verkauft wurde. Über allem thront das Märchenschloss **Dunster Castle**. Es entstand im 11. Jh. unter William de Mohun und war ab dem 14. Jh. im Besitz der Familie Luttrell. Im 19. Jh. erhielt es seine heutige Fassade und wird heute vom National Trust verwaltet. In **Minehead**, der größten Stadt der Region, beginnt bzw. endet der **South West Coast Path** – je nachdem in welche Richtung man wandert. Im Ort gibt es zahlreiche Unterkünfte, Restaurants und Einkaufsmöglichkeiten sowie einen altmodischen **Butlins Ferienpark**. Die weite Bucht ist jedoch sehr steinig. Westlich von hier gelangt man zum pittoresken Dörfchen **Porlock** oberhalb des Hafens in **Porlock Weir**.

In Richtung Lynmouth hat man beim **Porlock Hill** die Wahl: die A39, Steigung 1 zu 4 (25 %), oder die Toll Road (£ 2), Steigung 1 zu 14 (7,2 %). Wer mutig ist, wählt die steilen Haarnadelkurven der A39, die Toll Road bietet allerdings die bessere

Das Märchenschloss Dunster Castle

Aussicht. Bei Eis und Schnee blieben in der Vergangenheit die steilen Küstenstraßen oft unpassierbar. Wenn die Pferdewagen es früher nicht mehr nach oben schafften, war der Hafen in **Lynmouth** die einzige Verbindung zur Außenwelt. Nach **Lynton**, auf dem Berg, gab es dann keinen Kontakt. Sir George Newnes (1851–1910), Publizist und Gönner der Stadt, hatte 1887 die rettende Idee: den Bau einer **Cliff Railway** (Standseilbahn). Seit 1890 ist die, mithilfe von Wassertanks betriebene, Bahn in Betrieb. Wer vom kleinen „Schweizertal" Lynmouth per Bahn nach Lynton gelangt ist, kann von hier einen Abstecher in das beeindruckende Felsenmeer **Valley of Rocks** machen.

Person from Porlock

Porlock kam durch den Poeten **Samuel Taylor Coleridge** (1772–1834) zu zweifelhaftem Ruhm. Er lebte 1797 in Nether Stowey, in den Quantock Hills. Eines Tages erwachte er aus einer Opiumtrance und begann das Gedicht **Kublai Khan** niederzuschreiben, als er durch eine Person aus Porlock gestört wurde, die an seine Tür pochte und ihn in Diskussionen verwickelte. Wieder am Schreibtisch, war die Inspiration entfleucht und das Gedicht blieb mit 54 Zeilen unvollendet. „Person from Porlock" ist noch heute eine gebräuchliche Bezeichnung für unliebsame Unterbrechungen. Der **Coleridge Way** folgt einer imaginären Wanderung des Dichters 36 Meilen (58 km) von Nether Stowey bis Porlock (http://coleridgeway.co.uk).

Wieder auf der A39 passiert man die steilste Küstenklippe Englands, den 244 m hohen **Great Hangman** bei Combe Martin. Danach entspannt sich die Lage und man gelangt in das viktorianische Örtchen **Ilfracombe**. Hier gibt es u. a. ein historisches Meerwasserschwimmbad und einen alljährlichen Wettbewerb im Sandburgenbauen. Das benachbarte **Woolacombe** ist ebenfalls ein beliebtes Seebad.

Cliff Railway zwischen Lynmouth und Lynton

INFO

Information: www.minehead.co.uk, www.porlock.co.uk, www.lynton-lynmouth-tourism.co.uk, www.visitilfracombe.co.uk, www.woolacombetourism.co.uk.
Dunster Castle, Dunster, Nähe Minehead, Somerset, TA24 6SL, Tel. 01643 823004 oder -821314, www.nationaltrust.org.uk/dunster-castle, April–Okt. tgl. 11–17, Park ab 10 Uhr, Nov.–März Öffnungzeiten variabel, Erw. £ 11,20, Kinder £ 5,60.
Lynton/Lynmouth Cliff Railway, The Esplanade, Lynmouth, North Devon, EX35 6EQ, Tel. 01598 753486, www.cliffrailwaylynton.co.uk, März–Okt. 10–17/18, im Sommer 19/20 Uhr, Rückfahrtticket Erw. £3,20, Kinder £ 2.
Aktivitäten: Butlins, Warren Road, Minehead, Somerset, TA24 5SH, Tel. 0845 070 4754 oder -72, www.butlins.com, Öffnungszeiten/Preise variabel nach Saison, im Sommer tgl. 9.30–18 Uhr, Erw. £ 25, Kinder £ 17. Freizeitpark mit Schwimmbad, Kirmes, Sportangeboten etc.

29 Birdwatching und Robbenausflug in North Norfolk

Hier wird gesegelt – der Hafen von Wells-next-the-Sea

Ein Naturerlebnis ganz besonderer Art bietet der Norden der Grafschaft Norfolk. Entlang der Küste verläuft der **North Norfolk Coast Path**, ein National Trail, der sich mit der alten römischen Handelsstraße des **Peddars Way** überschneidet, die von Holme aus landeinwärts führt. Paralell dazu hält die kurvenreiche Landstraße A149 immer neue Aussichten bereit. Der Küstenstreifen von **Holme** bis **Cley-next-the-Sea** ist eine urtümliche Landschaft aus Dünen und Salzmarschen, durchbrochen von kleinen Flüsschen. Aufgrund der starken Gezeiten unterliegt die Landschaft dramatischen Veränderungen. Steht man bei Ebbe vor einem trockenen Flussbett, muss man wenige Minuten später die Hose hochkrempeln, um durch das kniehohe Wasser zu waten. Eine Erkundung per Kanu bietet sich daher an. Das Marschland eignet sich vorzüglich für die in England weitverbreitete Freizeitbeschäftigung des

Fein speisen

North Norfolk ist für seine ausgezeichnete Gastronomie bekannt. **Morston Hall** ist ein Michelin-besterntes Hotelrestaurant des Starkochs **Galton Blackiston** (www.morstonhall.com). Zum Sonntagslunch gibt es hier ein 3-Gänge-Menu für £ 35. In den *Eating Rooms* des **Titchwell Manor Hotels** kann man den Afternoon Tea zu sich nehmen (www.titchwellmanor.com). Im **White Horse** in Brancaster gibt es ebenfalls eine Terasse und fantastische Fischgerichte (www.whitehorsebrancaster.co.uk, Vorspeisen ab £ 8, Hauptgerichte ab £ 16). Ende Juli/Anfang August darf man es sich beim **North Norfolk Food Festival** gut gehen lassen (www.northnorfolkfoodfestival.co.uk).

Blakeney's Robbenkolonie

Birdwatching, d. h. der Vogelsafari. Mit einem Fernglas bewaffnet beobachten Vogelliebhaber stundenlang Stelzvögel. Die **Besucherzentren** der Vogelschutzorganisation RSPB und des Norfolk Wildlife Trust in **Cley** und **Titchwell** an der A149 geben Auskunft. Gelegenheit zum Baden bietet sich bei **Wells-next-the-Sea**. Die größte Attraktion des kleinen Fischerdörfchens ist der ca. 2 km nördlich gelegene Strand bei **Holkham Bay**.

Der Höhepunkt einer Erkundung der Gegend ist der Besuch der **Robbenkolonie** am **Blakeney Point**. Auf die Landspitze führt ein Wanderweg von Cley-next-the-Sea. Empfehlenswerter ist jedoch ein Bootsausflug von Blakeney oder Morston Quay. Verschiedene Boote bieten Ausflüge rund um die Landzunge an. Die Boote fahren, je nach Wasserstand zweimal pro Tag, Voranmeldung ist unbedingt erforderlich. Bei der Annäherung an die Landzunge begleiten einige verspielte Tiere die Boote. Sie sind im Wasser sehr wendig und schwimmen mit einer Geschwindigkeit von bis zu 20 kmh. Die Kolonie besteht aus ca. 500 Seehunden *(common seal)* und Kegelrobben *(grey seal)*, die sich auf der Landzunge aalen. Die Robben siedeln hier aufgrund der fischreichen Gewässer, denn eine ausgewachsene Robbe verspeist ca. 10 kg Fisch pro Tag. Das Boot fährt mehrere Runden, sodass man ausreichend Zeit hat, die Tiere aus relativer Nähe zu beobachten.

INFO

Information:
www.visitnorthnorfolk.com; www.norfolkcoastaonb.org.uk.

Birdwatching:
Norfolk Wildlife Trust, Cley Marshes, Cley-next-the-Sea, Norfolk, NR25 7SA, Tel. 01263 740008, www.norfolkwildlifetrust.org.uk, tgl. April–Okt. 10–17, Nov.–März 10–16 Uhr, £ 5.
RSPB Titchwell Marsh, Nähe Hunstanton, Norfolk, PE31 8BB, Tel. 01485 210779, www.rspb.org.uk, tgl. 9.30–17, Nov.–Feb. bis 16 Uhr, Parkgebühr £ 5.

Robbenausflug:
Bishop's Boats, Tel. 01263 740241, www.bishopsboats.com; **Beans Boat Trips**, Tel. 01263 740505, www.beansboattrips.co.uk; **Temples Seal Trips**, Tel. 01263 740791, www.sealtrips.co.uk; Preise für alle drei Anbieter: Erw. £ 10, Kinder (bis 14 Jahre) £ 5.

Übernachten: Cley Windmill, Cley-next-the-Sea, Norfolk, NR25 7RP, Tel. 01263 740209, www.cleywindmill.co.uk. B&B in einer stimmungsvollen historischen Windmühle. So–Do ab £ 110.

Seebäder, Flusslandschaften & Kanäle

St. Oswald's Bay

30 Badevergnügen – Strände, Lidos, Seawater Pools

Im 18. Jh. wurde das Baden in der See von britischen Medizinern als gesundheitsfördernd deklariert und löste die Trinkkuren in Heilbädern wie Bath (s. Kap. 6) ab. Dr. Richard Russell (1687–1759) bot in **Brighton** um 1740 Kuren an, die neben dem Bad auch das Trinken von Meerwasser einschlossen. Auch Dr. John Crane aus Weymouth bewarb das frühmorgendliche Bad in der See. Diese „Kur" bestand im Wesentlichen darin, dass man mehrmals kopfüber in das kalte Wasser eintauchte. Ein *Dipper* (Eintunker) passte auf, dass die widerstrebenden Patienten die Prozedur auch richtig durchführten. Der Prinzregent – später George IV. – bevorzugte Brighton und kam von 1783 bis 1827 regelmäßig hierher. Sein Vater, George III., begab sich nach **Weymouth** (s. Kap. 90). Die betuchte Gesellschaft folgte dem Trend und die ersten britischen Seebäder waren geboren. Queen Victoria setzte die Tradition mit ihrer Liebe zur **Isle of Wight** fort (s. Kap. 56).

Der Meerwasserpool in Bude – direkt in die Felsen gebaut

In den 1920er- und 30er-Jahren wurde Schwimmen zum Volkssport. Verschwunden waren die Badewagen und unbequeme Bekleidung der Viktorianer. Stattdessen trug man nun elastische Badekostüme, zeigte mehr Haut und frönte dem Sonnenbaden. Die Stadtverwaltungen investierten heftigst in neue Einrichtungen, zu denen auch die **Lidos** gehörten. Ganze 169 Bäder entstanden in Großbritannien in den 1930er-Jahren, oft direkt an den Uferpromenaden. Nur wenige Jahrzehnte später lockten die Mittelmeerküsten als Ferienziel und den Lidos drohte der Abriss. In den letzten

Wasserqualität und Life Guards

Heute wird die Wasserqualität an den Stränden regelmäßig getestet und die Daten sind bei der **Umweltbehörde** abrufbar (http://environment.data.gov.uk/bwq). Fast überall kann man sich getrost ins kühle Nass begeben. Die Qualitätsbewertung **Blue Flag** (Blaue Flagge), zeichnet besonders herausragende Strände aus. Hier spielt nicht nur die Wasserqualität eine Rolle, sondern auch die Verfügbarkeit von *Life Guards* (Rettungsschwimmern), sanitären Anlagen, Infrastruktur, allgemeine Präsentation etc. An den großen Stränden gibt es Toiletten und Freiluftduschen. Wo gesurft wird, finden sich auch geschlossene Duschanlagen und Toilettenblöcke. Die **Life Guards** wachen über die Badenden, der **Seenotrettungsdienst** RNLI greift ein, wenn Wassersportler bzw. Boote auf offenem Meer in Seenot geraten.

Bucket-and-Spade-Urlaub – am Strand mit der ganzen Familie

Jahren haben Bürgerinitiativen sich daran gemacht, die Badeanstalten vor dem Verfall zu retten. Viele der denkmalgeschützten Bauwerke erstrahlen nun im alten Glanz der Jugendstilspielart Art Déco.

An einigen Stränden findet man historische **seawater pools**, die sich bei Flut mit Meerwasser füllen und dann bei Ebbe nutzbar sind. An der Felsenküste Cornwalls und Devons gibt es auch viele natürliche Gezeitentümpel, sogenannte **rockpools**, in denen Kinder mit Vorliebe spielen.

INFO

Information: www.britishbeaches.info/beaches; www.visitbritain.com/en/Top-10-British-beaches; http://rnli.org/aboutus/lifeguardsandbeaches.

Baden: **Bude Sea Pool**, Bude, Summerleaze Beach, Devon, EX23 8HN www. budeseapool.net. Dieser schöne *seawater pool* wurde 1930 direkt in die Felsenküste gebaut. Er wird zweimal täglich von der Flut aufgefüllt (ca. 1,5–2m tief).

Tinside Lido, Hoe Road, Plymouth, Devon, PL1 3DE, www.visitplymouth.co.uk, Juni–Sept. Meerwasserschwimmbad von 1935 am Plymouth Hoe (s. Kap. 11).

Jubilee Pool, The Promenade, Penzance, Cornwall, TR18 4UU, www.jubileepool.co.uk, Juni–Sept. Der Lido entstand 1935 aus Anlass des Silberjubiläums von König George V.

Lymington Sea Water Baths, Bath Road, Lymington, Hampshire, SO41 3SE, www.lymingtonseawaterbaths.org.uk, Juni–Sept. Meerwasserschwimmbad mit Blick auf den Jachthafen, enstanden um 1833.

Shoalstone Pool, Berry Head Road, Brixham, Devon, TQ5 9AE, www.shoalstonepool.co.uk, Mai–Sept. Das Meerwasserschwimmbad wurde im Jahr 1926 direkt in die Felsen gebaut.

31 British Seaside – der Brighton Pier

Brighton wird oft als *London-by-the-sea* bezeichnet. Das kulturelle Angebot, die Gastronomie und das Nachtleben der Verwaltungseinheit Brighton und Hove kann sich mit dem der Hauptstadt messen. Im Einkaufsviertel **The Lanes** findet man in trendigen Boutiquen alles, was das Herz begehrt. Während der hiesige Kiesstrand sich nicht für einen längeren Badeaufenthalt eignet, ist Brighton ideal für einen Kurzurlaub. Londoner verbringen hier gerne ein verlängertes Wochenende an der See, ohne den gewohnten Lebensstil vermissen zu müssen.

Schon als Prinzregent machte der spätere König George IV. (Sohn von George III.) Brighton als Seebad beliebt (s. Kap. 30). Vom Architekten Henry Holland ließ er sich 1787 zunächst den **Marine Pavilion** bauen. Von 1815 bis 1823 wurde das klassizistische Gebäude von Georges extravagantem Hofarchitekten **John Nash** mit Kuppeln und Minaretten versehen und in seine orientalisch anmutende Form gebracht. Auch die Innenräume des Gebäudes wurden opulent ausgestattet. Hier unterhielt George dann die feine Gesellschaft mit seiner Maitresse, Mrs. Fitzherbert.

Mit dem aufkeimenden Massentourismus der viktorianischen Ära entstanden in den Seebädern neben Hotels, Gartenanlagen und Promenaden auch die ersten **Pleasure Piers**. Brighton konnte gleich zwei davon vorweisen: den **West Pier** aus dem Jahr 1866, der allerdings in den 1970er Jahren völlig niederbrannte, und den **Palace Pier**. Er eröffnete im Jahr 1899 und ist heute ebenso beliebt wie damals. Durch diese langen Piers konnten Ausflugsschiffe auch dort anlegen, wo es aufgrund starker Gezeiten keinen schiffbaren Hafen gab, wie z. B. in Ryde (Isle of Wight), Eastbourne und Weston-super-Mare. Nach und nach füllten sich die Piers mit Cafés, Süßwarenläden und einem Angebot an kurzweiliger Unterhaltung. Im **Pier-Theater**, das in Brighton heute nicht mehr existiert, wurden früher Varietéveranstaltungen gezeigt. Ein preiswerter

Salziges und Süßes

Der Geruch von Bratfisch, das Kreischen der Möwen untermalt vom Rauschen der Brandung – dies löst nicht nur bei Briten Urlaubserinnerungen aus. Am Meer ist man entspannt und isst gerne im Freien. Dazu eignen sich bestens **Fish & Chips**, die man in Brighton am besten im Palm Court Restaurant auf dem Pier probiert. Zu den traditionellen Süssigkeiten an der See gehören in Großbritannien die **Candyfloss** (Zuckerwatte) und der sogenannte **Rock**. Benannt nach den größten Seebädern, Blackpool und Brighton, handelt es sich um eine kaubare Pfefferminzstange (ein Plombenzieher). Der Volkssänger **George Formby** (1904–61) besang mit seiner Ukulele seinen *Little stick of Blackpool Rock*, mit vielen anzüglichen Kommentaren. Dem Schriftsteller **Graham Greene** diente das Kaubonbon sogar als Titel zur Novelle „Brighton Rock" (1938), verfilmt 1947 und 2010 (s. 244).

Palace Pier in Brighton – Urlaubermagnet seit 115 Jahren

Zeitvertreib waren und sind die **Penny Arcades**, wo man mit Pfennigen Spielautomaten betätigt. Der Brighton Pier ging mit der Zeit und stellte bereits Ende der 1980er-Jahre auf Computerspiele um. Auch die Fahrgeschäfte (*rides*) werden hier immer auf den neuesten Stand gebracht.

In den 1960er-Jahren war der Brighton Beach Austragungsort von Rangeleien zwischen Mods und Rockern. Noch heute ist Brighton ein Anziehungsort für Szenegestalten und bekannt für seine Bars und Nachtclubs und die Schwulenszene. Der DJ Fatboy Slim, alias Norman Cook, veranstaltete 2002 zum ersten Mal die legendäre **Beach Boutique Party** am Strand von Brighton. 2014 findet unter seiner Führung das Festival **We Are FSTVL** (www.wearefstvl.com) statt. Außerdem führt der Ehrenbürger Brightons heute das Big Beach Café in Hove (s. u.).

INFO

Information:
Brighton Tourist Information, Brighton Pier, King's Road, Brighton, East Sussex, BN1 1EE, Tel. 01273 290337, www.visitbrighton.com, tgl. 10–19 Uhr.
Veranstaltungen: http://brightonsource.co.uk, http://brightondome.org, www.gaybrighton.com.
Essen und Trinken:
Big Beach Café, Hove Lagoon, Kingsway, Hove, East Sussex, BN3 4LX, Tel. 01273 911080, www.bigbeachcafe.com, tgl. 9.30–17 Uhr.

32 Go East – Krabbenfischen in Cromer

Im Gegensatz zu den flachen Salzmarschen im Norden ist die Ostküste Norfolks von Steilklippen geprägt. Die charaktervollen Seebäder **Cromer** und **Sheringham** eignen sich als Basis für eine Erkundung.

Im viktorianischen Altstadtkern von **Cromer** reihen sich Pensionen, Fish&Chip-Shops und Cafés aneinander. Von der Esplanade überblickt man den langen Sandstrand in dessen Mitte der viktorianische **Cromer Pier** auf langen Stelzen aus der See ragt. Es gibt keinen besseren Blick auf Cromer, als vom Pier aus. Zu den beliebtesten Beschäftigungen gehört hier das *Crabbing* (**Krabbenfischen**) nach großen braunen Nordseekrabben. Eimer, Angelschnur und Köder, erhält man in den Piershops. Die langen Schnüre werden an das Piergeländer gebunden und mit den Ködern ins Wasser gelassen. Die Krabben beißen sich am Köder fest, man zieht sie herauf und bewundert sie im wassergefüllten Eimer. Hinterher werden sie meist wieder ins Wasser zurückgelassen. Wer die Tiere auf die Hand nehmen will,

Das Pier Theatre in Cromer

Selbstgefangene Nordseekrabben

sollte darauf vorbereitet sein, von den scharfen Scheren gezwickt zu werden. Wer vom Fischen Appetit bekommt, kann sich mit frischen Krabbensandwiches in den Cafés vor Ort stärken.

Der eiserne Pier (151 m lang), wie man ihn heute kennt, entstand im Jahr 1900. Am Ende des Stegs errichtete man 1923 eine Lifeboat-Station. Schon 1905 baute man das **Pier Theatre**, dessen Boden 1908 mit Holz verkleidet wurde, damit man darauf Rollschuh laufen konnte. Heute bietet das Theater die einzige selbst produzierte **End of Pier Show** in Großbritannien, das sogenannte Seaside Special. Nachdem die **Amusement Arcade** auf dem Cromer Pier 1990 durch einen Sturm zerstört wurde, beschlossen die findigen Stadtverwalter das Theater wiederzubeleben. Inzwischen sorgen Talentshows wie „X-Factor" und „Britain's Got Talent" für beständigen Nachwuchs an Sängern und Showkünstlern, die auch wieder ein jüngeres Publikum anziehen. Die Investition in die Show, die jedes Jahr neu produziert wird, hat sich ausgezahlt, denn die Aufführungen sind meist ausverkauft.

Im charmanten **Sheringham** gibt es einen Blue Flag Strand (s. Kap. 30) im Norden der Stadt. Sehenswert ist das Museum **The Mo**, das von den mutigen Seeleuten und Schiffsbauern der Gegend erzählt. Es dokumentiert auch die Arbeit des Seenotrettungsdienstes RNLI (Royal National Lifeboat Institution, s. Kap. 30), der hier eine Station hat. Bereits 1838 gab es in Sheringham das erste *lifeboat*.

Der Coasthopper Bus

Der Coasthopper Bus verkehrt zwischen **Kings's Lynn** und **Cromer** auf verschiedenen Teilstrecken. An der Küste folgt er der Landstraße A149 und gibt unterwegs Anbindung an alle kleineren Orte. Mit dem **Coasthopper Explorer Ticket** kann man unbegrenzt auf allen Linien reisen und die Gegend erkunden (www.coasthopper.co.uk, Mo–Sa 9–18 Uhr, Explorer Ticket Erw. £ 10, Kinder £ 6).

INFO

Information:
North Norfolk Information Centre, Louden Road, Cromer, Norfolk, NR27 9EF, Tel. 01263 512497, www.visitnorfolk.co.uk.
Seaside Special, Cromer Pier, Cromer, Norfolk, NR27 9HE, Juni–Sept., Tel. 01263 512495, www.cromerpier.com, £ 10–23.
The Mo, Sheringham Museum, Lifeboat Plain, Sheringham, Norfolk, NR26 8BG, www.sheringhammuseum.co.uk, März–Nov. Di–Sa 10–16.30, So 12–16 Uhr, Erw. £ 3,70, Kinder £ 2.
Übernachten: Camberley House, Sheringham, Norfolk, NR26 8BJ, Tel. 01263 823101, www.camberleyhouse.co.uk. Nettes B&B. DZ ab £ 64.
Camping: Woodhill Park, Cromer Road, East Runton, Norfolk, NR27 9PX, www.woodhill-park.com.

33 Southwold – ein Pier mit besonderem Unterhaltungswert

Sorgt für Belustigung – die Water Clock

Southwold und seine hübschen Strände verführen die Besucher mit ihrem altmodischen Charme. Mitten aus dem Zentrum der kleinen Stadt in Suffolk ragt der historische weiße **Leuchtturm** hervor, der noch in Betrieb ist. Der Ort lebte früher von der Fischerei: Heringe wurden hier gesalzen und in Fässer verpackt, bis im frühen 18. Jh. der Hafen versandete. Zu den dramatischsten Ereignissen in der Geschichte Southwolds gehört die **Seeschlacht von Solebay**, die 1672 vor der hiesigen Küste gegen die Holländer geschlagen wurde. 800 Verletzte wurden in Southwold an Land gebracht und die Stadt glich einem riesigen Hospital. Weitere Einblicke in die Geschichte der Stadt gibt das **Southwold Museum**. Unweit vom Museum, auf der nördlichen High Street, findet sich das unscheinbare Montague House. Es war das Rentendomizil des Vaters von **George Orwell** (1903–1950). Eine kleine Plakette am Haus erinnert an den Schriftsteller, der auch selbst zeitweilig hier lebte. Zu den nostalgischen Attraktionen der Stadt gehört das Programmkino **Electric Picture Palace**. Der Nachbau eines Kinos aus den 1920er-Jahren hat nur 66 Sitzplätze und zeigt viele Schwarz-Weiß-Filme.

Rätselraten im Wachsmuseum

Das nördlich von Southwold liegende Seebad **Great Yarmouth** war in den 1960er-Jahren auf Massentourismus ausgerichtet. Heute kämpft es gegen den Verfall. Am langgestreckten Strand reihen sich in die Jahre gekommene Fahrgeschäfte und Amusements aneinander, von denen einige jedoch durchaus ihren Reiz haben, wie z. B. die **Merrivale Model Village** in den Pleasure Beach Gardens (Marine Parade, Great Yarmouth, Norfolk, NR30 3JG, Tel. 01493 842097, www.merrivalemodelvillage.co.uk, Öffnungszeiten je nach Saison, Erwachsene £ 7, Kinder £ 6,). Herzhaft lachen kann man im **Louis Tussaud's House of Wax** (18 Regent Road, Great Yarmouth, Norfolk, NR30 2AF, Tel. 01493 844851, www.louis-tussauds.co.uk, tgl. 11–17/18 Uhr, Erwachsene £ 5, Kinder £ 2,). Das „schlechteste Museum Großbritanniens", bei dem die Wachsfiguren so unkenntlich sind, das der Besuch zum lustigen Rätselraten wird, hat inzwischen Tausende von Fans. Der Eigentümer Peter Haynes (85), angeblich ein Urenkel der bekannten Madame Tussaud, sucht derzeit nach einem Nachfolger, der an seiner Stelle das Museum weiterführen kann.

Altmodischer Charme – Southwolds Uferpromenade

Der **Southwold Pier** wurde nach vielen Sturmschäden im Jahr 2001 komplett saniert. Zu den außergewöhnlichen Amüsements gehört die **Under the Pier Show** von Tim Hunkin. Die skurrile Maschinenwelt des Ingenieurs und Cartoonisten kann man durch Münzeinwurf zum Leben erwecken. Hier erwarten einen u. a. eine *Rent-a-dog*-Maschine mit mechanischem Hund, der *Microbreak* – ein Miniurlaub vor dem Fernseher – sowie das U-Boot-Abenteuer *Bathyscape*. Schon von Weitem hört man aus der Spielhalle das Kichern der Besucher schallen, die sich den einzigartigen Behandlungen unterziehen. Ebenfalls von dem genialen Erfinder stammt die aus alten Boilern zusammengeschweißte *Water Clock*. Das Wasser wird über lustige Hindernisse in ein Becken transportiert, von dem es dann wieder heraufgepumpt wird.

Musik-Festivals in Suffolk

Beim **Latitude Festival** Ende Juni in Henham Park gibt es neben Musik auch Lesungen, Tanz und Theater (www.latitudefestival.com). Im benachbarten Aldeburgh, wurde 1948 das **Aldeburgh Festival** für klassische Musik von dem Komponisten Benjamin Britten (1913–1976) zusammen mit dem Sänger Peter Pears und dem Autor Eric Crozier ins Leben gerufen. Britten, der vor allem durch die Oper „Peter Grimes" bekannt wurde, stammte aus dem nahen Lowestoft (www.aldeburgh.co.uk).

INFO

Information: www.southwold.info.
Southwold Pier, North Parade Southwold, Suffolk, IP18 6BN, www.southwoldpier.co.uk.
Under the Pier Show, Tel. 01502 7221055, www.underthepier.com, www.timhunkin.com, tgl. im Sommer 9–19, sonst 10–17 Uhr.
Electric Picture Palace, Blackmill Road, Southwold, Suffolk, IP18 6AQ, Tel. 07815 769565, www.exploresouthwold.co.uk/cinema, Kartenverkauf Di 10.30–12 Uhr.
Übernachten: Suffolk Secrets, The Old Water Tower, Southwold, Suffolk, IP18 6TB, Tel. 01502 722717, www.suffolk-secrets.co.uk. Schöne Cottages in und um Southwold.

34 Dickens und Morris Dancing in Broadstairs

Im Bleak House gastierte Dickens höchstpersönlich

„You cannot think how delightful and fresh the place is ...", wusste der Schriftsteller **Charles Dickens** (1812–1870) über Broadstairs zu sagen. Er verbrachte von 1837 bis 1859 jeden Sommer in dem Örtchen. Der beliebte Badeort liegt an einer perfekt gerundeten Bucht, die von einer Steilklippe überthront wird. Hinter der Promenade wartet der Kern der Altstadt, die zu Dickens' Zeiten den Großteil des Ortes ausmachte. Inzwischen gehört Broadstairs zur Verwaltungseinheit **Isle of Thanet** (s. Kap. 82).

Dickens' Welt

In **Rochester** bei Chatham (s. Kap. 70) verbrachte Dickens einen Teil seiner Jugend. Dies nahm man zum Anlass dort den Erlebnispark Dickens World einzurichten. Auf einer geführten Tour *(Grand Tour)* taucht man ein in viktorianische Stadtkulissen, die zum Teil auf den Romanen des Schriftstellers basieren. Schauspieler erwecken Charaktere aus den Romanen zum Leben.
Dickens World, Leviathan Way, Chatham Maritime, Kent, ME4 4LL, Tel. 0844 858 6656, www.dickensworld.co.uk, tgl. 10–17.30 Uhr, £ 6,50. Touren müssen vorab gebucht werden.

Broadstairs Folk Week

Ein wichtiges Event im Kalender der Stadt ist die **Folk Week** in der zweiten Augustwoche. Jeder Pub wird dann zu einem Veranstaltungsort, wo den ganzen Tag Musik gespielt wird. Neben vielen regionalen Bands treten bekannte Namen aus der Folkszene auf. Tagsüber ziehen große Gruppen von Morris Dancers durch die Stadt. **Morris Dance** geht auf den nordafrikanischen Moriskentanz aus dem Mittelalter zurück. Das englische Wort leitet sich aus *Moorish dance* (maurischer Tanz) ab. Beim Formationstanz schlagen die Tänzer entweder Holzstöcke aneinander oder wedeln mit einem Taschentuch. Dazu spielt ein Musiker auf einem Akkordeon. Die Tänzer tragen Schellen an den Beinen, die beim Tanz als Rythmusinstrumente wirken. Derweil sammelt ein als Frau verkleideter Mann milde Gaben bei den Zuschauern.

Dickens wurde in Portsmouth geboren und lebte später im von Umweltverschmutzung verpesteten London. Kein Wunder, dass er sich nach frischer Seeluft sehnte. Mit seiner großen Familie, d. h. seiner Frau, ihrer Schwester und neun Kindern, mietete er das Anwesen Fort House in der Fort Road am Westende der Bucht. Das Haus wurde ihm zu Ehren nach einem seiner Romane in **Bleak House** umgetauft, denn den gleichnamigen Roman begann er angeblich hier. In dem heutigen Hotel kann man bei einer geführten Tour Dickens' Arbeitszimmer mit seinem Schreibtisch besichtigen. Einer seiner bekanntesten Romane, **„David Copperfield“**, entstand ebenfalls in Broadstairs.

Im georgianischen **Dickens House Museum** an der Promenade lebte die resolute Miss Mary Pearson Strong, die Dickens als Inspiration für die Patentante von David Copperfield, Betsey Trotwood, diente. Neben Fotos, Gemälden von Broadstairs und Zeitungsausschnitten sind insbesondere die zahlreichen Briefe des Schriftstellers interessant. Im Museum erzählen die Angestellten bereitwillig Anekdoten aus Dickens' Leben. Mitte Juni findet jedes Jahr das **Dickens Festival** statt, bei dem Fans in authentischer Verkleidung die Stadt bevölkern.

Information:
www.visitthanet.co.uk, www.visitbroadstairs.co.uk, www.broadstairsdickensfestival.co.uk.
Bleak House, Fort Road, Broadstairs, Kent, CT10 1EY, Tel. 01843 865 338, www.bleakhousebroadstairs.co.uk. Geführte Touren Mo–Sa 11–17, So 11–16 Uhr, Erw. £ 4, Kinder (bis 12 Jahre) £ 2.
Dickens House Museum, 2 Victoria Parade, Broadstairs, Kent, CT10 1QS, Tel. 01843 861232, Feb./März, Sep.–Nov. Sa/So 13–16.30, April/Mai tgl. 13–17, Juni–Aug. tgl. 10–17 Uhr, Erw. £ 2, Kinder £ 1.

INFO

35 Austern schlürfen in Whitstable

Whitstable ist seit Jahrhunderten als Hochburg der Austernfischerei bekannt. Auch ein Bummel auf der hiesigen **High Street** macht großen Spaß, denn unterwegs gibt es viel zu sehen. Die Straße entstand im 18. Jh. als Verbindungsachse nach Canterbury (s. Kap. 64) und an einem Sommertag platzt der Ort vor Tagesausflüglern aus allen Nähten. Stadtaufwärts reihen sich Antiquitäten- und Kuriositätenläden aneinander, in Richtung Hafen findet man vorwiegend individuelle Boutiquen.

Wem der Sinn nach Kultur steht, findet entlang der High Street zahlreiche Galerien. Das Kulturzentrum **The Horsebridge Art and Community Centre** zeigt Wechselausstellungen, abends werden Programmkino, Comedyvorstellungen und Livemusik geboten. Klein aber sehenswert ist das **Whitstable Museum and Gallery**. Hier kann man antike Tauchgeräte bewundern, denn in Whitstable wurde (angeblich) das Gerätetauchen erfunden. Schon Anfang des 19. Jh. sondierte man von hier aus in schweren Tauchanzügen die Küsten vor allem nach Schiffswracks, von denen man viele brauchbare Dinge bergen konnte. Taucher aus Whitstable entdeckten die vor Portsmouth gesunkene Mary Rose (s. Kap. 2) bereits 1836. Eine Sonderausstellung ist dem Schauspieler **Peter Cushing** gewidmet, der

Whitstables Fischereiflotte beliefert auch Londons Gastronomie

Cafés bieten fangfrische Austern an

hier lebte. In klassischen Horrorfilmen verkörperte er u. a. Baron Frankenstein. Zudem erfährt man im Museum einiges über die lange Tradition des **Austernfischens** (*oyster fishing*).

Bereits die Römer machten sich die hiesigen Austernbänke zunutze. Heutzutage ist die heimische Variante der **Whitstable Oyster** jedoch weitgehend verdrängt worden von der pazifischen Zuchtauster, da man sie das ganze Jahr über ernten kann. Auch Strandschnecken (*winkles*), Herzmuscheln (*cockles*) sowie Wellhornschnecken (*whelks*) werden gefischt. Im 18. und 19. Jh. fand ein reger Bootsverkehr mit London statt, das von hier mit den Krustentieren beliefert wurde. Im **Whitstable Harbour** geht es weiterhin geschäftig zu. Im **Fish Market** kann man Fisch kaufen oder ihn zubereitet essen. Vom Hafen führt ein langer Spazierweg aus Holzplanken am Strand entlang wieder stadtaufwärts. Unterwegs werden in Cafés frische Austern angeboten. Auf dem Kiesstrand liegen zahlreiche Boote vertäut und in den ehemaligen hölzernen Fischerhütten, befinden sich heute teure Ferienwohnungen. Das traditionelle **Whitstable Oyster Festival** wird Ende Juli sieben Tage lang gefeiert. Die einheimische **Whitstable Oyster** konnte nämlich nur von September bis April geerntet werden, daher hatten die Austernfischer im Sommer einige Monate „Urlaub" und dieser wurde ausgiebig gefeiert.

Segelausflug mit der Greta

Mit dem historischen Segler Greta aus dem Jahr 1892 kann man die See vor Whitstables Küste erkunden. Besonders sehenswert ist das **Maunsell Sea Fort**, das noch aus der Zeit des Zweiten Weltkriegs stammt. Wie die Aliens aus dem Science-Fiction-Film „Krieg der Welten" staken die Red Sand Towers aus der See. Auch an der **Kentish Windfarm** segelt man vorbei, zudem werden Seehunde und Seevögel gesichtet.
Greta 1892, Skipper Steve Norris, Tel. 01795 534541, 07711 657919, www.greta1892.co.uk, £ 44 pro Pers, am Wochenende £ 49 pro Pers.

INFO

Information:
www.seewhitstable.com,
www.whitstableoysterfestival.com.
Essen und Trinken:
Crab & Winkle Restaurant, Fishmarket, South Quay, Whitstable, Kent, CT5 1AB, Tel. 01227 779377, www.crabandwinklerestaurant.co.uk
Frischer Fisch bis zum Abwinken.
Übernachten:
Whitstable Holiday Homes, Tel. 01227 281800, http://whitstableholidayhomes.co.uk.
Cottages am Strand.

36 Strandhütten bei Christchurch und Bournemouth

Holzhütten am Mudeford Beach

Strandhütten in Mudeford und Bournemouth

Die **Hütten in Mudeford** sind für Übernachtungen mit Betten und Küche ausgestattet, Toilettenblöcke befinden sich nahebei. Zufahrt per Land Train vom Hengistbury Head Parkplatz oder per Mudeford Ferry, Tel. 01202 474739, www.beach-huts.com/beach-huts-for-rent-town-mudeford.php, Saison ca. £ 600 pro Woche.
Die **Bournemouth Beach Huts** sind ausgestattet mit vier Liegestühlen und einem Gasanschluß. Übernachten ist nicht gestattet. Angaben über Standort und Parkmöglichkeiten, Toiletten, Duschen, Restaurants, etc. findet man auf der Webseite: www.bournemouthbeachhuts.co.uk, Saison ca. £ 170 pro Woche.

Bunte Strandhäuser zieren die Dünenlandschaft in der Nähe des Mudeford Spit bei **Christchurch**. Einige der heißbegehrten und teuren Hütten werden an Sommerfrischler vermietet (s. Kasten), für Segler gibt es Bootsanleger. Fröhlich tummeln sich Jollen, Jachten und Fischerboote auf dem riesigen Binnenmeer, das durch den **Mudeford Spit** südöstlich des Stadtkerns vom offenen Meer abgeschirmt ist. In der Stadt zwischen den Flüssen Stour und Avon blühte schon früh ein reger Handel. Zum **Mudeford Quay** am gegenüberliegenden Ufer fährt eine Fähre, hier kann man fangfrischen Fisch von den hiesigen Booten kaufen oder wahlweise im Café frisch zubereitet essen.

Bournemouth Air Festival

Jedes Jahr Ende August findet in Bournemouth eine der größten **Flugschauen** Großbritanniens statt. Neben akrobatischen Leistungen, wie z. B. den Formationsflügen der Red Arrows, gibt es ebenso Buden und Unterhaltung am Strand wie zwei Musikbühnen (http://bournemouthair.co.uk).

In Christchurch selbst sollte man die tolle Aussicht vom Turm der Christchurch Priory nicht verpassen. Sie ist eine der größten Kirchen Englands. Gegründet wurde die Stadt im 7. Jh. von den Angelsachsen und 1094 entstand diese beeindruckende einstige Abtei. Am alten Kai befindet sich die **Place Mill** aus dem Jahr 1100, die eine Kunstgalerie beherbergt. Von der Mühle führt ein Spazierweg entlang des Mühlstroms rund um die Priory bis zu den Ruinen des **Christchurch Castle** aus dem 11. Jh.

An die Landzunge des Mudeford Spit schließt sich das Naturschutzgebiet **Hengistbury Head** an, das die Bucht von Bournemouth im Osten begrenzt. Der Hügel bei Hengistbury, der das gesamte Umland überblickt, war bereits in der Steinzeit besiedelt. Ebenso fand man **Hügelgräber** aus der Zeit der Glockenbecherkultur ca. 3000 v. Chr. Eine Ausstellung zur Geschichte ist seit Anfang 2014 im **Hengistbury Head Visitor Centre** zu sehen.

Unmittelbar hinter Hengistbury Head beginnt der 10 km lange Strand von **Bournemouth** und **Poole** (s. Kap. 95), der unterhalb der Steilklippen verläuft. Die Klippenlandschaft ist geschützt und darf nicht direkt bebaut werden, daher hat man überall einen Panoramablick auf die Bucht. Zum Strand gelangt man über Zick-Zack-Fußwege und drei Standseilbahnen. Außerdem verkehrt ein Strandbähnchen, der Land Train, von Alumn Chine bis Boscombe. Klippeneinschnitte gibt es beim **Boscombe Pier** mit Parkmöglichkeit am Strand sowie am Westende beim Durley und Alumn Chine. Auch hier kann man entlang des gesamten Strandes Strandhütten mieten (s. Kasten).

INFO

Information:
www.visitchristchurch.info; www.bournemouth.co.uk.
Hengistbury Head Visitor Centre, Bournemouth, Dorset, BH6 4EW, www.bournemouth.co.uk.

Essen und Trinken:
The Jetty, Christchurch Harbour Hotel, 95 Mudeford, Christchurch, Dorset, BH23 3NT, Tel. 01202 400950, www.thejetty.co.uk. Frischer Fisch und Meeresfrüchte vom Feinsten, zubereitet vom Starkoch Alex Aitken.
Urban Reef, The Overstrand, Undercliff Drive, Boscombe, Dorset, BH5 1BN, Tel. 01202 443960, www.urbanreef.com. Café-Bar am Boscombe Pier mit leckerem Essen und schönem Ausblick.

37 Isle of Purbeck – von den Old Harry Rocks bis Swanage

Angeblich geht der Name der **Old Harry Rocks** auf den Piraten Harry Payne zurück, der hier im 13. Jh. sein Unwesen trieb. Die Felsen sind das Gegenstück zu den Needles auf der Isle of Wight (s. Kap. 3), die man an klaren Tagen von hier aus sehen kann. Einst bildeten die weißen Kalksteinklippen eine Einheit mit der Küstenlinie, wurden jedoch durch Erosion voneinander getrennt und stehen nun von der Brandung umspült in der See vor der Isle of Purbeck. Meer und Sturm verursachen beständig weitere Einschnitte, sodass die arme Ehefrau von Old Harry (Old Harry's Wife) inzwischen im Meer versunken ist.

Zur Halbinsel Isle of Purbeck gelangt man mit der Sandbanks Ferry vom Hafeneingang in **Poole** (s. Kap. 95). Bei **Studland Beach** beginnt hier der South West Coast Path (s. S. 239), der sich rund um die Westküste Englands erstreckt. Ein Teil des beliebten Strandes wird vom National Trust (s. S. 242) verwaltet und beim **Knoll Beach** befindet sich ein FKK-Strand *(naturist beach)*. Die Heidelandschaft der **Studland Heath** setzt sich aus Dünen, Marschland, Teichen und Waldgebieten zusammen und ist aufgrund des großen Artenreichtums geschützt. Unter dem Naturschutzgebiet sind übrigens Erdölvorkommen versteckt. Zwischen dichter Vegetation findet sich bei Wytch Farm eine **Ölpumpe**, die das schwarze Gold fördert und per Pipeline zur Fawley-Raffinerie in Southampton pumpt.

Über die Ferry Road B3351 gelangt man zum Örtchen **Studland**. Es besteht aus wenigen Häuschen mit einer normannischen Kirche aus dem Jahr 1180. Ein keltisches Kreuz an der Wegbiegung der School Lane weist den Weg zum **Handfast Point**, wo der Wanderweg zu den **Old Harry Rocks** beginnt. Von dort führt die Wanderung ca. 5 km entlang der Klippe nach Südwesten bis Swanage. Auf und ab geht es über das **Ballard Down** mit mäßigen Steigungen. Wenn man die Bucht von Swanage in der Ferne sieht, folgt man dem Pfad abwärts durchs Dickicht von Brombeerhecken und Ginster bis zum Ostende der Strandpromenade.

Von der Brandung umspült – Old Harry Rocks

Swanage entwickelte sich vom Fischerdorf zum Zentrum für den Abbau von Purbeck Marble und Portland Stone (s. Kap. 90). Seit dem 19. Jh. ist es ein gediegener Badeort mit historischem Pier und einem international bekannten **Zentrum für Wracktauchen**. Am Westende der Bucht kann man vom Aussichtspunkt **Peveril Point** weiter bis zum **Durlston Castle** spazieren, wo ein Museum über die Juraküste (s. Kap. 18) informiert. Dort steht auch eine massive Weltkugel aus Portland Stone Ein Stück weiter befinden sich die **Tilly Whim Caves**, Steinbrüche aus dem Jahr 1812. Vom Bahnhof in Swanage gelangt man mit dem Bus Nr. 50 zurück nach Studland und zur Sandbanks Ferry.

Musikfestivals in Swanage

Die zahlreichen Pubs und Cafes von Swanage werden gleich bei drei Musikfestivals zu Veranstaltungsorten: **Jazz** (www.swanagejazz.org, Mitte Juli), **Folk** (www.swanageff.co.uk, Anfang Sept.) und **Blues** (www.swanage-blues.org, Anfang Okt.).

INFO

Information:

Studland Visitor Centre, Knoll Beach, Studland, Dorset, BH19 3AH, Tel. 01929 450500, www.nationaltrust.org.uk/studland-beach.

Old Harry, Handfast Point, Studland, Dorset, BH19 3AX, www.southwestcoastpath.com.

Swanage Tourist Information, The White House, Shore Road, Swanage, Dorset, BH19 1LB, Tel. 01929 422885, www.visitswanage.com.

Durlston Castle, Durlston Country Park, Lighthouse Road, Swanage, Dorset, BH19 2JL, Tel. 01929 424443, www.durlston.co.uk.

Essen und Trinken:

Bankes Arms Pub, Manor Road, Studland, Dorset, BH19 3AU, Tel. 01929 450225, www.bankesarms.com. Hier wird Isle-of-Purbeck-Bier gebraut mit klangvollen Namen wie z. B. *Fossil Fuel* (fossiler Brennstoff).

The Fish Plaice, 14 The Square, Promenade, Swanage, Dorset, BH19 2LJ, www.fishplaice.co.uk. Bester Fish&Chips-Shop in der Stadt.

Übernachten:

The Pig on the Beach, Studland, Dorset, Tel. 0845 0779494, www.thepighotel.com. Nagelneue Filiale der The-Pig-Hotels.

38 Exe Estuary Trail – Erkundung entlang des Flussdeltas

Am Exeter Quay

Das Delta des Exe bietet zahlreiche Möglichkeiten für Freizeitaktivitäten. Wer zu einer Erkundung per Fahrrad oder Boot entlang des **Exe Estuary Trail** aufbrechen möchte, findet im **Quay House Visitor Centre** die nötigen Informationen.

Der Fluss war von jeher die Lebensader der Stadt **Exeter**. Fischerei und Schifffahrt wurden im 13. und 14. Jh. jedoch durch den Bau von Stauwehren durch die Earls of Devon stark behindert. Isabella de Fortibus errichtete 1286 ein Wehr und ihr Nachfolger, Hugh de Courtenay ließ 1317 einen neuen Kai in **Topsham** bauen. Hier mussten alle Schiffe gegen Zoll ihre Waren entladen. Erst 1567, über 250 Jahre später, wurde der **Exeter Canal** gebaut, der die Stadt wieder direkt mit dem Meer verband. Am **Exeter Quay**, an dem einst die Handelsschiffe anlegten, laden heute Café-Terrassen zum Verweilen ein. Das **Exe-Delta** ist ein ausgewiesenes Vogelschutzgebiet und eignet sich bestens zum *birdwatching* (s. Kap. 29) denn im Winter und Frühjahr versammeln sich auf dem Watt Stelzvögel, wie z. B. Säbelschnäbler (*avocet*).

Boot ahoi!

Im Juli finden am Exeter Quay das **Dragon Boat Racing** (www.execalibre.co.uk) statt, bei dem um die Wette gerudert wird, sowie die **City of Exeter Regatta** (www.exeter-regatta.co.uk).

Am Kai gibt es eine Fahrrad- und Kanuvermietung (s. u.). Wer das Fahrrad nur streckenweise nutzen möchte, kann sich ein Tagesticket für die Bahn kaufen und das Rad mitnehmen. Von Exeter führen Bahnlinien an der Ost- und Westseite des Deltas entlang. Von **Exeter Central** gelangt man nach **Exmouth**, einem ruhigen Badeort mit langen Sandstränden. Auf der Fahrt passiert man **Lympstone**: Ein kleiner Kai wird vom Kirchturm aus dem Jahr 1409 überragt und es gibt einige gemütliche Pubs. Wenige Kilometer außerhalb des Ortes befindet sich das kuriose sechseckige Haus der Schwestern Parminter aus dem späten 18. Jh. **Á la Ronde** ist angefüllt mit kuriosen Mitbringseln, die die beiden nach einer Europareise im Gepäck hatten.

Kite Surfer am Exe-Delta

In Exmouth herrscht oft eine steife Brise, was besonders Kite-Surfer schätzen. Im Osten erheben sich in der Ferne die triassischen roten Klippen der Juraküste bei Ladram (s. Kap. 18). Von Exmouth verkehrt von März bis Oktober die Starcross Ferry mit der man auf die Ostseite des Deltas nach **Dawlish** übersetzen kann. In **Dawlish Warren**, das im 18. als Bade- und Luftkurort in Mode kam, gibt es ebenfalls einen Strand. Wer mit der Fähre übersetzt, kann in den Zug nach Exeter St. Davids einsteigen (aufgrund von Sturmschäden verkehren bis April 2014 nur Busse auf der Strecke) oder noch das **Powderham Castle** etwas weiter nördlich besuchen. Die Grundmauern des Schlosses wurden um 1390 vom Sohn des oben erwähnten Hugh de Courtenay gelegt. Danach wurde es immer wieder restauriert, maßgeblich im 18. und 19. Jh. Die Erben der Familie de Courtenay leben noch heute hier.

INFO

Information:
Quay House Visitor Centre, 46 The Quay, Exeter, Devon, EX2 4AN, Tel. 01392 271611, www.exeter.gov.uk/quayhouse, www.exetrail.co.uk.
A la Ronde: Summer Lane, Exmouth, Devon, EX8 5BD, Tel. 01395 265514, www.nationaltrust.org.uk/a-la-ronde, Sa/So, Winter 12–16, Sommer 11–17 Uhr,Erw. £ 7,80, Kinder £ 4.
Powderham Castle: Powderham Kenton, Devon, EX6 8JQ, Tel. 01626 890243, www.powderham.co.uk, tgl. Winter 11–16.30, Juli/Aug. 11–17.30 Uhr, Erw. £ 11, Kinder (4–16 Jahre) £ 8,50, erm. £ 9,50.
Boote und Fähren: Starcross Fähre und Ausflüge, Tel. 01626 774770, www.exe2sea.co.uk.
Stuart Line Cruises, Tel. 01395 222144, www.stuartlinecruises.co.uk. Kartenkiosk Exeter Quay, Topsham und Exmouth.
Fahrradvermietung:
Saddles & Paddles (Fahrräder und Kanus), 4 Kings Wharf, The Quay, Exeter, Devon, EX2 4AP, Tel. 01392 424241, www.sadpad.com.
Exmouth Cycle Hire, 1 Victoria Road, Town Centre, Exmouth, Devon, EX8 1DL, Tel. 01395 225656, www.exmouthcyclehire.com.
Kite-Surfing:
Edge Watersports, The Pier Head, Exmouth Marina, Exmouth, Devon, EX8 1ER, Tel. 01395 222551, www.edgewatersports.com.

39 Mit dem Narrow Boat auf dem Great Western Canal in Tiverton

Die bunten **narrow boats**, einst zum Warentransport genutzt, sind heute als Haus- und Ausflugsboote beliebt. Viele der alten Kanäle durchlaufen über lange Strecken überwiegend Naturparks, die den perfekten Hintergrund für einen beschaulichen Bootsurlaub liefern.

In den frühen Jahren der Industrialisierung im 17. und 18. Jh. war England eine der ersten Nationen, die ein Netzwerk von **Kanälen** bauten, um aufstrebende Industriezentren miteinander zu verbinden. Dabei wurden natürliche Flussläufe oft mit eingebunden. Die Kanäle waren schmal und man entwickelte die *narrow boats*, die von Pferden auf den **Treidelpfaden** (*towpaths*) auf beiden Ufern gezogen wurden. Die Boote durften maximal 2,13 m breit und bis zu 21 m lang sein, damit sie durch die zahlreichen Schleusen und schmalen Tunnels passten. Geplant war eine durchgängige Wasserstraße von Bristol bis Exeter, um sich die langwierige Umsegelung von Cornwalls rauer Küste zu ersparen. Doch durch die Erfindung der Eisenbahn wurden die Kanäle schon bald wieder unrentabel und das Projekt eines durchgängigen Kanals wurde nie realisiert.

Eine Ausflugsfahrt auf einem *narrow boat*, das von Pferden gezogen wird, bietet Tiverton Canal Co. an. **Tiverton** liegt wenige Kilometer nördlich von Exeter an der A361. Im hiesigen Schloss hatte ab dem 12. Jh. die de-Redvers-Familie, die späteren Earls of Devon, ihren Sitz. 1293 ging der Titel auf die Familie de Courtenay über und das Schloss gelangte in den Besitz von Hugh de Courtenay, der den Bürgern von Exeter das Leben schwer machte (s. Kap. 38). Während des Bürgerkriegs wurde das Schloss zerstört, heute kann man auf dem Gelände Ferienwohnungen mieten (s. u.). Das Teilstück des **Grand Western Canal** in Tiverton entstand im Jahr 1814. Ein restaurierter Abschnitt des Kanals beginnt im Osten der Stadt an der A396 auf der **Canal Hill Road** und verläuft von hier bis nach **Sampford**

Urlaub auf dem Hausboot

Wer gerne selbst ein (motorisiertes) *narrow boat* steuern möchte, kann Hausboote für einen Urlaub auf dem Kanalnetzwerk mieten. Die Kanäle verbinden oft natürliche Flüsse miteinander und decken große Gebiete Südenglands ab. Entlang der Routen gibt es Wander- und Radwege und man findet Pubs, Cafés und gut erreichbare Einkaufsmöglichkeiten.
Der **Kennet and Avon Canal** verläuft vom Avon in Bristol bis nach Reading. Von dort hat man über die Themse Anschluss an den **Oxford Canal** im Nordwesten Londons, den **River Wey** und **Arun Junction Canal** im Süden oder den **Grand Union Canal** im Nordosten.
Um ein *narrow boat* zu steuern benötigt man keinen Bootsführer- oder Skipperschein. Die Boote sind benutzerfreundlich und bei der Übergabe erhält man eine eingehende Schulung. Es wird auch erklärt, wie die Schleusen funktionieren, obwohl bei den meisten Schleusen ein Wärter anwesend ist, der bei der Bedienung hilft.
Information, www.drifters.co.uk, www.canalholidays.com, www.waterwaysholidays.com, www.oxfordshire-narrowboats.co.uk, www.canaljunction.com, www.ukboathire.com, www.bath-narrowboats.co.uk.

Peverell. Dreimal am Tag wird abgelegt. Auf der gemächlichen Fahrt von ca. 2,5 Std. kann man sich auf dem Boot mit Snacks und Getränken stärken. Der Treidelpfad ist auch für Wanderer und Radfahrer attraktiv.

Hausboot auf dem Bristol-Avon-Kanal

Übernachten: Tiverton Castle, Mrs. Alison Gordon, Park Hill, Tiverton, Devon, EX16 6RP, Tel. 01884 253200, 01884 255200, www.tivertoncastle.com, www.discovertiverton.net. Cottage auf dem Schlossgelände ab £ 340 pro Woche.

Kanalfahrt: Tiverton Canal Co, The Wharf, Canal Hill, Tiverton, Devon, EX16 4HX, Tel. 01884 253345, www.tivertoncanal.co.uk, April–Okt. Abfahrt 10.45, 11.30, 14.15 Uhr, Erw. £ 9,70, Kinder £ 7,20.

INFO

40 Freundliche Langohren und ein echtes Schmugglernest bei Beer

Das Donkey Sanctuary bietet Eseln eine neue Heimat

Auf einem Hof bei Sidmouth kann man auf Tuchfühlung mit Eseln gehen und hat Gelegenheit, die geduldigen und kinderfreundlichen Tiere zu streicheln und einen Ausritt zu wagen. Im benachbarten Beer wandelt man auf den Spuren von Jack Rattenbury, einem waschechten Schmuggler.

Von der A3052 bei **Sidmouth** gelangt man zum **Donkey Sanctuary**. Die Wohltätigkeitsorganisation setzt sich auf der ganzen Welt für misshandelte Esel ein und unterhält mehrere Tierhöfe in Großbritannien, in denen die Langohren oft eine letzte Heimat finden. Man betreut auch die Betreiber von *Donkey Rides*, die Eselsritte an britischen Stränden anbieten (s. Kap. 9).

Die B3174 führt wenige Kilometer weiter hinunter in das malerische Örtchen **Beer**, – nicht abgeleitet von dem Hopfengetränk, sondern vom altenglischen Wort *bearu*, das Halbinsel oder Hain bedeutet. Die Hauptstraße endet auf der Steilklippe und man blickt auf die darunterliegende Bucht und den Kieselstrand, an dem Fischerboote Seite an Seite liegen und Cafés für Erfrischungen sorgen.

Ein berüchtigtes **Schmugglernest** befand sich in Beer. Die Fischer polsterten mit dem Schmuggel von Brandy, Tee, Tabak und Seide ihr kärgliches Einkommen auf. Nicht selten erhielten sie Hilfe von den Ortsansässigen, die alle am Gewinn beteiligt waren. Die Schmugglerboote, *Beer luggers*, wurden in Beer gebaut und waren mit je vier Mann besetzt. Die Ware holte man von der französischen Küste oder von der Kanalinsel Alderney und lagerte sie im örtlichen Steinbruch, in Seaton oder Branscombe.

Jack Rattenbury – Memoiren eines Schmugglers

Der illustre **Jack Rattenbury** (1778–1844) machte sich als Seemann und Schmuggler einen Namen. Seine Bande trieb entlang der Südküste ihr Unwesen. Jahrelang versuchte die Royal Navy erfolglos ihn zwangszurekrutieren. Wegen Schmuggelns und als Deserteur wurde er mehrfach verhaftet, brach jedoch jedesmal wieder aus. Nachdem er ein Boot des Regiments des Prinzen von Wales aus Seenot rettete, wurden ihm alle Strafen erlassen. Zusammen mit dem Landbesitzer **Lord Rolle** erwirkte er die Genehmigung für den Bau eines Hafens in Beer. Er sprach deswegen sogar im House of Commons in London vor. Die Genehmigung wurde zwar erteilt, aber leider kam es nie zum Bau. Mithilfe des Pastors **John Smith**, verewigte Jack 1837 schließlich seine Abenteuer in dem Buch „Memoirs of a Smuggler“ und noch heute findet jedes Jahr Ende August in Beer das Festival **Rattenbury Day** statt.

Neben dem Schmuggeln war das aufwendige Handwerk des **Spitzenklöppelns** rund um Beer weit verbreitet. Die Spitze für das Hochzeitskleid von Queen Victoria (s. Kap. 56) wurde 1839 hier gefertigt. Sechs Monate lang klöppelten über 100 Spitzenmacherinnen an mehreren Metern Spitze im Wert von damals £ 1000. Die Königin war so beeindruckt, dass sie später noch einen Schal in Auftrag gab.

Eine weitere Einnahmequelle stellten die Steinbrüche dar, die **Beer Quarry Caves**. Der Kalkstein war als Baumaterial in ganz England beliebt. Das Leben eines Minenarbeiters war hart: Kerzen mussten selbst bezahlen werden und der ständige Lärm ohne Hörschutz führte nicht selten zu Taubheit. Neben seiner Funktion als Lagerstätte für Schmugglerware wurde der Steinbruch im Zweiten Weltkrieg auch zur Aufbewahrung von Munition genutzt und diente zum Pilzanbau.

INFO

Information: Seaton Tourist Information Centre: Harbour Road Car Park, Seaton, Devon, EX12 2QQ, Tel. 01297 21660, www.devononline.com.
Beer Quarry Caves: Quarry Lane, Beer, Devon, EX12 3AT, www.beerquarrycaves.fsnet.co.uk, April–Sept. Führungen tägl. 10.30–16.30 Uhr, Erw. £ 7, Kinder 5–16 Jahre/erm. £ 5,20.
Donkey Sanctuary, Sidmouth/Beer, Devon, EX10 0NU, www.thedonkeysanctuary.org.uk, Tel. 01395 578222, Mo–Fr 8.30–16.30 Uhr. Eintritt frei, Spenden willkommen.
Übernachten: Anchor Inn, Fore Street, Beer, Devon, EX12 3ET, Tel. 01297 20386, 0845 608 6040, www.oldenglishinns.co.uk. Gastropub mit B&B, DZ Hochsaison £ 99.
Long Chimney Farm Cottages, Beech Tree Lane, Salcombe Regis, Sidmouth, Devon, EX10 0PE, Tel. 01297 680636, www.longchimney.com. Moderne Cottages mit Swimmingpool und WIFI, Vorsaison £ 550 pro Woche.

41 Auf dem River Dart – von Dartmouth bis Totnes

Wie ein Burgherr übernachten...

... kann man im **Kingswear Castle** auf einem Felsen am Hafeneingang von Dartmouth. Die komfortable Ferienwohnung für 4 Personen bietet von der Sonnenterasse schöne Ausblicke auf die Bucht. Billig ist der Spaß nicht, je nach Saison zahlt man £ 600–1200 für 3 Nächte (www.landmarktrust.org.uk, s. Kap. 100).

Den schönsten Blick auf den Hafen von **Dartmouth** hat man vom Wasser aus. Zwei Festungen bewachen links und rechts die Hafeneinfahrt. Auf beiden Seiten des Flusses schmiegen sich farbenfrohe Häuschen an die steil ansteigenden Klippen, unten tummeln sich Segler, Fischer- und Ausflugsboote.

Im Osten des Hafens erhebt sich der Turm des einstigen **Kingswear Castle** aus dem

Dart River

Jahr 1491 (s. Kasten) und auf der Westseite das **Dartmouth Castle**. Drei Fähren überqueren den Fluss. Die historische **Lower Ferry** in **Kingswear** ist ein Ponton, das mithilfe eines Schleppschiffs vorwärtsbewegt wird. Hoch über Dartmouth thront seit 150 Jahren die Marineakademie des **Britannia Royal Naval College**, in dem Offiziere der britischen Marine ausgebildet werden, auch Prinz Charles und Prinz Andrew lernten hier. Heute gilt Dartmouth als Geheimtipp mit renommierten Restaurants und Zweitwohnungen von betuchten Londonern. An der langen Uferpromenade in der Altstadt und am Innenhafen lässt es sich gut bummeln.

Der Fluss Dart ist bis Totnes schiffbar und viele Ausflugsboote befahren die Strecke, unter anderem der **Kingswear Castle Paddle Steamer**. Er ist der einzig verbliebene kohlenbetriebene Schaufelraddampfer in England und stammt aus dem Jahr 1924. Auf einer eineinhalbstündigen Fahrt tuckert er den River Dart entlang.

Totnes ist eine *Transition Town* mit eigener Währung, dem *Totnes Pound*. Das Städtchen ist fest in der Hand der Alternativszene. Man ist bemüht, unabhängige Unternehmen zu fördern, um von globalen Wirtschaftszyklen unabhängiger zu werden. Die Bürger verhinderten den Einzug einer Cafékette. Stattdessen liegen an der High Street Ökocafés, ausgefallene Boutiquen mit Kunsthandwerk und New-Age-Shops. Zu den Sehenswürdigkeiten gehören die Ruinen der normannischen Burg und die Butterwalk Arkaden. Im **Elizabeth House Museum** erhält man Einblick in die Tudorperiode der Stadt.

Monty Halls Great Escapes

Bei Great Escapes werden interessante Kurse für die Erkundung der Gewässer um Dartmouth geboten. Der TV Moderator Monty Halls leitet **Surfkurse**, bei denen man das Wildbeutern (*foraging*) betreibt und sich selbst sein Abendessen angelt. Es werden zudem **Tauchkurse** und Kurse in Unterwasserfotografie angeboten.

Great Escapes, 4 Market Street, Dartmouth, Devon, TQ6 9QE, Tel. 01803 341858, www.montyhalls.co.uk/great-escapes, Do–So 10–14 Uhr.

INFO

Information:

Dartmouth Tourist Information, The Engine House, Mayor's Avenue, Dartmouth, Devon, TQ6 9YY, Tel. 01803 834224, www.discoverdartmouth.com, www.dartmouth.org.uk.

Totnes Tourist Information, The Town Mill, Coronation Road, Devon, TQ9 5DF, Tel. 01803 863168, www.totnesinformation.co.uk.

Dampferfahrt: Kingswear Paddle Steamer, Kingswear Station Office, The Square, Kingswear, Devon, TQ6 0AA, Tel. 01803 555 872, www dartmouthrailriver.co.uk. Dartmouth–Totnes, Hin- und Rückfahrt Erw. £ 25, Kinder (3–15 Jahre) £ 16, erm. £ 24.

Essen und Trinken:

RockFish Seafood, 8 S Embankment Dartmouth, Devon, TQ6 9BH, Tel. 01803 832800, www.rockfish-devon.co.uk. Edel-Fish & Chips u. a. mit leckeren *Fish Cakes*.

The Seahorse, 5 S Embankment Dartmouth, Devon, TQ6 9BH, Tel. 01803 835147, www.seahorserestaurant.co.uk. Feines Restaurant, in dem fangfrischer Fisch von der hiesigen Küste über einem offenen Feuer gebraten wird, 2-Gänge-Lunch £ 20.

42 Englische Riviera – Torquay und Babbacombe

Die subtropische Bepflanzung der öffentlichen Anlagen mit Palmen und Zypressen brachte der Gegend um Torquay einst den Beinamen Englische Riviera ein. Bereits im 18. Jh. wurde das angenehme, **milde Klima** in der Bucht von den ersten Urlaubern geschätzt.

Torquay bildet heute zusammen mit den Nachbarorten Paignton und Brixham (s. Kap. 43) die Verwaltungseinheit **Torbay**. Man versucht durch Modernisierungsmaßnahmen an den Glanz und Gloria vergangener Tage anzuknüpfen. Am **Jachthafen** hat man Geld in eine hypermoderne Zugbrücke investiert. Abends sind die Caféterassen rund um das Hafengebiet sehr belebt, und große Gruppen von Nachtschwärmern stehen vor den Clubs Schlange. Wie überall im Südwesten, hält auch in Torquay die feine Küche langsam Einzug und die Stadt kann sogar ein Michelin-besterntes Restaurant, The Elephant, vorweisen. Wer Ausflüge in die Umgebung unternehmen will, findet regionale Buslinien, Ausflugsbusse und Boote gleich beim Hafen.

Fawlty Towers

1971 wurden die Eigentümer des **Gleneagles Hotels**, Donald und Beatrice Sinclair, unfreiwillig zur Inspiration für die Charaktere Basil und Sybil Fawlty in der Comedy-Serie „Fawlty Towers“ (BBC, 1975). Die **Monty-Python-Comedytruppe** war während Filmaufnahmen in dem Hotel untergebracht und machte Bekanntschaft mit dem ungestümen Temperament von Mr. Sinclair, der u. a. einen Koffer aus dem Fenster warf, da er einen tickenden Wecker für eine Bombe hielt. Noch zu Lebzeiten beschwerte sich der Hotelier über die direkte Assoziation der Parodie mit seinem Hotel und seiner Person – allerdings vergeblich. Bis heute repräsentiert die urkomische Figur von Basil Fawlty den neurotischen Hotelier schlechthin. Inzwischen gehört das unweit **Anstey Cove** gelegene Hotel zur Kette Best Western und bietet modernen Komfort. Wer möchte, kann ein Fawlty-Towers-Wochenende buchen. Bei einer Comedy-Dinner-Show heizen hier die Charaktere Basil und Sybil Fawlty sowie ihr spanischer Kellner Manuel den Gästen ein.

Infos: Best Western Hotel Gleneagles, Asheldon Road, Wellswood, Torquay, Devon, TQ1 2QS, Tel. 01803 293637, www.hotel-gleneagles.com, Fawlty Towers, B&B Fr–So £ 129 pro Person.

Der spektakuläre Küstenverlauf von hier bis zum Stadtteil Babbacombe ist so verwinkelt, dass man ihn erst bei einer Wanderung auf dem **South West Coast Path** so richtig wahrnimmt. Vorbei am Marine-Zoo Living Coasts beginnt direkt hinter dem Imperial Hotel (s. Kap. 77) der Wanderweg um **Hope's Nose** mit der Bucht **Anstey Cove**. Von hier aus kann man einen Abstecher zu **Kent's Cavern** machen. In der prähistorischen Höhle wurde u. a. der 41.000 Jahre alte Kieferknochen eines *Homo sapiens* gefunden.

In **Babbacombe** verläuft eine hübsche Promenade oberhalb der Bucht. Ein Muss ist die Fahrt mit der Standseilbahn, der **Babbacombe Cliff Railway** (www.babbacombecliffrailway.co.uk) von 1926, hinunter zum **Oddicombe Beach**. Er ist von Klippen aus rotem Sandstein (ca. 350 Mio. Jahre alt) umgeben. Die Farbe entstand durch Eisenoxid. 2010 stürzte hier eine Steinlawine in die Tiefe, bei der Teile der Klippe mitrutschten – ein Problem, das die Steilküsten Englands leider immer mehr bedroht.

The Offshore: Nettes Café am Hafen von Torquay

INFO

Information: Torquay Visitor Information, Torquay, Devon, Tel. 0844 474 22 33, www.englishriviera.co.uk. Informationsbüros befinden sich am Innenhafen sowie in der Union Street Nr. 118.

Kents Cavern, 91 Ilsham Road, Torbay, Devon, TQ1 2JF, Tel. 01803 215136, www.kents-cavern.co.uk, April–Okt. 9.30–17, Nov.–März 10–16.30 Uhr, Erw. £ 9,25, Kinder/erm. £ 8,50.

Ausgehen:

The Offshore, Innenhafen, http://offshoretorquay.co.uk, Café-Bar mit Livemusik und leckeren Gerichten.

43 Piraten und Fischmarkt – Hafenleben in Brixham

Lohnend ist ein Ausflug von Torquay ins atmosphärische Brixham ganz am Südende der Bucht von **Torbay**. Den lebhaften Fischerhafen säumen Restaurants, Cafés und Geschäfte. Heutzutage finden im Ort viele familienfreundliche Veranstaltungen statt, die sich meist um die Seefahrt, Piraten und Schmuggler drehen.

Zu Zeiten der Angelsachsen war das Bauerndorf Brixham als **Cow Town** bekannt, daran erinnert noch der jährliche *Cow Town Carnival* Ende Juni. Bereits im Mittelalter hatte sich das Dorf zum größten Seehafen des Südwestens gemausert. Hier wurde im großen Stil Tiefseefischerei betrieben. Heute als **Fish Town** bekannt, hat Brixham eine beachtliche Fischerflotte und der **Fischmarkt** ist einer der größten in England. Eine geführte Tour über den Fischmarkt ist interessant (s. u.).

Am Hafen steht eine Statue des englischen Königs **William III. of Orange**. Nach der *Glorious Revolution* 1688 wurde der absolutistische, katholische König James II.

Am Kai in Brixham

ins Exil verbannt und William, sein protestantischer Schwiegersohn als konstitutioneller Monarch eingesetzt. Er landete am 5. November 1688 in Brixham und marschierte von hier aus nach London. Während des Zweiten Weltkriegs war Brixham ebenso wie die Bucht von Torbay ein Sammelpunkt der **Alliierten** für die Offensive in der Normandie.

Eine dauerhafte Attraktion ist heute der Nachbau von Sir Francis Drakes (s. Kap. 54) Schiff **Golden Hind**. Im Mai gibt es ein **Piratenfestival** und im Sommer veranstalten die *Brixham Bucaneers* (Brixham-Freibeuter) einmal pro Woche einen Piratentag. Dann können sich Kinder verkleiden und sich mit einem Piraten duellieren. Im August findet die **Brixham Regatta** statt. Um die Fischereiflotte dreht sich das **Brixfest** Ende Mai mit einem Rennen historischer Schleppnetzboote (*Brixham Trawler Race*). Einige dieser Schiffe aus der viktorianischen Zeit, wie z. B. die Pilgrim, kann man im Hafen anschauen (www.vigilanceofbrixham.co.uk).

William III. of Orange

Information: Brixham Tourist Information, Hobb Nobs Gift Shop, The Quay, Torbay, Devon, TQ5 8AW, Tel. 0844 474 2233, www.visitbrixham.com, www.englishriviera.co.uk.
Golden Hind, The Quay, Brixham, Torbay, Devon, TQ5 8AW, Tel. 01803 856223, www.goldenhind.co.uk, tgl. 10–17 Uhr, Erw. £ 4, Kinder/erm. £ 3.
Smuggler's Story/Yesteryear, Harbourside Arcade, King Street, Brixham, Torbay, Devon, TQ5 9TF, Tel. 01803 855658, www.smugglersstory.co.uk, tgl. 10–18.30, Juli bis 21 Uhr, Erw. £ 7,95, Kinder £ 5,95 (unter 3 Jahre frei), erm. £ 6,95. Wachspuppenmuseum mit Piratenzubehör im Shop. Im angeschlossenen Fotostudio Yesteryear kann man sich vor passender Kulisse als Pirat verkleidet fotografieren lassen.
Brixham Fishmarket Tours, Rick Smith, c/o Christine Hodgetts, Brixham Tourism Partnership, Brixham, Torbay, Devon, TQ5 8AW, Tel. 0741 0617931, Erw. £ 8 (ab 14 Jahre). *English breakfast* nach der Tour eingeschlossen.
Festivals:
Brixfest, www.brixfest.org, Ende Mai
Cow Town Carnival, www.cowtowncarnival.org, Ende Juni.
Brixham Buccaneers, www.brixhambuccaneers.co.uk, Mai.

INFO

44 Verwunschene Ufer am River Fowey

Fowey (gespr. Foy) liegt an der Mündung des gleichnamigen Flusses, der sich in vielen Windungen mehrere Kilometer landeinwärts nach Norden schlängelt. Geheimnisvolle Buchten und Flussarme, von tiefgrüner Vegetation überschattet, bieten ein gutes Terrain für Bootsausflüge und Wanderungen.

Wohnen wie ein Rockstar

Versteckt zwischen **Fowey** und **Golant** liegt am Flussufer eine alte Mühle aus dem 17. Jh., in der sich ein Aufnahmestudio mit angegliederten **Ferienwohnungen** verbirgt. Für Gäste gibt es eine Lounge, eine Filmothek, eine Grillstation auf der Terrasse und verschiedene Boote. Das Idyll ist nicht mit dem Auto zu erreichen – die Anreise erfolgt per Boot nach vorheriger Absprache mit der Studiomanagerin. Wer das **Tonstudio** mietet, erhält den Tontechniker gleich dazu. Wer also davon träumt im Urlaub seine eigene CD aufzunehmen, ist hier genau richtig! Namhafte Größen der Musikszene, wie Robert Plant, Oasis und Muse haben hier schon ihre Inspirationen vertont.
Sawmills Residential Recording, Golant, Fowey, Tel. 01726 833338, 07974 931307, www.cornwall-online.co.uk/theoldsawmills-fowey, www.sawmills.co.uk, Preise auf Anfrage.

Im Mittelalter bestand ein reger Schiffsverkehr zwischen Fowey und der europäischen Küste und der Handel mit Zinn und Kupfer brachte dem Ort Wohlstand. Kaolin (s. Kap. 65) wurde ebenfalls ab 1869 von hier verschifft. Heutzutage wimmelt es im lang gestreckten Hafen nur so von Booten und jedes Jahr im August findet die **Fowey Regatta Week** statt. Bootsausflüge, wie z. B. nach **Mevagissey** zu den **Lost Gardens of Heligan**, lassen sich am Kartenkiosk am **Town Quay** buchen. Empfehlenswert ist eine Fahrt in den **Lerryn Creek**. Die verwunschenen Ufer des stillen Flussarms laden zur Erkundung per Kanu ein (zu mieten im Örtchen Golant). Lerryn diente dem Schriftsteller Kenneth Grahame als Inspiration für sein Kinderbuch „Wind in den Weiden" („Wind in the Willows", 1908).

Ebenfalls angeboten werden Ausflüge bis nach **Lostwithiel**, im 14. Jh. als Port of Fawi bekannt, bis der obere Flusslauf versandete. Ein Besuch lohnt sich besonders, wenn einer der vielen Antiquitätenmärkte stattfindet (s. u.). Ab 1337 war Lostwithiel Sitz der Verwaltungsbehörde der Duchy of Cornwall (s. Kap. 97) und zählte zu den vier *Stannary Towns*, in denen die Steuern für den Zinnabbau eingezogen wurden. In der Ortsmitte findet man den **Duchy Palace** aus dem 14. Jh., dessen einstige Bedeutung sich nur noch erahnen lässt. Im Kampf zwischen Parlamentariern und Royalisten im englischen Bürgerkrieg im 17. Jh. erlitt er große Schäden.

Nicht anders erging es der normannischen Burg **Restormel Castle** außerhalb des Ortes. Mittlerweile krönen hier nur noch Ruinen den Hügel. Im Jahr 1644 kam es an dieser Stelle zu einer wichtigen Schlacht im Bürgerkrieg zwischen den Anhängern des Königs und jenen des englischen Parlaments. 10.000 Parlamentarier hatten Restormel und Fowey besetzt, doch den Royalisten unter König Charles I. gelang es ihre Gegner einzukreisen und zu besiegen. Die Burg wurde zerstört. Doch auch heute noch können Besucher von den Zinnen den guten Ausblick auf die liebliche Landschaft genießen.

Hier gibt's Tickets: Am Hafen von Fowey

INFO

Information:
Tourist Office, 5 South Street, Fowey, Cornwall, PL23 1AR, Tel. 01726 833616, www.fowey.co.uk.
Fowey Regatta Week, www.foweyroyalregatta.co.uk, im Aug.
Antikmärkte Lostwithiel:
Lostwithiel Tourist Information Centre, Liddicoat Road, Lostwithiel, Cornwall, PL22 0HE, Tel. 01208 872207, http://lostwithielcommunitycentre.org.uk/markets-fairs-carboots.
Essen und Trinken:
The Ship Inn Lerryn, Fore Street, Fowey, Cornwall, Tel. 01208 872374, www.theshipinnlerryn.co.uk. In dem historischen Pub aus dem Jahr 1762 kann man sich mit cornischen *ales* wie Doom Bar (s. Kap. 99) erfrischen.
Ausflüge: Fowey Cruises, Town Quay, Fowey, Cornwall, „Big Nick", Tel. 07775 685941, www.foweycruise.com. Bootsausflüge.
Encounter Cornwall, Riverside, Golant, Fowey, Cornwall, PL23 1LJ, Tel. 07976 466123 oder 01726 832104, http://encountercornwall.com. Bootsausflüge von drei Stunden (£ 25) bis ganztägig, Kanuvermietung und Wanderungen.

45 Urwaldgärten und Segelboote am Helford River

Der **Helford River** gilt als eine der besten Gegenden für Segler und Bootsurlauber in Großbritannien. Große Straßen fehlen und so ist das Flussdelta relativ unberührt geblieben. Grüne, sanft abfallende Ufer bieten eine schöne Kulisse für verwunschene subtropische Gartenanlagen.

Der gesamte nördliche Teil der Lizard Peninsula wird vom Helford River und von seinen Nebenarmen bestimmt. Es gibt insgesamt sieben *Creeks*. Östlich des Ortes **Helford Passage**, auf der Nordseite des Flusses liegen die **Trebah Gardens**. Hier fühlt man sich wie im Urwald unter Baumfarnen und Riesenrhabarber, wandert zwischen Wasserfällen und Teichen und durch ein Bambuslabyrinth. In der

Trebah Gardens

Duchy of Cornwall Oyster Farm

Im **Port Navas Creek** befindet sich bereits seit über 100 Jahren die Austernfarm der Duchy of Cornwall (s. Kap. 97). **Prinz Charles** muss sich momentan gerichtlich vor der Organisation *Campaign to Protect Rural England* dafür verantworten, dass er hier keine heimischen, sondern pazifische Austern züchtet. Wer die Austern trotzdem probieren möchte, kann im benachbarten 4-Sterne-Hotel **Buddock Vean** (s. u.) zum Lunch einkehren. Ein Dutzend Austern mit Brot bekommt man hier für ca. £ 8.

Bucht **Polgwiddon Cove** kann man baden. Der benachbarte **Glendurgan Garden** ist vom Bewuchs Trebah Gardens vergleichbar, bietet aber durch seine Lage außerdem gute Ausblicke auf den Fluss. Hauptattraktion ist ein Heckenlabyrinth. Auch hier darf man am **Durgan Beach** die Füße ins Wasser stecken.

Von Helford Passage setzt eine Fußgängerfähre nach **Helford Village** über. Westlich davon liegt der **Frenchman's Creek**, der zum **Trelowarren Estate** gehört. Er wurde durch Du Mauriers gleichnamigen Roman bekannt (s. Kap. 78). Seit 600 Jahren in den Händen der Vyvyan-Familie praktizieren die Erben heute Ökotourismus – mit Ferienzentrum, Sporteinrichtungen und Restaurant (s. u.).

Auf einer Wanderung gelangt man von Helford Village nach **Dennis Head**. Bei der um eine alte Dorfkirche angelegten Siedlung **St. Anthony-in-Meneage** lässt sich bei Ebbe auf Trittsteinen der **Gillian Creek** überqueren. Bei Flut muss man ihn umgehen. Von Gillian aus geht der Küstenwanderweg noch weiter bis **Nare Point**, von wo man einen guten Blick auf die Küste bis Falmouth hat. Nare Point wurde im Zweiten Weltkrieg genutzt, um deutsche Luftbomber mit Lichtern vom Hafen in Falmouth abzulenken. Heute sitzt hier die *National Coast Guard*, die Küstenwache.

INFO

Fußgängerfähre:
Helford River Boats, The Kiosk, Helford Passage, Falmouth, Cornwall, TR11 5LB Tel. 01326 250770, www.helford-river-boats.co.uk, April–Okt. alle 15 Min., Erwachsene £ 5,50, Kinder £ 2.

Bootsvermietung:
Sailaway St. Anthony, Macaccan, Helston, Cornwall, TR12 6JW, Tel. 01326 231357, www.stanthony.co.uk, Motorboote £ 24,50 pro Std. £ 231 pro Woche, Ruderboote ab £ 13,50 pro Std.

Gärten:
Trebah Gardens, Mawnan Smith, Cornwall, TR11 5JZ, Tel. 01326 252200, www.trebahgarden.co.uk, tgl. 10 Uhr bis zur Dämmerung, Erw. £ 9, Kinder £ 3, erm. £ 8.
Glendurgan Gardens, Mawnan Smith, Cornwall, TR11 5JZ, Tel. 01326 252020, www.nationaltrust.org.uk/glendurgan-garden, tgl. 10–17.30 Uhr, Erwachsene £ 7,20, Kinder £ 3,60.

Übernachten/ Essen und Trinken:
New Yard Restaurant, Trelowarren, Mawgan, Helston, Cornwall, TR12 6AF, Tel. 01326 221595, www.newyardrestaurant.co.uk. Frischer Fisch und Wild von den Ländereien, 3-Gänge-Lunch ab £ 20.
Budock Vean Hotel, Mawnan Smith, Cornwall, TR11 5LG, Tel. 01326 252100, www.budockvean.co.uk. 4-Sterne-Hotel mit Freizeiteinrichtungen und Restaurant. DZ ca. £ 112.

Ferienwohnungen/Freizeit:
www.trelowarren.com.

46 St. Ives und die Dünenlandschaft der Towans

In der **St. Ives Bay** reihen sich kilometerlange, goldgelbe Sandstrände in einem weiten Bogen bis zum **Godrevy Point** aneinander. Vielen Deutschen ist St. Ives durch die Verfilmungen der Romanzen von Rosamunde Pilcher als Porthkerris ein Begriff. Die Autorin wurde im Vorort Lelant geboren (s. Kap. 83).

Ab 1877 verband die Eisenbahn St. Ives mit dem Bahnhof in **St. Erth** und gab Anschluss an die Main Line von Penzance nach London. Dies brachte unter anderem Maler wie James Whistler (1834–1903) und Walter Sickert (1860–1942) in die Gegend, die auf der Suche nach maritimen Motiven zwischen Newlyn (s. Kap. 79) und St. Ives pendelten. 1889 wurde der St. Ives Arts Club gegründet und 1927 die St. Ives Society of Artists. In der ehemaligen **Mariner's Church** stellt die Gesellschaft noch heute zeitgenössische Künstler aus. 1920 eröffnete Bernard Leach seine Töpferwerkstatt. Seine Objekte, zu sehen im **Leach Pottery Museum**, beeinflussen bis heute modernes Keramikdesign.

Nach dem Zweiten Weltkrieg folgte eine neue Generation von Künstlern. Die 1948 von Barbara Hepworth und ihrem Ehemann Ben Nicholson gegründete **Penwith Society of Artists** (www.artcornwall.org) schaffte ein zeitgemäßes Forum für abstrakte und experimentelle Kunst. Hepworth ging als herausragendste Künstlerin aus der Bewegung der St. Ives School hervor. Ihre Werke sind von der Landschaft Cornwalls inspiriert, organische Skulpuren, wie „Family of Men" erinnern an neolithische Monumente wie Men-an-Tol (s. Kap. 25). Das **Hepworth Museum** in ihrem ehemaligen Trewyn Studio hat einen besonders schönen Skulpturengarten. Es wird von der **Tate Gallery** am Porthmeor Beach mitverwaltet. Der Ableger der Tate Galerie in London eröffnete 1993. Unter anderem findet man hier eine von Turner skizzierte Stadtansicht. Vom Museumscafé hat man einen tollen Blick auf St. Ives.

Der **Porthmeor Beach** ist einer der vier Stadtstrände (Harbour, Portminster, Carbis Bay), die im Sommer recht voll werden. Schöner ist es in den Dünen der **Towans** in der Nachbarstadt **Hayle**. Der River Hayle trennt die beiden Ansiedlungen durch eine Trichtermündung, die man weitläufig umfahren muss. Auf der B3301 passiert man das Eisenbahnviadukt am **Foundry Square** aus dem Jahr 1852. Die Neustadt des ehemaligen Exporthafens für Kohle und Kupfer entstand im 18. Jh. rund um die Kupferschmelzen der Cornish Copper Company und Harvey & Co. Folgt man der B3301 Richtung **Phillack**, fährt man entlang des **Hayle Estuary** am alten Hafenkai aus dem Jahr 1740. Phillack ist das ehemalige Zentrum der Gegend mit einer Kirche aus dem 15. Jh. und dem historischen Pub **The Bucket of Blood**. Von hier führt die Straße vorbei an teils bis zu 70 m hohen Dünen bis zu den **Gwithian Towans**, einem beliebten Surfstrand. Godrevy Island, mit dem Leuchtturm im Norden ist der Landspitze **Godrevy Point** vorgelagert.

Park & Ride

Im Sommer sind Parkmöglichkeiten in St. Ives begrenzt. Stattdessen kann man das Auto bei der **Bahnstation St. Erth** parken und den Zug nehmen. Dabei hat man einen tollen Blick auf die Bucht.
Fahrtdauer 14 Min., Rückfahrtticket £ 4, Parken St. Erth 10–24 Uhr £ 1,90.

Steife Brise am Godrevy Point

INFO

Information:
www.stives-cornwall.co.uk, www.hayletown.co.uk.
St. Ives Society of Artists, Norway Square, St. Ives, Cornwall, TR26 1NA, Tel, 01736 795582, www.stisa.co.uk.
Leach Pottery Museum, Higher Stennack, St. Ives, Cornwall, TR26 2HE, Tel. 01736 799703, www.leachpottery.com.
Tate St. Ives, Porthmeor Beach, St. Ives, Cornwall, TR26 1TG (wegen Umbaus bis Mitte Mai 2014 geschl.) und **Hepworth Museum**, Barnoon Hill, St. Ives, Cornwall, TR26 1AD, Tel. 01736 796 226, www.tate.org.uk/visit/tate-st-ives, Di–So März–Okt. 10–17.20, Nov.–Feb. 10–16.20 Uhr, Kombiticket Erw. £ 11, erm. £ 6,60.

Essen und Trinken:
The Loft Restaurant, Norway Lane, St. Ives, Cornwall, TR26 1LZ, Tel. 01736 794204, www.theloftrestaurantandterrace.co.uk. Exzellente Fischgerichte mit schöner Aussicht. Lunch-Hauptgericht ab £ 9,95.

47 Surfspots in Nordcornwall – von St. Agnes bis Watergate Bay

Warten auf die perfekte Welle – Watergate Bay

Nordcornwall ist weltweit als das Surfzentrum Englands bekannt. Rauhe Atlantikwinde sorgen von Hayle (s. Kap. 46) bis Bude (s. Kap 49) für verlässlichen Wellengang. Entlang der Küste reihen sich von Felsen und Klippen gesäumte Buchten aneinander. Ein untrügliches Anzeichen für einen guten Surfspot sind Volkswagen-Campingbusse, auf deren Dächern die Bretter festgezurrt sind und vor denen sich Halbnackte aus nassen Neoprenanzügen schälen.

Erfahrene Surfer bevorzugen rauere und einsamere Buchten wie **Chapel Porth, Porthowan** oder **Portreath** südlich von St. Agnes. Nur ganz Mutige trauen sich an die großen Brecher wie die *Cribbar Wave* (bis zu 9 m), die beim Towan Head in **Newquay** über dem Cribbar Reef bricht, oder die mythische *Zorba Wave*, vor dem **Pentire Point**. Dort wo kleine, schaumgekrönte Wellen dicht aufeinanderfolgen, sind die Bedingungen für Anfänger und Bodyboarder ideal. Surfbegeisterte kommen oft mit der ganzen Familie, die Surfshops und Surfschulen, die es fast in jedem

Ort gibt, haben sich hierauf inzwischen eingestellt. Das nötige Zubehör gibt es in allen Größen und Farben und auch die Kurse variieren je nach Kenntnisstand der Surfer. Aufgrund der Gefahr von Brandungsrückströmung (*rip currents*), ist der surfbare Teil der Brandung durch Flaggen abgesteckt und wird von Rettungsschwimmern patrouilliert.

Das hübsche **St. Agnes** eignet sich gut als Ausgangsbasis für eine Erkundung des Küstenstreifens – auch für Wanderfreunde. Früher befand sich hier eines der Zentren der cornischen Erzindustrie (s. Kap. 25). Überall ragen die ausgehöhlten Pumphäuser auf, inzwischen vielfach als dekoratives Element in private Gartenanlagen integriert. Vom Nordende des Ortes kann man nach **Trevaunance Cove** wandern, bei Ebbe gibt es dort Zugang zum Strand **Trevellas Porth**. Nur wenige Kilometer weiter nördlich eröffnet sich die weite Bucht von **Perranporth**. Der von hohen Dünen eingerahmte Strand ist bei Familien und Surfern gleichermaßen beliebt. Beim kleineren Holywell Beach gibt es rund um **Penhale Corner** gute Wellen für Surfer. Der benachbarte **Crantock Beach** wurde 2013 zu einem der besten Strände Cornwalls gekürt.

Newquay ist die Surfhauptstadt Englands und angefüllt mit wettergegerbten Jungs und Mädels in Shorts, Bikinis und Flip-Flops, die ständig Surfboards mit sich herumschleppen. Von den zahlreichen Stränden rund um die Stadt ist der **Fistral Beach** im Westen der bekannteste. Hier findet der internationale Surfwettbewerb Boardmasters statt, an dem einige der weltbesten Surfer teilnehmen. In den Sommermonaten wird Newquay zur Partystadt. Die Tatsache, dass Jugendliche hier dem *binge drinking* (Komatrinken) frönen und dabei nicht selten zu Schaden kommen, wirft einen Schatten auf die ekstatische Atmosphäre, die in den Sommermonaten vorherrscht.

Die gehobene Klientel zieht es weiter nördlich in Richtung der Badebuchten bei **Watergate Bay** und **Mawgan Porth**. Hier sprießen momentan Luxusunterkünfte und Spa-Hotels wie Pilze aus dem Boden. Beim **Watergate Bay Hotel** (ein Ableger des Clubhotels Shoreditch House in London) haben Surfgäste einen speziellen Eingang, wo das Board abgestellt werden kann. Gleich daneben hat Jamie Oliver eine Filale seines **The Fifteen Restaurants** eröffnet (s. Kap. 101).

INFO

Information: www.st-agnes.com, www.visitnewquay.org, www.watergatebay.info, www.mawganporth.org.
Surfinfo, http://magicseaweed.com/Cornwall-North-Surfing/8.
Boardmasters Festival, www.boardmasters.co.uk, im Aug.
Übernachten: Watergate Bay Hotel, Watergate Bay, Cornwall, TR8 4AA, Tel. 01637 860543, www.watergatebay.co.uk. DZ ab £ 135.
The Bedruthan Hotel & Spa, Trenance, Mawgan Porth, Cornwall, TR8 4BU, Tel. 01637 860 860, www.bedruthan.com. DZ ab £ 105.
Scarlet Hotel Ltd, Tredragon Road, Mawgan Porth, Cornwall, TR8 4DQ, Tel. 01637 861800, www.scarlethotel.co.uk. DZ ab £ 1z5.
The Park Mawgan Porth, Cornwall, TR8 4BD, Tel. 01637 860322, www.mawganporth.co.uk. Ferienwohnungen für gehobene Ansprüche, von der Yurte bis zum Öko-Holzhaus.

48 Entlang des Camel Trail – von Padstow bis Wenfordbridge

Höckrige Wüstentiere wird man auf dem **Camel Trail** nicht finden. Es handelt sich um eine 17,5 Meilen (28,15 km) lange, verkehrsfreie Wander- und Fahrradroute, die an einer stillgelegten Bahnstrecke am Flusslauf des **Camel River** entlangführt! Der Pfad beginnt am **Camel Estuary**, der weitgestreckten Trichtermündung des Flusses in Padstow und endet in Wenfordbridge (auch Pooley's Bridge) beim Bodmin Moor (s. Kapitel 61). Unterwegs gibt es Gelegenheit für zahlreiche Stopps mit Erfrischungen und Sightseeing. Fahrräder kann man in Padstow, Wadebridge und Bodmin ausleihen. Die Route verläuft weitgehend ebenerdig und ist gut ausgebaut.

Padstows kleines Stadtzentrum rund um den Fischerhafen zieht viele Touristen an, nicht nur wegen des atemberaubenden Blicks auf das Camel Estuary. Der Chefkoch **Rick Stein** (der von Düsseldorfer Getränkefabrikanten abstammt) war einer der Vorreiter der neuen britischen Küche (www.rickstein.com). Inzwischen besitzt er ein gastronomisches Imperium in der Stadt, vom Hotel bis zum Edel-Fish&Chips und „Padstein" ist in aller Munde. Konkurrenz kommt inzwischen vom Chefkoch **Paul Ainsworth**, der hier ebenfalls zwei Restaurants führt (s. u.).

Grab eines Dichters

Die Kirche St. Enodoc aus dem 12. Jh. entdeckte man im 19. Jh. auf einem Golfplatz in **Rock** wieder, lange war sie unter Dünen verschwunden. Auf dem Friedhof liegt **John Betjeman** (1906–1984), der 1972 zum *Poet Laureate* (Nationaldichter) ernannt wurde, begraben. Betjeman schrieb u. a. die ersten Reiseführer für Autoreisende in Großbritannien, die Shell Guides. Er war Mitbegründer der Victorian Society, die sich außer für den Erhalt von historischen Bauwerken auch gegen die Stillegung von Nebenstrecken des Bahnnetzes einsetzte.
Info: www.stendellion.org.uk/st_enodoc.

Gegenüber von Padstow liegt der Ort **Rock**. Das Wassertaxi, das beide Orte verbindet, muss bei Ebbe auf dem Strand landen. Bei Flut verkehrt die Fähre vom Hafen. Rock gilt als das britische St. Tropez, es wird vor allem von betuchten Gästen und klangvollen Namen aus der Film- und Fernsehwelt besucht. Im benachbarten **Polzeath** verbringt Premierminister David Cameron seinen Urlaub. In der **National Lobster Hatchery** lassen sich Babyhummer bewundern. Die Organisation setzt sich für die Erhaltung der Hummerbestände in den hiesigen Gewässern ein (kein leichtes Unterfangen bei so vielen Gourmetrestaurants …).

Von Padstow führt der Camel Trail entlang des breiten Flussdeltas durch eine offene Landschaft mit gutem Ausblick bis **Wadebridge**. Im Mittelalter besaß das freundliche Örtchen die einzige Brücke über den Camel. In vielen netten Cafés lässt es sich hier gut rasten. Dann verläuft der Pfad durch das bewaldete Flusstal. Bei Boscarne kann man die Winzerei **Camel Valley Vineyard** besuchen (s. Kap. 98). Ein Abstecher nach **Bodmin** ist auch möglich. Die einstige Kreisstadt Cornwalls wurde vom heiligen St. Petroc im 6. Jh. gegründet. Im berüchtigten Gefängnis **Bodmin Jail** aus dem Jahr 1779 lernt man bei einer Besichtigung der Zellen das Gruseln. Von dort aus geht es weiter nach Norden bis zu den Ausläufer des Bodmin Moors nach **Wenfordbridge**.

Am Hafen in Padstow

Information:
www.sustrans.org.uk/ncn/map/route/camel-trail#, Routen NCN 3 und NCN 32,
www.polzeath.co.uk,
www.bodminlive.com.
Padstow Tourist Information Centre, North Quay, Padstow, Cornwall, PL28 8AF, Tel. 01841 533 449,
www.padstowlive.com,
Fahrradvermietung:
www.padstowcyclehire.com,
www.trailbikehire.co.uk,
www.bodminbikes.co.uk,
www.bridgebikehire.co.uk.
Essen und Trinken:
Paul Ainsworth at Number 6, 6 Middle Street, Padstow, Cornwall, PL28 8AP, Tel. 01841 532 093,
www.number6inpadstow.co.uk,
3-Gänge-Lunch £ 19.
Übernachten:
Moyles Farm Ferienwohnungen, St. Minver, Cornwall, PL27 6QT, Tel. 01208 862331, www.moylesfarm.co.uk. Hütte 2 Pers £ 60 pro Nacht, Cottage 4 Pers. £ 125 pro Nacht.

INFO

49 Felsformationen an der cornischen Küste

Bedruthan Steps

Über die extrem steilen **Bedruthan Steps** geht es hinunter in eine Traumbucht. Am Strand, der nur bei Ebbe zugänglich ist, quirlt und brodelt die Gicht um große Felsbrocken, die aus dem weißen Sand staken. Der Legende nach trieben in Cornwall zahlreiche Riesen ihr Unwesen und schleuderten mit Steinen um sich (s. Kap. 61). So auch hier: Der Riese Bedruthan soll die Brocken als Trittsteine platziert haben, um leichter aus dem Wasser steigen zu können.

Auf dem Abschnitt des South West Coast Path von **Mawgan Porth** (s. Kap. 47) bis **Trevose Head** finden sich mehrere Buchten und Strände mit außergewöhnlichen Felsformationen. Die Bedruthan Steps, sicher eines der spektakulärsten

Panoramen der nordcornischen Küste, erreicht man gut vom National Trust Café in **Carnewas**. Am Nordende des Strandes findet man verschiedene Höhlen und hinter dem großen Felsen Diggory Island versteckt sich die kleinere Bucht **Pentire Steps**. Achtung: Zum Schwimmen ist die Küste wegen ihrer Felsen und gefährlichen Strömungen ungeeignet! Allerdings kann man in den Tümpeln plantschen, die sich rund um die Felsen bilden und die *rock pools* erkunden.

Bude Formation

Im 42 km entfernten Seebad **Bude** (an der Grenze zu Norddevon) bestehen die Felsen aus karbonhaltigem Sandstein, den es sonst nirgendwo an der cornischen Küste gibt. Die sogenannte Bude Formation wurde durch tektonische Bewegungen gebrochen und gefaltet, was man am **Crooklets Beach** deutlich erkennen kann. Am **Summerleaze Beach** hat man das Meerwasserschwimmbad Bude Lido direkt in die Felsen gebaut (s. Kap. 30). Von Bude führt der **Bude Canal** landeinwärts. Früher transportierte man den mineralhaltigen Sand als Dünger ins Inland.

Entlang der Küste finden sich zahlreiche Hügelforts und Tumuli aus der Bronze- und Eisenzeit, wie z. B. am **Park Head**. Die Felsen selbst stammen aus dem Mitteldevon und sind ca. 390 Mio. Jahre alt. Vorbei an der felsigen Bucht von **Porth Mear** gelangt man zum Sandstrand von **Porthcothan**, an dem sich der **Will's Rock** erhebt.

Als die Einfuhr von Gewürzen und anderen Luxusgütern noch mit hohen Steuern belegt war, blühte überall an der Südwestküste der Schwarzhandel. Wertvolle Waren wurden hier zollfrei an Land geschmuggelt. Entlang des heutigen South West Coast Path patrouillierten damals Beamte der Zoll- und Steuerbehörde auf der Suche nach Gesetzesbrechern, die oft schmale Buchten wie **Fox Cove, Warren Cove** und **Pepper Cove** für ihren illegalen Handel nutzten. Die Zeiten sind vorbei. Auf der nahe der Küste gelegenen Insel **Trethias** aalen sich oft Seehunde in der Sonne. Von der benachbarten **Treyarnon Bay** sind es nur 10 Min. Fußweg bis zur größeren **Constantine Bay**. Die Felsenriffs vor der Küste sorgen hier für Wellen und damit für gute Surfbedingungen. Dem **Trevose Head** weiter nördlich sind The Quies vorgelagert. An den gefährlichen Felsen ist so manches Schiff in der Vergangenheit zerschellt.

INFO

Information:
www.visitcornwall.com,
www.visitbude.info
Bedruthan Steps, Newquay, Cornwall PL27 7UW, www.nationaltrust.org.uk. Die Treppen zum Strand sind März–Okt. tgl. 10.30–17 Uhr geöffnet.

Aktivitäten:
Outdoor Adventure Ltd, Atlantic Court, Widemouth Bay, Bude, Cornwall, EX23 0DF, Tel. 01288 362900, www.outdooradventure.co.uk. Surfschule und andere Aktivitäten.

Übernachten/Essen und Trinken:
Hebasca Hotel, Downs View, Bude, Cornwall, EX23 8RE, Tel. 01288 352361, www.hebasca.co.uk. Modernes Hotel mit Café-Bar und Restaurant. DZ B&B Hochsaison ab £ 110.
The Waves Holiday Appartment, 15, Summerleaze Crescent, Bude, Cornwall, EX23 8HH, Tel. 07977 078188, www.thewavesholiday apartment.co.uk. Modernes Appartment für 6 Pers., Hochsaison ab £ 665/Woche.

Herrensitze, Schlösser & Gärten

Hever Castle

50 Alte Adelsgeschlechter in den South Downs

In der geschichtsträchtigen Landschaft des **South Downs Nationalpark** finden sich viele sehenswerte Schlösser und Herrenhäuser. Die Mauern von Arundel Castle oder die beeindruckenden Ruinen von Cowdray House in Midhurst sind Zeitzeugen der englischen Adelsgeschichte, die bis ins 11. Jh. zurückreicht.

1067 errichtete der Normanne Roger de Montgomery die erste Burg auf dem Hügel oberhalb des Flusses Arun. Normannisch ist heute nur noch der Turmhügel von **Arundel Castle**. Der restliche Bau erhielt seine heutige Form gegen Ende des 19. Jh. Seit 875 Jahren ist das Schloss der Sitz der **Duke of Norfolk** (s. u.), bzw. der späteren **Familie Howard** und ihrer Vorfahren. Über die Jahrhunderte haben sich in dem Schloss wertvolle Kunstschätze angesammelt, darunter Gemälde Van Dycks, Canalettos, Gainsboroughs, antikes Mobiliar und Waffen. Viele

Auch als Ruine von beeindruckender Schönheit: Cowdray House

Monarchen waren hier zu Gast. Als Queen Victoria im Jahr 1846 vom Osborne House (s. Kap. 56) einen dreitägigen Abstecher nach Arundel machte, wurde sogar spezielles Schlafzimmermobiliar angefertigt. Sehenswert ist auch die Gartengestaltung, die einen Tribut an den palladianischen Architekten Inigo Jones und den 14. Earl of Arundel, Thomas Howard (1585–1646), darstellt. Während des **Arundel Festivals** Ende August werden u. a. Shakespearestücke in der Schlossanlage aufgeführt, Ende Juli treten edle Rittersleut' im **Turnier** gegeneinander an.

Nordwestlich von hier steht in **Midhurst** eine der schönsten Tudorruinen Englands, **Cowdray House**. Das Gebäude wurde bei einem Feuer 1793 fast völlig zerstört, nur noch die Außenwände stehen. Voller Atmosphäre werden sie als Hintergrund für zahlreiche Veranstaltungen und als Filmkulisse genutzt. 1273 erbaute Sir John Bohun Coudreye Haus und auf den Grundmauern entstand unter Sir David Owen 1520 Cowdray House. Sein Sohn verkaufte den Familiensitz unrechtmäßg an Sir William Fitzwilliam, der später von Henry VIII. zum **Earl of Southampton** ernannt wurde. Der König war hier oft zu Gast, ebenso wie seine Tochter Elizabeth I. Ein späterer Erbe, der 2. Viscount Montague, wurde im Jahr 1605 beschuldigt am Gunpowder Plot unter Guy Fawkes, einem Attentat auf König James I., beteiligt gewesen zu sein. Er wurde verhaftet und verbrachte etwa ein Jahr hinter den Mauern des Tower of London. Da er sich weigerte, den Treueid an den König zu leisten, musste er 1611 nochmals ins Gefängnis. Das Glück schien die Bewohner von Cowdray verlassen zu haben: das Haus fiel einer Feuersbrunst zum Opfer, der 8. Viscount ertrank während einer Rheinfahrt in der Schweiz und die Linie starb aus. 1908 ging das Anwesen an Sir Weetman Dickinson Pearson, der später zum neuen Viscount Cowdray ernannt wurde. **Pferdepolo** wird im **Cowdray Park Polo Club** gespielt. Jedes Jahr findet der Veuve Cliquot Gold Cup Event auf den Ländereien statt, bei dem auch Mitglieder der königlichen Familie anwesend sind

Der Butler des Monarchen

Der **Duke of Norfolk**, einer der wichtigsten, erblichen *Peer*-Würdenträger des Königreichs, hat gleichzeitig den Titel **Earl of Arundel**, der auf das Jahr 1138 zurückgeht (s. Kap. 55). Der Duke ist außerdem ein **Earl Marshal**, d. h. einer der acht zeremoniellen Würdenträger der Monarchie. Er übernimmt eine Rolle bei der Parlamentseröffnung, ist verantwortlich für die Organisation von Staatsbegräbnissen und hält die Position des *Chief Butler* bei Krönungsbanketten. Der momentan amtierende 18. Duke ist Edward William Fitzalan-Howard.

INFO

Information:
www.arundel.org.uk, www.visitmidhurst.com.
Arundel Castle, Arundel, West Sussex, BN18 9AB, Tel. 01903 882173, www.arundelcastle.org, www.arundelfestival.co.uk, März–Nov. Di–So 10–17 Uhr, Erw. £ 18, Kinder (5–16 Jahre) £ 9, erm. £ 15,50.
Cowdray House, Cowdray Park, Midhurst, West Sussex, GU29 0AQ, Tel. 01730 812423, www.cowdray.org.uk, www.cowdraypolo.co.uk, Mai–Sept. Sa/So/Bank Holidays 12–16 Uhr, Erw. £ 6,50, Kinder (5–16 Jahre) £ 3,75, erm. £ 5,50. Audiotour empfohlen.

Übernachten:
Amberley Castle Hotel, Amberley, West Sussex, BN18 9LT, Tel. 01798 831992, www.amberleycastle.co.uk. Wohnen im Schloss mit allem Komfort, DZ ab £ 295.

51 Ritterturnier vor Märchenkulisse – Hever Castle

Ritterspiele in Hever Castle

König Henry VIII. (1491–1547) ist nicht zuletzt aufgrund seiner sechs Ehefrauen berühmt-berüchtigt. Eine davon, **Anne Boleyn** (ca. 1501/1507–1536), seine zweite Frau, verbrachte ihre Kindheit und Jugend in Hever Castle in Kent. Am Ende ihrer königlichen Ehe stand das Schafott.

Das Herrenhaus kam 1462 in den Besitz der Familie Boleyn, die es in ein Tudoranwesen umbaute. 1903 verwandelte die amerikanische **Waldorf-Astor-Familie** das verfallene Schloss in eine Märchenfantasie. Nur das Pförtnerhaus entspricht heute noch dem Original. In dem Schlösschen befinden sich einige Porträts aus der Tudorzeit sowie das reich verzierte Gebetsbuch von Anne Boleyn mit ihren handschriftlichen Anmerkungen. Rundherum erstreckt sich eine von der italienischen Renaissance inspirierte Gartenanlage. Das Gelände bietet den passenden Rahmen für das sommerliche *Jousting*, d. h. Ritterturniere, die bei Familien sehr beliebt sind.

Da **Catarina d'Aragón** (1485–1536) ihm „nur" eine Tochter (Mary) geboren hatte veranlasste Henry VIII. die Annullierung seiner Ehe und überwarf sich deshalb mit dem Papst. Eine Rolle spielte hierbei auch, dass Anne Boleyn, das neue Objekt der königlichen Begierde, beharrlich auf einer gültigen Ehe bestand und sich weigerte seine Mätresse zu werden. Annes Onkel, **Thomas Howard, der 3. Duke of Norfolk** (s. Kap. 50), war ein Vertrauter Henrys, der zunächst die Scheidung und dann die Heirat mit Anne aktiv vorantrieb. Mit dem *Act of Supremacy* ließ sich

Henry 1534 von seinen Bischöfen zum Oberhaupt der anglikanischen Kirche ernennen und sagte sich vom Einfluss Roms los. Seine bereits 1533 geschlossene Ehe mit Anne wurde weder vom Papst noch von den katholischen Staaten anerkannt. Auch am Hof und im Volk sorgte die Annullierung für böses Blut, denn Catarina war als Königin hochgeachtet. Die willensstarke Anne machte sich wenig Freunde und auch Henry wurde ihrer bald überdrüssig. Nachdem sie ebenfalls keinen männlichen Erben gebar, wurde sie 1536 unter weitgehend unbegründeten Anschuldigungen von Inzest und Hochverrat zum Tode auf dem Schafott verurteilt. Noch im selben Jahr ehelichte Henry **Jane Seymour**, eine entfernte Cousine von Anne. Sie gebar ihm endlich den erwünschten Sohn, verstarb jedoch im Kindbett. Mit einer Annullierung der Ehe kam seine vierte Frau, die Deutsche **Anna von Kleve** (1515–1557) davon, da sich Henry für die schüchterne, altmodische junge Frau nicht erwärmen konnte. Die beiden verband jedoch eine lebenslange Freundschaft, sie blieb am Hof, wirkte bei der Erziehung seiner Kinder mit und erhielt zahlreiche Anwesen. Unter anderem wurde ihr Hever Castle zugesprochen, in dem sie lange lebte.

Die Ehefrauen Henrys VIII.

Henry fühlte sich zeitlebens besonders zu den Frauen aus der Linie der Howards hingezogen. **Mary Boleyn** war vor der „Ära“ ihrer Schwester Anne seine Mätresse. Danach standen Annes Cousinen, Mary und Margaret Shelton in seiner Gunst. Seine fünfte Frau war ebenfalls eine Cousine Annes aus dem Howardclan. **Catherine Howard** (1523–42) beging Ehebruch und ihr wurden auch voreheliche intime Beziehungen nachgewiesen. Nach zwei Ehejahren starb auch sie auf dem Schafott.

Henrys letzter Gemahlin, der reichen Witwe **Catherine Parr** (1512–48), ist es zu verdanken, dass seine Töchter Mary und Elizabeth wieder in die Thronfolge aufgenommen wurden. (s. Kap. 8). Henrys Sohn Edward VI., der nach seinem Tod König wurde, verstarb bereits mit 15 Jahren. Danach bestieg **Mary I.**, Henrys Tochter aus erster Ehe den Thron. Als *Bloody Mary* trieb sie die Gegenreformation voran und ließ viele Protestanten hinrichten. Erst ihre Nachfolgerin, Annes Tochter Elizabeth I., fand zu einer versöhnlichen Regelung der Konfessionen in der anglikanischen Kirche und regierte erfolgreich von 1558 bis 1603.

INFO

Information:
Hever Castle, Hever, bei Edenbridge, Kent, TN8 7NG, Tel. 01732 865224, www.hevercastle.co.uk, tgl. April–Okt. 10–17, Nov.–März 11.30–16 Uhr, Erw. £ 15, 50, Kinder £ 8,70, erm. £ 13,25.
Bootsverleih, Bootshaus, April–Sept. in den Ferien tgl. sonst Sa/So 11–17 Uhr, £ 12/Std. pro Ruderboot.

52 Trutzburgen Henrys VIII. – an der Küste von Kent bis Cornwall

Von 1539 bis 1544 ließ Henry VIII. fast 30 Artilleriebefestigungen, sogenannte **Device Forts** oder **Henrician Castles** entlang der Südküste Englands bauen. Von Dover im Osten bis Falmouth im Westen hielten die Festungen den europäischen Eroberern über die Jahrhunderte stand.

Die Isle of Wight erhielt sieben Festungen, u. a. das **Cowes Castle** (1539), in dem heute der Jachtclub unterbracht ist (s. Kap. 56). Sieben weitere entstanden auf dem Festland Hampshires rund um Portsmouth und Southampton (s. Kap. 2). Vor Weymouth ließ Henry VIII. **Portland Castle** errichten. In Kent und Sussex reihen sich acht Befestigungen an der Küste. Die Kosten für diese massiven Bauvorhaben deckte Henry mit den Gewinnen aus der Auflösung der Abteien und Klöster Englands. Nach dem Bruch mit Rom infolge der Annullierung seiner Ehe mit Catarina d'Aragón (s. Kap. 52) wurde Henry Verfechter der Reformation und Andersgläubige wurden verfolgt. Von 1536 bis 1541 löste er 652 Abteien und Klöster auf. Das Vermögen fiel an die Krone, wertvolle Gegenstände wurden konfisziert und die Gebäude nach und nach an den Adel verkauft. Aus der nun wieder gefüllten Staatskasse konnte Henry in die Royal Navy und andere militärische Ausgaben investieren, denn er befürchtete eine Invasion durch Frankreich und Spanien.

Ursprünglich bestanden die Festungen aus einem Rundturm, um den fünf weitere blütenartig angeordnet waren. Das Design ähnelte der **Tudor Rose,** dem Wappensymbol der Herrscherfamilie. Mit sehr dicken Mauern konnten die flachen, gedrun-

Hurst Castle

genen Türme den Kanonen des 16. Jh. standhalten. Im Laufe der Jahre wandte man sich der italienischen Bauweise zu. Die Innenbauten wurden viereckig, bzw. die Türme keilförmig angelegt. Unter Elizabeth I. bewiesen sich die strategisch gut verteilten Verteidigungsanlagen erneut beim Angriff durch die spanische Armada 1588, ebenso im Bürgerkrieg und während der Napoleonischen Kriege. Während des Ersten und Zweiten Weltkriegs waren die Bastionen zum letzten Mal im Einsatz.

Die ursprüngliche Tudor-Rosen-Form ist beim **Deal Castle** nahe Dover noch gut erkennbar. In dem Rundbau sind auf fünf Ebenen insgesamt 145 Öffnungen für Kanonen untergebracht. Das benachbarte **Walmer Castle** wurde später zum Sitz des Duke of Wellington, der 1815 an der Schlacht gegen Napoleon bei Waterloo beteiligt war. Die Burg birgt viele Memorabilien des Duke. Auch das **Pendennis Castle** (1539) in Cornwall hat markante Rundtürme und eine fantastische Aussicht auf den Hafen von Falmouth. Gegenüber erhebt sich auf der Ostseite der Bucht das Gegenstück in **St. Mawes** (1540). Pendennis war während des Bürgerkriegs 1646 die letzte Zuflucht der Royalisten, bis die Insassen durch eine monatelange Belagerung dazu gezwungen wurden, sich zu ergeben. Das **Southsea Castle** in Portsmouth (1544) wurde bereits in seinerzeit moderner Bauweise mit Knickwinkeln anlegt. Während der Seeschlacht im Solent 1545, als die Franzosen zu der von Henry befürchteten Invasion Englands ansetzten, musste der König von hier aus zusehen, wie sein Flagschiff Mary Rose (s. Kap. 2) im Kampf versank. Das **Hurst Castle** (1541–1544) liegt an einer Meerenge des Solent bei Keyhaven und die Isle of Wight scheint zum Greifen nah. Es besitzt zwar noch den klassischen Rundturm, der Großteil des langgestreckten Baus stammt jedoch ebenso wie zwei 38 t schwere Kanonen aus den Jahren 1805 bis 1893. Sehenswert ist hier das **Garrison Theatre**, das letzte noch erhaltene Truppentheater aus dem Zweiten Weltkrieg. Zu der Festung gelangt man mit einer kleinen Fähre von Keyhaven.

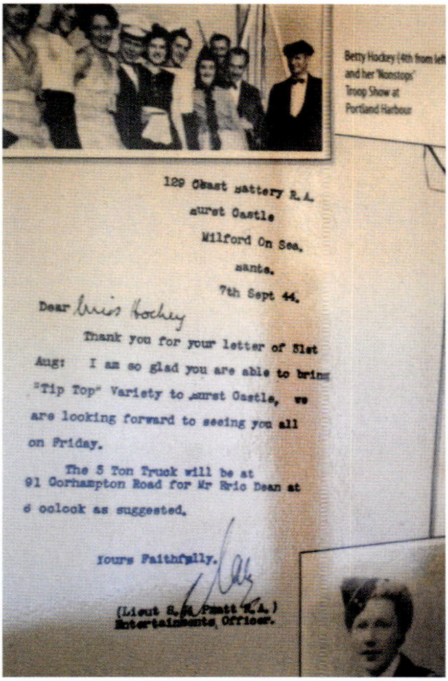

Erinnerungen an das Garrison Theater

Information:
Portland Castle, Deal Castle, Walmer Castle, Pendennis Castle, St. Mawes Castle,
www.english-heritage.org.uk.

Southsea Castle,
www.southseacastle.co.uk
Hurst Castle,
www.hurstcastle.co.uk.

INFO

53 Sir Walter Raleighs Zuflucht – Sherborne Castle

Der Seefahrer und Abenteurer **Sir Walter Raleigh** (ca. 1552–1618), verfolgte schon früh eine Karriere am Hof und war jahrelang Günstling von Königin Elizabeth I., die mehr als nur freundschaftliche Gefühle für ihn hegte. Sie überließ ihm die Ländereien rund um das alte Sherborne Castle zur Pacht.

Zusammen mit seinem Cousin Sir Richard Grenville (s. Kap. 54) begann Raleigh die erste Kolonisierung von Roanoke Island in Virginia (heute North Carolina), wenn auch erfolglos. Er ist unter anderem dafür bekannt, dass er den aus der Neuen Welt importierten Tabak in England populär machte – er rauchte wie ein Schlot. 1592 fiel er in Ungnade, weil er heimlich die Hofdame **Elizabeth Throckmorton** geheiratet hatte. Nach Bekanntwerden der Ehe wurden beide im Tower of London eingekerkert, allerdings bald wieder freigelassen. Sherborne Castle wurde anschließend für seine Familie zum Zufluchtsort. Unter König James I. geriet Raleigh erneut in Ungnade. Er verbrachte seine letzten Jahre im Tower und wurde 1618 als Verräter hingerichtet. Der wortgewandte Mann verfasste in Gefangenschaft Werke der Poesie ebenso wie das Geschichtswerk „History of the World".

Vom **Sherborne Old Castle**, das heute von English Heritage verwaltet wird, existieren nur noch Ruinen im heutigen Landschaftspark, nachdem es im Bürgerkrieg 1645 zerstört wurde. Raleigh hatte sich bei einem Aufenthalt in Wiltshire in das Schloss verliebt, das 1137 von Bischof Roger von Sarum auf der Südseite der Stadt Sherborne erbaut worden war. Leider war das alte Schloss schon bald baufällig und Raleigh erbaute in der Nachbarschaft ein neues Herrenhaus, das heutige **Sherborne Castle** im elisabethanischen Stil. Sherborne Castle wurde 1617 an **Sir John Digby**, den 1. Earl of Bristol, verkauft. Die Digbys, die noch heute im Besitz des Schlosses sind, erweiterten es um vier weitere Flügel und ließen eine Orangerie bauen. 1753 wurde die Parkanlage vom Landschaftsarchitekten **Capability Brown** (s. Kap. 58) neu gestaltet und ein See angelegt. Das Schloss hat sehr persönlichen Charme mit Familienporträts und Fotos der Familie Digby. Die Küche stammt noch aus Raleighs Zeiten.

Der Gold Hill in Shaftesbury

Wenn man über die Landstraße A30 ins 16 km entfernte Örtchen **Shaftesbury** fährt, passiert man die nördlichen Ausläufer der Cranborne Chase (s. Kap. 16). Der Ort, der von einem 219 m hohen Berg das **Blackmore Vale** überblickt, ist vor allem für die Aussicht von diesem Gold Hill bekannt. Der Regisseur Ridley Scott nutzte die Ansicht in einer Fernsehwerbung für den Brotfabrikanten Hovis.

Im Städtchen **Sherborne** gruppiert sich der mittelalterliche Stadtkern um die **Sherborne Abbey**. Bereits die Angelsachsen gründeten hier 705 eine Diözese und setzten Aldhelm von Malmesbury (s. Kap. 59) als Bischof ein. Vom 15. bis zum 18. Jh. florierte die Marktstadt, erst wurden hier Woll- und später Seidenstoffe gewebt. Nach ihrer Enteignung durch Henry VIII. während der Reformation diente die Abtei als Pfarrkirche. Auf der Nordwestseite des Baus steht noch eines der angelsächsischen Tore. Bemerkenswert ist auch das gotische Fächergewölbe, das auf William Smyth (1465–1490) zurückgeht, der u. a. in der Wells Cathedral (s. Kap. 74) tätig war. Vor

Sherborne Castle

der Kirche ist das **St. John's Almshouse** (Armenhaus) aus dem Jahr 1448 sehenswert. Die **Sherborne School**, die an die Rückseite der Kirche grenzt, entstand 1550. Aus der Stiftung von König Edward VI. für benachteiligte Jungen entwickelte sich ein Internat feinster Güte mit prominenten Absolventen wie z. B. dem Schriftsteller John le Carré.

Information:
www.sherbornedorset.co.uk, www.shaftesburydorset.com.
Sherborne Abbey, 3 Abbey Close, Sherbone, Dorset, DT9 3LQ, Tel. 01935 812452, www.sherborneabbey.com, Führungen April–Sept. Di 10.30, Fr 14.30 Uhr.
Sherborne Castle und **Sherborne Old Castle**, New Road, Sherborne, Dorset, DT9 5NR, Tel. 01935 812072, www.sherbornecastle.com, März–Okt. 11–17 Uhr, Erw. £ 11, erm. £ 10, Kinder bis 16 Jahre frei.

INFO

54 Heimat bedeutender Seefahrer – Buckland Abbey

Buckland Abbey wird heute vom National Trust verwaltet und beherbergt Werke aus dem **Plymouth City Museum**. Im Inneren kann man auch *Drake's Drum* sehen, eine Rührtrommel, die Sir Francis Drake auf seinen Reisen begleitete. Der Legende nach rührt sich die Trommel immer dann von selbst, wenn England von Feinden bedroht wird.

Die Abtei liegt am Ostrand des Tamar Valley, einem Teil der **Cornwall and West Devon Mining Landscape** (s. Kap. 25), die zum UNESCO-Weltkulturerbe zählt. Das Zisterzienserkloster aus dem Jahr 1278 wurde von Henry VIII. aufgelöst und später an die Familie **Grenville** verkauft. Roger Grenville war Kapitän der Mary Rose, als sie 1545 vor Portsmouth versank (s. Kap. 2). Als Privateers stellten die Grenvilles ihre Handelsflotte in Bideford (s. Kap. 87) auch in den Dienst von Königin Elizabeth I. Um 1570 begann Sir Richard Grenville (1542–1591) mit dem umfassenden Umbau der Abtei in ein Wohnhaus, bei dem die Kreuzgänge und Außengebäude abgerissen wurden. Der **Great Barn** ist eines der wenigen, noch verbliebenen Originalgebäude. Aufgrund von Geldknappheit musste Grenville das Anwesen jedoch bereits 1581 an seinen Seefahrerkollegen **Sir Francis Drake** (ca. 1540–96) verkaufen. Drake war gerade von seiner erfolgreichen, dreijährigen Weltumsegelung zurückgekehrt, bei der er für die Krone tonnenweise Silber, Gold und Luxusgüter erbeutet hatte. Er wurde von der Queen geadelt und zum Bürgermeister von Plymouth gewählt. Daher suchte er nach einem benachbarten Anwesen, außerdem lag Buckland Abbey nur wenige Kilometer von seiner Geburtstadt **Tavistock** entfernt. Zuvor hatte Drake auf seiner 1577 begonnen Weltreise fünf seiner sechs Schiffe verloren und kehrte auf der Golden Hind zurück, die damit zur Legende wurde. 1973

Die Golden Hind in London ...

entstand ein seetüchtiger Nachbau des berühmten Schiffs, der im St. Mary Overie Dock in London zu sehen ist. Eine weitere Kopie liegt im Hafen von Brixham (s. Kap. 43). Der Abenteurer Drake war (wie Raleigh) ein Favorit von Elizabeth I. und stammte aus einer alten Seefahrerfamilie. Sein Großcousin, der Admiral **Sir John Hawkins** (s. Kap. 11), war Schatzmeister bei der Royal Navy, Schiffsbauer und Sklavenhändler, der den berüchtigten Dreieckshandel (s. Kap. 7) begründete. 1588 war Drake einer der herausragendsten Seeadmirale im siegreichen Kampf gegen die spanische Armada.

In der ländlichen Gegend rund um die Flüsse Tamar und Tavy entdeckte man 1860 das bis dahin größte Kupfervorkommen der Welt, das in der **Devon Consols Mine** abgebaut wurde. Im Freiluftmuseum **Morwellham Quay** kann man einen historischen Hafen besichtigen und sich mit einem Bähnchen unter Tage in die **George & Charlotte Copper Mine** begeben, die von 1716 bis 1868 in Betrieb war. Nahebei ist das **Calstock Viaduct** aus dem Jahr 1904 sehenswert.

... und ihr Kapitän Sir Francis Drake

Tree-Surfing

Im benachbarten **Gunnislake** können sich Adrenalinjunkies im Hochseilgarten des Tamar Trails Centre wie Tarzan durch die Wipfel schwingen. Fest verzurrt hangelt man sich mit Seilrutschen (*zip wires*) durch den Wald. Wahlweise springt man einfach im freien Fall vom Baum (*tree jump*).
Tamar Trails Centre, Woodlands, Gulworthy, Tavistock, Devon, PL19 8JE, Tel. 01822 833409, www.tamartrails.co.uk.

INFO

Information:
www.tamarvalleytourism.co.uk, www.tamarvalley.org.uk.
Buckland Abbey, Yelverton, Devon, PL20 6EY, Tel. 01822 853607, www.nationaltrust.org.uk, 15. Feb.–31. März 12–16, April–Okt. 10.30–17.30, Nov./Dez. Fr–Sa 11–16.30 Uhr, Erw. £ 9,05, Kinder £ 4,50.
Morwellham Quay, Morwellham, Tavistock, Devon, PL19 8JL, Tel. 01822 832766, www.morwellham-quay.co.uk, März–Juni, Sept./Okt. 10–17, Juli/Aug. 10–17.30, Nov. 10–16 Uhr, Erw. £ 8,95, Kinder (3–17 Jahre) £ 6,95, erm. £ 7,95.

55 Noble Residenzen in Norfolk

Im Castle Rising

The Lord Nelson Pub

In dem winzigen Örtchen **Burnham Thorpe** lebte einst Lord Admiral Nelson (s. Kap. 70) und frequentierte oft die heute über 370 Jahre alte Dorfkneipe. Nachdem er in der Schlacht von Trafalgar tödlich verwundet wurde, transportierte man seinen Leichnam – zwecks Konservierung – in einem Rumfass von Gibraltar nach England. Unterwegs tranken die Seeleute immer wieder den mit „Nelsons Blut" getränkten Rum, was ihnen Glück bringen sollte. Der Pub produziert nachgebraute Flaschen von *Nelson's Blood* – eine garantiert blutfreie, schmackhafte Mischung aus Rum und Gewürzen (£ 25).
The Lord Nelson, Walsingham Road, Burnham Thorpe, Norfolk, UK PE31 8HN, Tel. 01328 738241, www.nelsonslocal.co.uk.

Im Norden Norfolks trifft man auf Spuren der Normannen, der Hanse und der Royal Family. **Castle Rising**, an der Küstenstraße A149, geht auf William d'Aubigny (engl. d'Albini), den 1. Earl of Arundel, zurück, dem auch das Arundel Castle (s. Kap. 50) gehörte. Die gut erhaltene Burgruine ließ d'Aubigny 1140 erbauen, nachdem er die Witwe von König Henry I. geheiratet hatte. Heute gehört die Burg zum Besitz von Lord Howard of Rising (geb. 1941). Wenige Kilometer landeinwärts, bei Swaffham, befindet sich **Castle Acre**, eine Art Planstadt der Normannen. William de Warenne, der mit William the Conqueror in Hastings gekämpft hatte (s. Kap. 63), wurde zum 1. Earl of Surrey ernannt und beaufttragte den Bau der befestigten Stadt. Gleichzeitig entstand die **Castle Acre Priory**, deren Ruinen noch die Ausmaße der Abtei erahnen lassen.

Ein Touristenmagnet ist **Sandringham House**, einer der Landsitze des Königshauses. Die Queen versammelt hier die Familie an Weihnachten und zu Jagdpartien. Einst erwarb Queen Victoria das Haus für ihren ältesten Sohn, den späteren Edward VII. Er zog mit seiner Frau Prinzessin Alexandra von Dänemark ein und ließ das Gebäude um 1870 modernisieren und erweitern. Die Ländereien einschließlich der umliegenden Dörfchen gehören zu dem 8000 ha großen Privatbesitz. Bei der Anfahrt zum Anwesen passiert man windschiefe Häuschen aus rotem Ziegelstein, normannische Kirchen und exklusive Landgasthäuser. Das eher gedrungene Sandringham House liegt inmitten einer grandiosen **Gartenanlage**. Zu besichtigen sind die Räumlichkeiten im Erdgeschoss, einschließlich des Ballsaals, Wohnzimmers und Speisesaals. Wie die Angestellten versichern, schätzt die Queen die heimelige Atmosphäre in dem altmodisch

Sandringham House

eingerichteten Haus. Im angegliederten **Museum** werden allerlei Kuriositäten ausgestellt, z. B. Oldtimerlimousinen und Gastgeschenke aus aller Welt.

Unweit von hier ist das Städtchen **King's Lynn** am Great Ouse, der in das breite Delta des Wash mündet, einen Abstecher wert. Bereits 1101 erhielt das damalige **Bishops's Lynn** die Marktrechte und im 14. Jh. wurde es zu einem der wichtigsten Häfen Englands. Es gab regen Handel mit den Hansestädten. Ein altes Warenkontor der Hanse, **Hanse House** aus dem Jahr 1475, hat nahe des **Saturday Market Place** die Zeiten überdauert. Im Zunfthaus **Holy Trinity Guildhall** waren vor allem die Lübecker Hanseleute vertreten. Ab 1360 wurde Danzig (Gdansk) zum Haupthandelspartner der Stadt, bis deren Hafen versandete. Seit 2005 ist King's Lynn Mitglied im Städtebund der Neuen Hanse. Im alten **Zollhaus** (*Custom House*) am Hafen aus dem Jahr 1638 ist heute die Touristeninformation untergebracht.

INFO

Information:
www.kingslynnonline.com.
Castle Rising, King's Lynn, Norfolk, PE31 6AH, www.castlerising.co.uk, April–Okt. 10–18, Nov.–März 10–16 Uhr, Erw. £ 4, Kinder £ 2,50, erm. £ 3,30.
Castle Acre, King's Lynn, Norfolk, PE32 2XD, www.castleacre.info, www.english-heritage.org.uk, Erw. £ 5,80, Kinder £ 3,50, erm. £ 5,20.
Sandringham Estate, Sandringham, Norfolk, PE35 6EN, Tel. 01485 545400, www.sandringhamestate.co.uk, Ostern–Nov. 11–16.30, Okt. 11–15.45 Uhr, Erw. £ 13, Kinder (5–15 Jahre) £ 6,50, erm. £ 11.

56 Queen Victorias Osborne House

Über 1000 Boote gehen Anfang August bei der **Cowes Week** an den Start und segeln in bis zu 40 Einzelrennen täglich gegen den Wind! 1897 überreichte Queen Victoria selbst dem Gewinner den Queen's Cup. Für die Königin war Cowes auf der Isle of Wight (s. Kap. 3) ein zweites Zuhause, Osbourne House nutzten sie und ihre Familie als private Rückzugsstätte.

Von Southampton verkehrt die Red Funnel Fähre nach **Cowes**, dem weltbekannten Regattahafen der Isle of Wight. Bereits 1815 wurde der Jachtclub gegründet. Zwei Jahre später nahm man den Prinzregenten George III. in den Club auf und erhielt das königliche Siegel. William IV. gab dem Club den heutigen Namen: **Royal Yacht Squadron**. Die Mitglieder des exklusiven Clubs dürfen als einzige die weiße Flagge der Royal Navy hissen statt die rote der Handelsmarine. 1826 fand die erste Regatta statt.

Queen Victoria, Regentin von 1837 bis 1901, erstand 1845 **Osborne House**, ein Anwesen mit fantastischem Blick auf den Solent, um sich mit Ehemann Prinz Albert von Sachsen-Coburg Gotha und ihren neun Kindern in eine private Atmosphäre zurückziehen zu können. Albert fühlte sich an die Bucht von Neapel erinnert und nach seinen Anweisungen wurde die Anlage bis 1851 in einen italienisch inspirierten

Osborne House

Queen Victoria

Palazzo umgebaut. Die Innenräume lassen allerdings italienische Leichtigkeit vermissen: Sie sind angefüllt mit Statuen aus weißem und schwarzem Marmor, goldverziertem Stuck, Deckengemälden und formellen Porträts von Franz Xaver Winterhalter (1805–1873). Heimeliger sind die Kinder- und Schlafzimmer mit vielen persönlichen Gegenständen. Der **Durbar Wing** erinnert mit indischem Flair daran, dass Victoria als Oberhaupt des Commonwealth auch *Empress of India* (Kaiserin von Indien) war. In der Parkanlage wurde für die Kinder ein Spielgarten eingerichtet, u. a. mit Minikanone für die militärische Erziehung und mit einem Gemüsegarten zum Gärtnern. Das von Albert importierte Schweizer Blockhaus, **Swiss Cottage**, diente als Spielhaus. Inschriften am Giebel wie z. B. „Früh zu Bett, früh wieder auf, stärkt zum muntern' Lebenslauf" zeugen von seiner preußische Erziehung. Am Privatstrand steht **Victorias Bathing Machine**, ihr Badewagen. Die Queen war eine begeisterte Schwimmerin. Im Badewagen zog man seine Schwimmkleidung an, dann wurde der Wagen ins Wasser geschoben oder gezogen und man stieg über eine Treppe ins kühle Nass. Rundherum gab es als Sichtschutz Vorhänge. Viktorias Enkel, Kaiser Wilhelm II., kam oft zu Besuch und nahm an den Regattas in Cowes teil.

Nach Alberts Tod zog sich Queen Victoria nach Osborne House zurück und verstarb hier 1901. Danach zog bis 1921 das **Royal Naval College** (s. Kap. 41) ein. Keiner der königlichen Nachkommen konnte sich für Osborne House erwärmen, daher vermachte es König Edward VII. der Nation. Heute wird es von der Organisation English Heritage als Museum verwaltet.

INFO

Information:
www.visitisleofwight.co.uk, www.cowes.co.uk.
Osborne House, York Avenue, East Cowes, Isle of Wight, PO32 6JX, www.english-heritage.org.uk, April–Sept. 10–18 Uhr, Erw. £ 13,40, Kinder (5–15 Jahre) £ 8, erm. £ 12,10.
Cowes Week, www.aamcowesweek.co.uk, www.rys.org.uk.
Fähre: www.redfunnel.co.uk. Fußgängerfähre 25 Min., Hin-und Rückfahrt, Erw. £ 22, Kinder £ 11; Autofähre 55 Min., Hin-und Rückfahrt preiswerte Tarife schon ab ca. £ 50.
Essen und Trinken/ Übernachten:
The Little Gloster, 31 Marsh Road, Cowes, Isle of Wight, PO31 8JQ, Tel. 01983 298776, www.thelittlegloster.com. Skandinavisch inspiriertes Restaurant/B&B mit vielen Fischgerichten. Standard-DZ mit Frühstück ab £ 90.

57 Longleat – Renaissanceschloss mit Wildlife

Ein Landschloss aus elisabethanischer Zeit gepaart mit einem Safaripark! Worüber die adelige Elite zunächst die Nase rümpfte, entpuppte sich als clevere Geschäftsidee und wurde zu einer der größten touristischen Attraktionen auf der britischen Insel.

Die grandiose Anfahrt zum Longleat House über eine gewundene, lange Chaussee mit Panoramablick ließ **Thomas Thynne**, der 1. Marquess of Bath (1734–1794), von Capability Brown (s. Kap. 58) gestalten. Das Haus selbst wurde von **Sir John Thynne** (gest. 1580) über den Ruinen einer alten Augustinerabtei von 1567 bis 1580 errichtet. Heute gilt der Bau des Architekten Robert Smythson (1535–1614) als ein Meisterwerk elisabethanischer Renaissancearchitektur. Longleat House ist rechteckig angelegt und zeichnet sich durch seine großen Fensterfronten aus. Mit geometrischen Verzierungen versehen sind die aufgesetzten Türmchen. Auf dem Dach wurden Terrassen angelegt, auf denen man früher promenierte.

Longleat war ein *prodigy house*. In Ermangelung von Luxushotels entstanden solche Häuser im 16. Jh. Sie dienten den Monarchen auf ihren Reisen durch das Land als angemessene Unterkunft. Nicht nur Elizabeth I. übernachtete in Longleat, Charles II. und Queen Catherine kamen 1633 mit ihrem ganzen Hofstaat angereist.

Die Dynastie der Thynne-Familie erwarb später die Titel Viscount of Weymouth und Marquess of Bath. Der 6. Marquess, **Henry Frederick Thynne** (1905–1992), sah sich aufgrund von Erbschaftssteuern in erheblichen Geldschwierigkeiten. Longleat war daher 1949 das erste Herrenhaus, dass seine Türen für zahlende Besucher öffnete. Thynne ging sogar noch weiter und wandelte 1966 einen Großteil von Browns Landschaftsgarten in einen ansprechend angelegten Safaripark um, der bis heute einen Touristenmagnet darstellt. Sein Sohn **Alexander Thynn**, der 7. Marquess (geb. 1932), weitete das kommerzielle Imperium der Familie auch auf die Cheddar Gorge und Wokey Hole aus (s. Kap. 9). Die bewundernswerten Eibenlabyrinthe in Longleat gehen auf Alexander Thynns Entwürfe zurück. Sein Lebenswandel brachte ihm den Ruf eines verrrückten Bohemiens und Hippies ein. Zeitlebens versammelte er zahlreiche seiner Liebschaften in den Gemächern des Schlosses und praktizierte die „Anti-Ehe". Die Ungarin Anna Gael, seine Ehefrau und Mutter seines Sohnes und seiner Tochter, lebt in Paris und verbringt nur eine Woche pro Monat in Longleat. Gespalten sind die Meinungen über die Malereien (*murals*) des 7. Marquess, mit denen er den Großteil der privaten Wohnfläche im Schloss „verziert" hat. Entsprechend seiner Lebensweise haben diese vorwiegend erotische Themen wie z. B. das „Kama Sutra Mural".

Sein Sohn **Ceawlin Thynn, Viscount Weymouth** (geb. 1974), ein Hotelier und Geschäftsmann, übernahm 2010 die Verwaltung der Firma Longleat Enterprises. Im Herrenhaus entfernte er verschiedene *murals*, die Thynn für seine Kinder gemalt hatte. Stattdessen dekorierte er für sich und seine Frau alles in modernen, neutralen Farben. Der Vater war darüber so erbost, dass er 2013 nicht an der Hochzeit seines Sohnes teilnahm. Ceawlins Frau, Emma McQuiston, ist eine Tochter des nigerianischen Ölbarons Oladipo Jadesimi. Wenn Ceawlin den Titel seines Vaters

Die Tiere sind los: Im Longleat Safari Park

erbt, wird Emma die erste dunkelhäutige Marquise (*Marchioness*) des Landes sein, was in den teils erzkonservativen Adelskreisen heute schon Schlagzeilen macht.

Wer das Haus besucht, sieht neben Kunstwerken und antikem Mobiliar eine riesige Bibliothek mit 40.000 Büchern sowie einige der *murals* von Alexander Thynn. Im **Safaripark** fährt man mit dem Auto durch das Löwengehege, bestaunt Elefanten, Giraffen und Gnus ebenso wie freche Affen, die dafür bekannt sind, dass sie Autoantennen anknabbern. Per Boot geht's nach Gorilla Island und Kinder werden nicht zuletzt den großen Spielpark schätzen.

Information:
Longleat, Warminster, Wiltshire, BA12 7NW, Tel. 01985 844400, www.longleat.co.uk, Feb.–März Fr–Mo 10–17, sonst tgl. Sommer 10–19/20, Winter 10–17 Uhr. Online Buchung: Erw. £ 26,77, Kinder (3–14 Jahre) £ 19,12, erm. £ 20,82.

INFO

58 Capability Browns Meistergarten und Churchills Geburtshaus – Blenheim Palace

Blenheim Palace bei Woodstock in Oxfordshire ist seit Beginn des 18. Jh. Sitz der Dukes of Marlborough. 1874 erblickte hier Winston Churchill das Licht der Welt. Sein Geburtsort wurde 1987 in das **Weltkulturerbe der UNESCO** aufgenommen, nicht zuletzt aufgrund des harmonischen Landschaftspark in den das Haus gebettet ist. In den reich mit Stuck verzierten Prunkzimmern kann man historische Porträts und antikes Mobiliar bewundern.

Von 1705 bis 1722 wurde Blenheim Palace im seltenen englischen Barockstil erbaut. Der Landschaftsarchitekt **Lancelot Capability Brown** (1716–1783) schuf später den herausragenden Landschaftsgarten. Seine Parks zieren einige der

Schatten spendende Bäume findet man im Park von Blenheim Palace

bedeutendsten Herrenhäuser des Landes. Kein Wunder: Gekonnt wusste er die Bauwerke aus allen Blickwinkeln ins beste Licht zu rücken. Er vermittelte das Gefühl von Weite durch offene Grasflächen, Wasserläufe und gekonnt angeordnete Baumgruppen und ließ ein Bild idealisierter Natur entstehen.

In Blenheim Palace wurde **Sir Winston Leonard Spencer-Churchill** (1874–1965) geboren. Der Politiker war ein illustrer Charakter aus einer nicht weniger illustren Familie. Sein Vorfahr John Churchill (1650–1722) hatte sich 1704 in der *Battle of Blenheim* (Schlacht von Blindheim/Höchstädt an der Donau) im spanischen Erbfolgekrieg ausgezeichnet. Zum Dank erhielt er von Queen Anne (reg. 1702–1714) den Titel **Duke of Marlborough** ebenso wie den Palast, dessen Name an den militärischen Erfolg erinnern soll. Der erste Duke und seine Frau Sarah Churchill verstanden es, sich bei den jeweils regierenden Monarchen beliebt zu machen. Sarah dirigierte als Jugendfreundin und Kammerzofe von Queen Anne geschickt die Karriere ihres Mannes. Durch eine Ausnahmeregelung ging der Titel des Herzogtums Marlborough nach Johns Tod zunächst an seine Töchter und dann an seinen Neffen Charles Spencer, den 4. Earl of Sunderland. Seit 1817 führt die Familie daher den Doppelnamen Spencer-Churchill. Übrigens: Lady Diana Spencer (1961–1997), Prinz Charles' erste Ehefrau, stammte aus einer Nebenlinie der Familie Spencer.

Churchills Vater Randolph starb bereits im Alter von 45 Jahren. Seine Mutter, die amerikanische Millionärstochter Jennie Jerome, war eine kapriziöse Gesellschaftsdame und bekannt für ihre außerehelichen Liebschaften. Am Leben ihrer zwei Söhne nahm sie wenig Anteil. Churchills akademische Leistungen waren mittelmässig und die Aufnahme in die Militärakademie Sandhurst schaffte er erst im dritten Anlauf. Danach folgte eine unkonventionelle Karriere. Neben seiner politischen Tätigkeit war er in den Kolonialkriegen oft an der Front, entweder als Offizier oder Kriegsberichterstatter. 1904 wechselte von den konservativen **Tories** zu den liberalen **Whigs**. Als Innenminister und Marineminister hatte er 1915/16 die desaströse Schlacht von Gallipolli zu verantworten. Nach dem Krieg war er von 1924 bis 1929 im konservativen Kabinett Schatzkanzler. Danach zog er sich elf Jahre aus der Politik zurück, schrieb Bücher und hielt Reden. Er war einer der Ersten, die vor einem erstarkenden Hitlerdeutschland warnten, und wurde 1939 erneut Marineminister. Im Alter von 66 Jahren übernahm er 1940 nach der Abdankung von Neville Chamberlain den Posten des **Premierministers** einer Allparteienkoalition. Er verfolgte seinen unbeugsamen Kurs gegenüber Hitler zunächst ohne die Unterstützung der Allierten. Die Briten schätzten ihn für seine moralische Unterstützung in seinen Reden, mit denen er das Volk in den schlimmsten Stunden zum Durchhalten motivierte. Für sein Geschichtswerk „Der Zweite Weltkrieg" erhielt er 1953 den Friedensnobelpreis. In Blenheim Palace ist eine Ausstellung über den Staatsmann und Nationalhelden zu sehen.

INFO

Information:
Blenheim Palace, Woodstock, Oxfordshire, OX20 1PP, Tel. 01993 810500, www.blenheimpalace.com, Feb.–Dez. tgl. 10–17.30 Uhr, Erw. £ 21,50, Kinder £ 11,80, erm. £ 17 Konzerte und wechselnde Ausstellungen, Buchung geführter Thementouren möglich, verschiedene Restaurants, Cafés und Shops.

59 Rund um Malmesbury – Abbey House Gardens, Westonbirt und Highgrove

An den südöstlichen Ausläufern der Cotswolds (s. Kap. 8) in Wiltshire liegt **Malmesbury**. Das Städtchen erhielt 880 von König Alfred dem Großen (s. Kap. 4) die Stadturkunde und gilt als älteste Gemeinde in England. Im und um den Ort herum warten Gartenparadiese auf Besucher.

Im Jahre 925 war Malmesbury unter Alfreds Enkel, König Athelstan, sogar kurzzeitig Hauptstadt des Königreichs Wessex. In der Stadtmitte markiert das **Marktkreuz** aus dem Jahr 1490 den Ort, an dem gehandelt wurde, außerdem bot es den Händlern Regenschutz. Dahinter zweigt links der Weg zur **Malmesbury Abbey** ab. Aldhelm, der später heilig gesprochene Benediktinermönch, gründete hier 675 eine Abtei und konstruierte um 700 die erste Kirchenorgel Englands. Fertiggestellt im Jahr 1180 war die Abtei unter den Normannen eins der wichtigsten Religions- und Bildungszentren. Obwohl die oberen Stockwerke durch den Einsturz des instabilen Kirchturms im 16. Jh. zerstört wurden, ist der Bau mit dem normannischen Portal auch heute noch beeindruckend. Um die Abtei befand sich früher ein großer Gebäudekomplex.

Nach der Reformation und der Enteignung der Abteien durch Henry VIII. wurden die Kirche und das Wohnhaus des Abtes vom Wollhändler William Stumpe 1542 im Tudorstil restauriert. Das hübsche Haus gibt heute die Kulisse für die **Abbey House Gardens** im Besitz der *Naked gardeners*, Ian und Barbara Pollard. Die beiden verwandelten 5 ha Land in einen romantischen Garten mit Skulpturen, Teichen und einem Spazierweg im Tal des River Avon. Die Pollards machten nie einen Hehl aus ihrer Liebe zum FKK, der sie auch in ihrem Garten frönten, – ob nun Gäste anwesend waren oder nicht. Seit dem Jahr 2005 finden regelmäßig sogenannte *Clothes Optional Days* statt. An diesen Tagen ist Kleidung optional, kurz FFKler (englisch: *naturists*) können unbekleidet den Garten besuchen. Dann sollte man auch darauf vorbereitet sein „Adam" und „Eva" Pollard irgendwo im Garten zu erspähen. Im angeschlossenen Abbey Shop kann man das Buch „The Naked Gardeners" erstehen, das die Geschichte des Gartens und seiner Schöpfer erzählt.

Nur wenige Kilometer von Malmesbury entfernt befindet sich in der Grafschaft Gloucestershire einer der größten Baumgärten Englands, das **National Arboretum** in **Westonbirt**. Über 2500 Baumarten sind hier in einer riesigen Anlage mit über 16.000 Pflanzen auf 24 km Spazierwegen in einem Schaugarten zu sehen. Dazu gehören auch in freier Natur bereits ausgestorbene oder bedrohte Arten wie der Kaiserbaum (*Empress Tree*) oder der chinesische Götterbaum (*Chinese Tree of Heaven*). Jedes Jahr findet das mehrtägige **Treefest** statt. Highlight der Veranstaltung sind die Figuren, die Künstler aus Baumstämmen schnitzen.

Westonbirt grenzt direkt an die Ländereien der **Duchy Home Farm** (s. Kap. 97), der Biofarm von Prinz Charles. In der Nähe der alten Marktstadt **Tetbury** befindet sich **Highgrove**, die Heimat von Charles und Camilla. Nach Voranmeldung kann man an einer Führung durch die private Gartenanlage teilnehmen, die ebenfalls nach Bioprinzipien gepflegt wird. Zu bestimmten Terminen wird die Tour in Verbindung mit einem eleganten *Champagne Tea* angeboten.

Abbey House Gardens: Im wahrsten Sinne des Wortes ein Paradiesgarten …

INFO

Information: Malmesbury Abbey, The Abbey Office, Holloway, Wiltshire, SN16 9BA, Tel. 01666 825 666, malmesburyabbey.info.
Abbey House Gardens, The Abbey House, Wiltshire, SN16 9AS, Tel. 01666 827650, www.abbeyhousegardens.co.uk, 21. März–21. Okt. tgl. 11–17.30 Uhr, Erw. £ 8, Kinder (5–15 Jahre) £ 3, erm. £ 7.
National Arboretum, The National Arboretum, Westonbirt, bei Tetbury, Gloucestershire, GL8 8QS, www.forestry.gov.uk/westonbirt, Mo–Fr 9–20, Sa/So 8–20 Uhr, März–Okt. Erw. £ 8, Kinder (5–18 Jahre) £ 3, erm. £ 7.
Highgrove Gardens, The Garden Tours Office, The Barn, Close Farm, Gloucestershire, GL8 8PH, Tel. 0207 766 7310, www.highgrovegardens.com, 28. März– 18. Okt.

Geschichte

Teppich von Bayeux – Ausschnitt

ECCLESIA :

60 Steinkreise und Hügelforts – von Avebury bis Maiden Castle

Druidenstein mitten in der Dorflandschaft – Avebury

In Wiltshire und Dorset findet man viele Hinweise auf die Menschen der Frühzeit, die das Land zwischen 4000 und 1600 v. Chr. besiedelten. Zu den meistbesuchen Orten gehören die Steinkreise von Avebury und Stonehenge. Das Gebiet um die Kultstätten zählt zum UNESCO-Weltkulturerbe.

Weit verbreitet in der Gegend sind Hügelgräber (*burial mounds* oder *tumuli*) und einzelne Menhire (*standing stones*). Um 2400 v. Chr. datiert man den Bau von Steinkreisen (*henge*). Außerdem entstanden zahlreiche Hügelforts als Befestigungen und Handelsstationen. Man nimmt heute an, dass die Monumente alle Teil eines **Pilgerpfads** waren. Paganistische Religionsgemeinschaften wie das Druid Network nutzen bis heute das Gebiet für Versammlungen und kultische Handlungen. Groß gefeiert wird in Stonehenge alljährlich die **Sommersonnenwende** (*summer solstice*).

Die **Avebury Rings**, der größte Steinkreis Südenglands, entstand ca. 2600 v. Chr. Zum Bau benutzte man natürlich vorkommende Druidensteine (*sarsen stones*). Im Gegensatz zu Stonehenge kann man direkt durch das Monument wandern, das über die Jahrhunderte Teil des Dörfchens Avebury geworden ist. Die Kultstätte besteht aus einem 420 m breiten, kreisförmigen Erdwall mit einem inneren Graben

Seltsame Kreidezeichnungen

Auf den Bergrücken Südenglands sieht man vielerorts Konturen von Pferden und menschlichen Figuren. Sie entstanden, indem man Furchen in den weichen Kalkstein grub, der sich dann weiß vom grünen Bewuchs abhob. Aus der Bronzezeit stammt das 110 m lange **White Horse of Uffington** auf dem Ridgeway (s. Kap. 17), es wird um 1200 v. Chr. datiert. Rund um Avebury gibt es acht Pferdefiguren, die mehrere hundert Jahre alt sind. Der **Cerne Abbas Giant** bei Dorchester, ein riesiger nackter Mann mit Keule, ist 55 m hoch und 51 m breit. Er wird auf das frühe 17. Jh. datiert. In West Sussex erhebt sich bei Friston der 69,2 m hohe **Long Man of Wilmington**. Auch er hatte ursprünglich Geschlechtsorgane, die 1874 schamvoll aus „moralischen Gründen" entfernt wurden. Bis heute ist die Bedeutung der Hügelfiguren ungeklärt.

und zwei inneren Ringen. Die Steine sind teils über 4 m hoch und wiegen bis zu 50 t. Im **Alexander Keiller Museum** finden sich viele Fundstücke aus der Stätte.

Im Süden von Avebury erhebt sich der **Silbury Hill** mit 40 m Höhe. Er ist der größte künstlich angelegte Hügel in Europa. Bis heute ist seine Funktion unklar. Etwas weiter südlich stößt man auf das Hünengrab **West Kennet Long Barrow** aus der Jungsteinzeit. Ein düsterer Gang führt zu kleineren Kammern, in denen 46 menschliche Skelette gefunden wurden. Das Grab ist frei zugänglich.

Nach etwa 40 km Fahrt in Richtung Süden gelangt man über die Salisbury Plains nach **Stonehenge**. Der berühmte Steinkreis (ca. 3000–2000 v. Chr.) liegt inmitten der kahlen Hochebene. Ein brandneues Besucherzentrum bemüht sich nun, Licht in die Geschichte der mythischen Stätte zu bringen, deren Ausmaße und die damit verbundene unglaubliche Bauleistung Historikern schon lange Rätsel aufgeben. Die Anlage soll später noch durch den Nachbau eines eisenzeitlichen Dorfs ergänzt werden.

Knapp 60 km südlich, bei Wimborne Minster an der B3082, findet sich die „Mini-Ausgabe" eines Hügelforts: die **Badbury Rings** mit zwei Befestigungsringen. Weiter Richtung Südwesten, nahe Dorchester, erhebt sich eines der größten Hügelforts Englands: **Maiden Castle**. Der Hügel war bereits vor 6000 Jahren besiedelt. Die drei Befestigungswälle erreichen eine Höhe von bis zu 25 m.

INFO

Information:
Alexander Keiller Museum, Avebury, Wiltshire, SN8 1RF, Tel. 01 17 9750700, www.english-heritage.org.uk, tgl. April–Okt. 10–18, Nov.–März 10–16 Uhr, Erw. £ 4,40, Kinder £ 2,20. Parken £ 5.
Stonehenge, Amesbury (an der A344), Wiltshire, SP4 7DE, Tel. 01722 343830, www.english-heritage.org.uk, Erw. £ 13,90, Kinder (5–15 Jahre) £ 8,30, erm. £ 12,50, tgl. Winter 9.30–16/17, Sommer 9.30–19/20 Uhr, Tickets sind an eine bestimmte Besuchszeit gebunden, Buchung im Voraus empfohlen.
Maiden Castle, südwestl. von Dorchester, Dorset, DT2 9EY, www.english-heritage.org.uk.

Übernachten:
Stonehenge Campsite, Berwick St. James, Wiltshire, SP3 4TQ, Tel. 07786 734732, www.stonehengecampsite.co.uk. Komfortable Camping Pods, je nach Saison £ 40–£ 60/Nacht.

61 Sagenumwobenes Bodmin Moor

Ein grauer Wintertag im Jahr 1930 in **Bolventor** auf dem **Bodmin Moor** brachte die Inspiration für Daphne du Mauriers (s. Kap. 78) Roman „Jamaica Inn" („Gasthaus Jamaica", 1936) über die Machenschaften der cornischen Schmugglerwelt. Das Gasthaus war die alte Kutschenstation Bolventor aus dem 18. Jh., die tatsächlich als Unterschlupf für Schmuggler diente.

Bolventor mit seinem kleinen **Museum über Du Maurier** ist ein Anlaufsort für Touristenbusse. Wer die wahre Atmosphäre des Moors geniessen will, muss einen Spaziergang auf den einsameren Pfaden unternehmen. Da das Bodmin Moor kompakt ist und seine Erhebungen vergleichsweise niedrig, ist es ideal zum Wandern. Allerdings pfeift der Wind relativ ungehindert über die Landschaft, daher sollte man eine Mütze nicht vergessen. Nordwestlich der A30 erhebt sich der höchste Hügel, der **Brown Willy** mit seinen 420 m. Südlich von Bolventor ist die Gegend flacher und es geht touristischer zu. Das hat seine Ursache in der Artussage. Da ist zunächst der **Dozmary Pool**. Er ist einer der Orte, an denen König Artus' Schwert Excalibur versenkt worden sein soll. Artus' letzte Schlacht, bei der er tödlich verletzt wurde, soll in Slaughterbridge am River Camel stattgefunden haben. Sein Ritter Bedivere nahm dort das Schwert an sich, um es im Dozmary Pool zu versenken. Da erhob sich der Legende nach die Hand der *Lady of the Lake* aus den Fluten, um es in Empfang zu nehmen.

Das Moor war schon ab ca. 4500 v. Chr. besiedelt und wie auf den anderen Mooren Südenglands findet man auch hier prähistorische Steinkreise, Menhire und Hügelgräber. In dem kleinen Örtchen **Minions**, südöstlich von Bolventor an der

Die Formationen des Cheesewring

B3360, bietet das **Minions Heritage Centre** die nötigen Hinweise für Wanderungen in der Umgebung. Von hier aus bahnt man sich seinen Weg durch grasende Schafe und Pferde bis zu den **Hurlers**. Die drei Steinkreise sind ca. 1500 Jahre alt und haben einen Durchmesser von 33–42 m. Etwas abseits stehen zwei weitere Monolithen, die **Pipers**. Ursprünglich bestanden die Kreise aus je ca. 30 Monolithen, die jedoch nicht mehr alle vorhanden sind. Man erzählt sich, die Hurlers wären Männer, die an einem kirchlichen Feiertag das Schlagballspiel Hurling spielten und zur Strafe in Stein verwandelt wurden. Etwa 500 m nordöstlich barg das **Rillaton Barrow** eine Kostbarkeit. Im Jahr 1837 fanden Arbeiter in dem Hügelgrab einen seltenen **goldenen Becher,** den Rillaton Cup. Sein Alter wird auf ca. 2500 Jahre geschätzt. Heute kann man ihn im British Museum in London bewundern. Eine Kopie befindet sich im Royal Cornwall Museum in Truro.

In der Ferne erkennt man nördlich die Überreste eines alten Steinbruchs. Unmengen von Granitfelsen liegen hier verstreut, ob durch Naturkräfte oder Steinbruchtätigkeiten ist nicht mehr erkennbar. Durch Verwitterung entstand die Formation des **Cheesewring** (er erinnert an eine Käsepresse), der weithin sichtbar auf dem **Stowes Hill** steht. Kaum zu glauben, dass die aufeinander balancierenden großen Steinplatten sich schon viele Jahrhunderte in dieser Position halten. Der Legende nach fühlten sich die hier lebenden Riesen zur Zeit der Christianisierung von den Heiligen gestört, die herumwanderten und ihre Brunnen weihten. Der Riese Uther forderte daher den Heilgen St. Tue zu einem Steinwettwerfen heraus. Dabei musste der nächste Stein jeweils auf dem anderen landen und durfte nicht herunterfallen. St. Tue erhielt Hilfe von „oben“ und gewann die Wette. Danach konvertierten die Riesen zum Christentum.

The Hurlers

INFO

Information: Minions Heritage Centre, Cornwall, PL14 5LL, Tel. 01579 362350, www.minions-cornwall.co.uk, tgl. 10 Uhr–Dämmerung.
Essen und Trinken/Camping: **The Rising Sun Inn**, Altarnun, Launceston, Cornwall, PL15 7SN, Tel. 01566 86636, www.therisingsuninn.co.uk. Historischer Pub mit gutem Essen, *Real Ale* und „Pferdeparkplatz“. Auf dem Gelände wird Camping angeboten (nur nach Voranmeldung). Übernachtung Erw. £ 5, Kinder (3–12 Jahre) £ 3.

62 Sutton Hoo – König Rædwalds Schiffsgrab

Spangenhelm von Sutton Hoo

Bei Sutton Hoo am Ufer des Flusses Deben, gegenüber von dem kleinen Örtchen **Woodbridge**, spürte der Archäologe Basil Brown im Jahr 1939 einen der bedeutendsten Funde aus der angelsächsischen Zeit Großbritanniens auf. Er fand ein noch vollständig erhaltenes **Schiffsgrab** angefüllt mit Kostbarkeiten, das als letzte Ruhestätte für einen großen Krieger oder *Bretwalda* (Oberkönig) gedient haben muss. In dem 27 m langen und 4,5 m breiten Langschiff waren wertvolle Gegenstände sorgsam rund um den Leichnam angeordnet, darunter Trinkhörner aus Auerochsenhorn, Bronze- und Glaswaren, Schwerter und sogar eine Leier. Es fanden sich Silberwaren wie Schalen und Löffel, die byzantinischen Ursprungs sind, sowie merowingische Goldmünzen. Die Rüstung des Kriegers zieren filigrane Spangen und Schnallen, die irische und mediterrane Stilelemente aufweisen. Zu den weitaus spektakulärsten Fundstücken gehört ein **Spangenhelm**, der Helmen aus der Vendelzeit in Schweden ähnelt.

Bereits über dem Eingang des vom National Trust geführten Besucherzentrums der Anlage von Sutton Hoo thront ein großer Spangenhelm. Innen findet man unter anderem eine Nachbildung des Schiffsgrabes sowie eine Dokumentation über die archäologische Ausgrabung. Die Grabbeigaben sind allerdings im **British Museum** in London ausgestellt.

Heute vermutet man das Rædwald aus der Dynastie der Wuffinger in dem Grab bestattet wurde. Von ca. 599 bis 624 regierte er Ostangeln. Die Wuffinger stammten von germanischen Angeln aus Schleswig ab, die um 520 das Königreich **East Anglia** bzw. **Ostangeln** in der Gegend des heutigen Suffolk und Norfolk gründeten. Ihre Hauptstadt war der benachbarte Ort **Rendlesham**. Die Grabanlage in Sutton Hoo sowie eine weitere Anlage im nördlich liegenden Ort **Snape** bestätigen die Bedeutung von Rendlesham für das ostangelsche Königreich. Da in der frühen angelsächsischen Kultur Geschichtsereignisse vorwiegend mündlich überliefert wurden, müssen sich die Historiker auf die Beschreibungen von Beobachtern verlassen. Hauptinformationsquellen sind die Schriften des Abtes Gildas (510–570) und des Benediktinermönchs Beda Venerabilis (Beda der Ehrwürdige, 672–735). Eine spätere Quelle ist die „Angelsächsische Chronik", die von Alfred dem Großen (s. Kap. 3) geführt wurde. Rædwald wird z. B. in Bedas Chronik „Historia Ecclesiastica Gentis Anglorum" erwähnt. *Bretwaldas* wie Rædwald waren in der angelsächsischen

Im Tranmer House

Gesellschaft verantwortlich für mehrere Stammesverbände. Sie versammelten ihre Gefolgschaft von Unterkönigen, Kriegern und Ritter (*thegns*) in einer Halle, um gemeinsam der Rezitation von Heldenepen zu lauschen. Diese Tradition wird unter anderem in dem altenglischen Epos „Beowulf“ (7.–8. Jh.) dargestellt, dessen Handlung in Dänemark und Schweden (Gotland) während des 5. und 6. Jh. angesiedelt ist. Das im Werk beschriebene Schiffsbegräbnis verdeutlicht die Ähnlichkeiten der angelsächsischen und der skandinavischen Kultur.

Entspannung bietet ein Spaziergang durch die hübsche Landschaft rund um die Grabanlage mit Aussicht auf das Flusstal und Woodbridge vorbei an verschiedenen anderen **Hügelgräbern**. Wer sich für deren Hintergründe interessiert sollte unbedingt an einer geführten Tour teilnehmen! Ebenfalls zu besichtigen auf dem Gelände von Sutton Hoo ist **Tranmer House** aus dem Jahr 1910, das ehemalige Zuhause von Edith Pretty, die die Genehmigung zu den archäologischen Ausgrabungen auf ihrem Landsitz erteilte. Später übergab sie die Fundstücke dem British Museum.

INFO

Information:
Sutton Hoo, Woodbridge, Suffolk, IP12 3DJ, Tel. 01394 389700, www.nationaltrust.org.uk/sutton-hoo, März–Okt., tgl. 10.30–17, Nov.–Feb. Sa/So 11–16 Uhr, Erw. £ 7,50, Kinder £ 3,70.

Übernachten/Essen: Salthouse Harbour Hotel, Neptune Quay, Ipswich, Suffolk, IP4 1AX, Tel. 01284 714014, www.salthouseharbour.co.uk. Dieses moderne Hotel-Restaurant in der Stadt Ipswich liegt direkt am Jachthafen. DZ ab £ 135.

63 Battle und die Battle Abbey – Schlacht gegen die Normannen

Der 14. Oktober 1066 ist fest im Gedächtnis der Briten verankert. Zum letzten Mal eroberte damals eine fremde Nation das britische Festland. In der **Battle of Hastings** im heutigen Ort Battle unterlagen die Angelsachsen endgültig den Normannen.

Zu Beginn des 11. Jh. war das angelsächsische Reich durch ständige Auseinandersetzungen mit den Dänen geschwächt, die sogar kurzzeitig die Herrschaft über England übernahmen. Edward der Bekenner (1003–1066) war der letzte angelsächsische König und ernannte kurz vor seinem Tod seinen Schwager **Harold Godwinson** zu seinem Nachfolger. **William the Conqueror**, Herzog der Normandie und Cousin Edwards, erhob ebenso wie Godwinsons Bruder **Tostig** und der norwegische König **Harald Hardrada** Anspruch auf den Thron.

So wurde Harold Godwinson in drei fast zeitgleiche Schlachten an verschiedenen Fronten verwickelt. Im Sommer bekämpfte er Tostig in Lincolnshire. Nachdem Hardrada Yorkshire angriff, marschierte Harold mit der Armee weiter nach Norden. Als William im September an der Südküste landete, verschanzte er sich im verlassenen **Pevensey Castle** und nahe **Hastings**. Auf dem Rückweg nach Süden musterte Harold neue Truppen an. Beim **Senlac Hill** nordwestlich von Hastings stieß er auf Williams Truppen. In der über zehn Stunden dauernden Schlacht wurde Harold getötet, woraufhin sich seine Soldaten zerstreuten. William marschierte nach London und ließ sich am 25. Dezember 1066 in der Westminster Abbey zum König krönen. In der Folge führte er das **Feudalsystem** der Normannen in England ein. Aus der Anbindung an die Königshäuser Frankreichs resultierten später jahrhundertlange Auseinandersetzungen über Gebietsansprüche zwischen England und Frankreich.

Die blutige Schlacht hatte viele Todesopfer gefordert und Papst Alexander II. mahnte William zur Buße. Um 1070 gab dieser daher den Bau der **Battle Abbey** in Auftrag. Erst 1094 wurde der Bau von Williams Sohn Rufus eingeweiht. Bei einer Besichtigung der teilweise zerstörten Abtei passiert man das restaurierte Torhaus aus dem Jahr 1338 mit einem kleinen Museum. Auf dem Gelände sind u. a. noch Gebäudeteile mit den Schlafräumen der Mönche erkennbar. Dort, wo einst der Altar der Kirche stand, markieren eine Gedenkplatte und ein Monument die Stelle, an der Harold gestorben sein soll.

Torhaus der Battle Abbey

Bilderbuch der Geschichte – der Teppich von Bayeux

Die **Bayeux Tapestry** beschreibt die Ereignisse, die zur Schlacht von Hastings führten. Der 70 m lange Wandbehang ist eine Stickarbeit englischer Nonnen, die wahrscheinlich von Williams Bruder Odo, dem Bischof von Bayeux, in Auftrag gegeben wurde. Das Original hängt in Bayeux (Normandie), eine Kopie kann man im **Reading Museum** besichtigen (ca. 160 km nordwestlich von Hastings). Die Stickereien zeigen auch Harolds Tod, der von einem Pfeil durch das Auge getroffen und dann auch noch auf den Kopf geschlagen wird. Harolds Hauskirche **Bosham Church** bei Bosham am **Chichester Harbour**, ca. 110 km westlich von Hastings, wurde in Szene 2–3 des Teppichs verewigt. Unter der Überschrift *Ad Bosham Ecclesia* betritt Harold mit einem Ritter die Kirche, bevor er in die Normandie segelt, um zum ersten Mal seinen Cousin William zu treffen. Eine Kopie der Szene ist in der Kirche aus dem 10. Jh. ausgestellt.

Reading Museum, The Town Hall, Blagrave Street, Reading, Berkshire, RG1 1QH, Tel. 0118 937 3400, www.readingmuseum.org.uk, Di–Sa 10–16, So/Feiertage 11–16 Uhr, Eintritt frei.

Bosham Church, High Street, Bosham, West Sussex, PO18 8LY, www.boshamchurch.org.uk.

Information:

Battle Abbey, High St, Battle, East Sussex, TN33 0AD, Tel. 01424 775705, www.english-heritage.org.uk, April–Sept. 10–18, Okt.–März 10–16 Uhr, Erw. £ 7,80, Kinder (5–15 Jahre) £ 4,70, erm. £ 7. Mithilfe eines Audioguides kann man das Gelände erkunden.

INFO

64 Gotisches Canterbury – von Becket bis Chaucer

Wer die gotische Kathedrale von **Canterbury** besucht, sollte den Blick schweifen lassen, um die Buntglasfenster zu bewundern. Die Motive der sogenannten **Poor Man's Bible** stellen Bibelszenen dar für das einfache Volk, das – als das Gotteshaus erbaut wurde (1070–1505) – des Lesens noch nicht mächtig war. Ein anderes Beispiel, das **Thomas-Becket-Fenster**, erinnert an die Ermordung des Erzbischofs durch die Ritter von König Henry II. Becket war Lord Chancellor und wurde 1162 zum Erzbischof von Canterbury ernannt. Er stellte die Autorität des Papstes über die des Königs und widersetzte sich Henry in politischen Fragen. Wegen Missachtung der königlichen Autorität wurde er zur Rede gestellt und floh nach Frankreich, erst 1170 durfte er zurückkehren. In der Zwischenzeit hatte Henry II. seinen Sohn in Abwesenheit Beckets vom Erzbischof von York zum Mitkönig krönen lassen. Der darüber erboste Becket exkommunizierte kurzerhand alle an dem Ereignis beteiligten Bischöfe. Henrys nachfolgenden Wutausbruch interpretierten die Ritter des Königs als indirekten Auftrag, Becket zu beseitigen und ermeuchelten ihn hinterrücks. 1174 wurde Becket heilig gesprochen und fortan als Märtyrer verehrt. Canterbury wurde so zur bedeutendsten Pilgerstätte Englands, bis Henry VIII. 1538 den Schrein zerstören ließ.

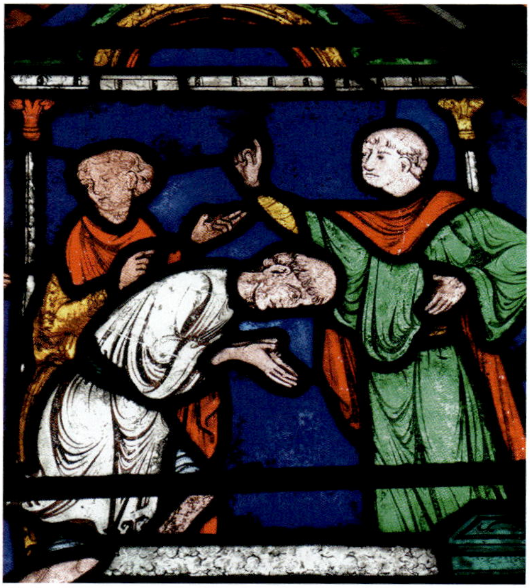

Bildliche Bibelszenen – die Poor Man's Bible

Die Canterbury Tales

Tausende von Pilgern aus dem In- und Ausland begannen ihre Reise nach Canterbury im lasterhaften Londoner Stadtteil Southwark. In den Kutschenstationen mit Gastwirtschaften, Theatern und Bordellen ging es rau zu. **Geoffrey Chaucer** (ca. 1343–1400) beschrieb in seinem Werk „The Canterbury Tales" (ca. 1387) eine solche Pilgerfahrt und sicherte sich damit einen Platz in der Literaturgeschichte. Chaucer verfasste seine Erzählungen in englischer Sprache und nicht – wie damals üblich – in Französisch oder Latein. Das Buch besteht aus Geschichten, die die Mitreisenden einander erzählen, und zwar in Prosa und Versen. Hier kommen alltägliche Personen in ihrer eigenen Sprache zu Wort, wie z. B. der Gastwirt, die Frau aus Bath oder der Student. Die Erzählungen sind voller Humor und nicht selten anzüglich.
Canterbury Tales, St. Margaret's Street, Canterbury, Kent, CT1 2TG, Tel. 01227 479227, http://canterburytales.org.uk, tgl. Nov.–Feb. 10–16.30, März–Okt. 10–17 Uhr. Hier geben kostümierte Gestalten einen Einblick in Chaucers Geschichten.

Voller Historie – Canterburys Gassen

Noch heute ist die Stadt der Sitz des **Erzbischofs von Canterbury**, des Oberhaupts der anglikanischen Kirche, und auch bei Pilgern wieder beliebt. Für Touristen gehört sie zu den meistbesuchten Zielen in Südengland. Gegründet wurde Canterbury von den Römern, die unter Julius Caesar 55 v. Chr. im heutigen Kent landeten. Der damalige Name der Stadt *Durovernum Cantiacorum* nahm Bezug auf die keltischen Stämme der *Cantiaci* oder *Cantii*. Überreste der römischen Stadt kann man noch im **Roman Museum**, unweit der Kathedrale besichtigen. Im 5. Jh. n. Chr. wanderten angelsächsische Jüten aus Südskandinavien nach Kent ein. König Ethelbert (560–616) heiratete eine fränkische Christin, Prinzessin Bertha. Daraufhin entsandte Papst Gregor I. den Missionar Augustin nach Kent, um die Christianisierung ganz Englands voranzutreiben. Dieser gründete im Jahr 601 die **St. Augustine Abbey**. Die Ruinen der Abtei, die als Grabstätte für die angelsächsischen Könige diente, befinden sich außerhalb der alten Stadtmauern. Sie gehören ebenso wie die **St. Martin's Church** und die Canterbury Cathedral zum UNESCO-Weltkulturerbe.

Information: Canterbury Visitor Centre, The Beaney House of Knowledge, 18 High Street, Canterbury, Kent, CT1 2RA, Tel. 01227 378 100, www.canterbury.co.uk, Mo, Mi, Fr/Sa 9–17, Do 9–19, So 10–17 Uhr.

Canterbury Cathedral, Cathedral House, 11 The Precincts, Canterbury, Kent, CT1 2EH. Tel. 01227 762862, www.canterbury-cathedral.org, tgl. Sommer 9–17.30, Winter 9–17 Uhr, Erw. £ 10,50, Kinder (bis 18 Jahre) £ 7, erm. £ 9,50.

Roman Museum, Butchery Lane, Canterbury, Kent, CT1 2JR, Tel. 01227 785575, www.canterbury-museums.co.uk, März–Dez. tgl. 10–17 Uhr, Erw. £ 6, erm. £ 5.

St. Augustine's Abbey, Longport, Canterbury, Kent, CT1 1PF, www english-heritage.org.uk, Erw. £ 5, Kinder (5–15 Jahre) £ 3, erm. £ 4,50.

INFO

65 Zweimaster im historischen Hafen – Charlestown

Die denkmalgeschützte Hafenanlage von **Charlestown**, einst der Hafen von **St. Austell**, hat sich seit dem 18. Jh. kaum verändert. In dem geschichtsträchtigen Kleinod säumen georgianische Cottages das Gelände, auf dem bei stürmischem Wetter vergangene Zeiten wieder aufleben: Historische Segelschiffe, die für Filme vermietet werden, liegen dann am Kai und bieten den Westwinden die Stirn.

Die Hauptstraße von Charlestown führt hafenwärts bergab, vorbei am Pub Rashleigh Arms, der bereits auf den führenden Kopf der Stadt hinweist. Charles Rashleigh war Mitglied der einflussreichen Landbesitzerfamilie, der ein Großteil der Ländereien rund um das benachbarte Fowey (s. Kap. 44 u. 78) gehörte. Er nutzte den Kaolinboom (s. u.) aus und investierte in den Ausbau des Hafens im Fischerdörfchen **West Polmear**. 1799 wurde der Hafen fertiggestellt und das Dörfchen ihm zu Ehren in Charlestown umbenannt.

Historisches Kleinod – der Hafen von Charlestown

Seit Anfang der 1990er-Jahre sitzt hier das Unternehmen **Square Sail**, das historische Segelschiffe für Filmaufnahmen baut und vermietet. Wenn die Schiffe nicht gerade für Filmaufnahmen gefragt sind, wie z. B. für „Alice in Wonderland" (2010), „Cloud Atlas" und „Wrath of the Titans" (beide 2012), liegen die zweimastige Phoenix und die wandelbare Kaskelot im Hafen. Entsprechend der Wünsche der Filmleute werden die Schiffe umgebaut und manchmal nutzt man sogar den ganzen Hafen als Kulisse. Nun steht das Gelände zum Verkauf und es bleibt zu hoffen, dass der historische Charakter auch in Zukunft erhalten bleibt.

Paradies auf Erden

Der **Botanische Garten** Eden Project wurde direkt in die ausgediente Minenlandschaft eingebettet. Unter sphärischen Kuppeln kann man hier durch die verschiedenen Klimazonen der Erde wandern.
Eden Project, Bodelva, Cornwall, PL24 2SG, Tel. 01726 811911, www.edenproject.com, tgl. März–Okt. 10–18, Nov.–Feb. 10–16 Uhr, Erw. £ 23,50, Kinder (5–16 Jahre) £ 13,50, erm. £ 18,50.

Oberhalb des Hafens sollte man den **Shipwreck & Heritage Centre** besuchen. In den Tunneln, die von hier zum Hafen führen und von denen einst das Kaolin auf die Schiffe transportiert wurde, sind u. a. Überreste von 150 Schiffen zu sehen, die vor der Küste auf Grund liefen sowie Taucherausrüstungen vom 18. Jh. bis heute.

Im Osten von St. Austell befinden sich die sogenannten **Cornischen Alpen**. Die bleichen Hügel, die hier aufragen, sind Abraumhalden, die beim Abbau von Kaolin (*China Clay*) entstanden. 1746 entdeckte der Apotheker William Cookworthy in Cornwall ein großes Vorkommen an Porzellanerde. Rund 20 Jahre später meldete er ein Patent zur Herstellung von Porzellan an. In der Umgebung von St. Austell entstanden mehrere Minen für den Abbau des Minerals, das auch in der Papierherstellung und als Puder- und Lebensmittelzusatz Verwendung findet. In einer der historischen Minen, die inzwischen zum UNESCO-Weltkulturerbe gehören (s. Kap. 26), entstand der Landschaftspark **Wheal Martyn China Clay Museum and Country Park**. Hier kann man weitläufig spazieren und einiges über Kaolin erfahren. St. Austell wuchs durch die Minen rapide an, aber nach deren Schließung folgte der wirtschaftliche Abstieg. Langsam erholt sich der freundliche Ort davon und ist nun ein attraktives Urlaubsziel.

INFO

Information:
The Shipwreck and Heritage Centre, Quay Road, Charlestown, Cornwall, PL25 3NJ, Tel. 01726 69897, www.shipwreckcharlestown.com, März–Nov. tgl. 10–17 Uhr, Erw. £ 5,95, erm. £ 4,50, Kinder (10–16 Jahre) £ 3,50.
Wheal Martyn Museum, Carthew, Cornwall, PL26 8XG, Tel. 01726 850362, www.wheal-martyn.com, April–Okt. tgl. 10–17, Nov.–Dez. tgl. 10–16, Jan.–März Di–So 10–16 Uhr, Erw. £ 9, Kinder (6–16 Jahre) £ 5 erm. £ 7.

Übernachten/Essen:
Rashleigh Arms, Charlestown Road, Charlestown, Cornwall, PL25 3NJ, Tel. 01726 73635, www.rashleigharms.co.uk, DZ ab £ 100.
Pier House Hotel, Harbour Front, St. Austell, Cornwall, PL25 3NJ, Tel 01726 67955, www.pierhousehotel.com, DZ ab £ 112.

66 Viktorianisches Erbe – Clifton Suspension Bridge und SS Great Britain

Kettenbrücke für Schwindelfreie

Die Clifton Suspension Bridge überspannt auf einer Länge von 210 m die Schlucht des Flusses **Avon** in 61 m Höhe (gefühlte 300 m!). Nur für Schwindelfreie ist der Gang über die Kettenbrücke zu empfehlen. Sie ist auch für Autos zugelassen (£ 0,50 Gebühr), aber den besten Ausblick auf die darunterliegende Schlucht und die Stadt **Bristol** hat man als Fußgänger.

Clifton ist ein schicker Vorort im Nordwesten von Bristol (s. Kap. 7) oberhalb der Avon Gorge. Bis es 1830 eingemeindet wurde, war Clifton ein selbstständiger Ort. Viele der eleganten Wohnanlagen, wie der **Royal Crescent**, an dem sich georgianische Stadthäuser aneinanderreihen, wurden von reichen Kaufleuten finanziert. Von den Parkanlagen beim Crescent sieht man bereits die Clifton Suspension Bridge. Die Brücke entstand nach Plänen des viktorianischen Ingenieurs **Isambard Kingdom Brunel** (1806–1859), der mit seinem Entwurf 1829 die Ausschreibung gewann. Aus finanziellen und politischen Gründen wurde der Bau mehrfach unterbrochen und die Brücke wurde erst 1864, nach Brunels Tod, fertiggestellt.

Brunel mit seinem etwas zersausten Aussehen, einschließlich staubigem Zylinder und Zigarre im Mund, wurde bereits zu Lebzeiten als Genie seines Fachs gehandelt.

Die Severn Bore

Der Avon mündet beim Bristol Channel in den Severn, der mit 15 m den zweithöchsten **Tidenhub** der Welt besitzt. Von dem Gezeitenunterschied machen die Surfer nördlich von Bristol Gebrauch – die *Severn Bore* ist eine der bekanntesten **Surfwellen** der Welt. Sie ist zwar nicht hoch, aber extrem lang – der Rekord liegt bei 12,23 km Aufrechtsurfen (www.thesevernbore.co.uk, www.severn-bore.co.uk).

Er begann seine Karriere 1831 als Chefingenieur in den Bristol Docks und wechselte dann zum Eisenbahnbau. Seine Breitspurstrecke der **Great Western Railway** durchschnitt das Land von Osten nach Westen und verband Bristol schließlich per Bahn mit London. Auf der Strecke löste er ganz neue technische Probleme wie z. B. die Untertunnelung des Box Hill zwischen Bath und Chippenham. Danach wandte er sich dem Bau von Dampfschiffen zu. Sein erstes Schiff SS Great Western verkehrte bald regelmäßig nach Amerika. Die **SS Great Britain** aus dem Jahr 1843 war das erste propellergesteuerte Eisenschiff, das dampfgetrieben den Atlantik überquerte. Nach drei Jahren als Passagierschiff wurde es dann zum Transport von Emigranten und Truppen genutzt. Die SS Great Britain liegt heute im westlichen **Hafen von Bristol** als sehenswertes Museumsschiff. Der untere Teil des Schiffes liegt im Trockendock und befindet sich in einer Art Glaskasten, der dem Besucher den Blick nach oben erlaubt. Damit der Eisenrumpf nicht rostet, wird die Luft hier künstlich trocken gehalten. Rundherum befinden sich verschiedene Hütten, die Einblick in den Alltag auf den viktorianischen Docks geben. Im angeschlossenen **Brunel Institute** lagert ein riesiger Bestand von 6500 Seefahrtsdokumenten, die bis auf das Jahr 1700 zurückgehen, sowie zahlreiche Brunel Memorabilia.

Zigarre und Zylinder – Brunels Markenzeichen

INFO

Information:
SS Great Britain, Great Western Dockyard, Gas Ferry Road, Bristol, BS1 6TY, Tel. 0117 926 0680, www.ssgreatbritain.org, tgl. März–Okt. 10–17.30, Nov.–Feb. 10–16.30 Uhr, Erw. £ 13,75, Kinder (5–17 Jahre) £ 7, erm. £ 12,50.

Übernachten/Essen und Trinken: Avon Gorge Hotel, Sion Hill, Clifton, Bristol, BS8 4LD, Tel. 0117 9738955, www.theavongorge.com. DZ mit Frühstück ab £ 89 je nach Saison. Spektakuläre Terrasse mit Blick über die Avon Gorge und die Brücke.

67 Heritage Lines – unterwegs mit der Dampflok

In England gibt es Dutzende von **Heritage Lines**, deren Dampf- und Diesellokomotiven zumeist von Freiwilligen liebevoll gepflegt und instand gehalten werden. In den 1960er-Jahren war das staatliche Schienennetz, das noch aus viktorianischen Zeiten stammte, marode und viele Strecken waren unrentabel. Der Bahnbeauftragte Dr. Beeching schlug 1963 die **Stillegung** von über 2300 Nebenstrecken vor. Viele Bahngebäude wurden verkauft und die Schienen aus dem Boden gerissen. In den letzten Jahrzehnten haben Kommunalverwaltungen stillgelegte Gleise durch **Wander-** oder **Radwege** wie den Camel Trail (s. Kap. 48) oder Tarka Trail (s. Kap. 87) zu neuem Leben erweckt. Andere Strecken wurden von Bahnenthusiasten gerettet.

Die historischen **Steam Engines** (Dampfeisenbahnen), die heute von verschiedenen freiwilligen Organisationen von Kent bis Cornwall betrieben werden, haben sich zu einer großen Touristenattraktion entwickelt. Mit unermüdlichem Aufwand hat man hier nicht nur die Lokomotiven instand gesetzt, sondern auch die alten Bahnhöfe authentisch renoviert. Die Fahrkarten kauft man stilecht am historischen Schalter. Die „verschnaufenden" Dampfloks sind ein schönes Fotomotiv und werden auch für Filmaufnahmen genutzt. An manchen Stationen, wie z. B. der Toddington Station der Gloucestershire Warwickshire Railway, wurden in den alten Ladestationen, Viehhöfen und Warenlagern **Museen** eingerichtet. Wer möchte, kann sich sogar selbst als **Lokomotivführer** betätigen und in einem Tageskurs lernen, wie man die Loks steuert.

Dampfloks sind ein beliebtes Fotomotiv

Cream Tea mit Blick auf Corfe Castle

Mit der Swanage Railway nach Corfe Castle
Die Swanage Railway führt über ungefähr 10 km von **Swanage** bis Norden durch die Purbecks. An beiden Endstationen gibt es Parkmöglichkeiten. Besonders lohnend ist ein Aufenthalt bei der Station **Corfe Castle**. Der Ort erhält seinen Namen von der spektakulären Burgruine, die auf einem perfekt geformten natürlichen Hügel thront. Die Fundamente, der aus grauem Purbeckstein gemauerten Burg, entstanden bereits unter William the Conqueror. Die robuste Burg blieb bis ins 16. Jh. eine wichtige Festung für die Krone, denn mit den primitiven Waffen des Mittelalters war sie so gut wie uneinnehmbar.

Elizabeth I. vermachte die Burg ihrem Günstling Sir Hatton, dessen Familie sie wiederum an die Familie **Bankes** verkaufte. Lord Bankes war ein Royalist im Dienst von König **Charles I.** (reg. 1625–1649). Bei Ausbruch des Bürgerkriegs 1642 schlug sich der Südwesten Englands auf die Seite des Königs, die Grafschaft Hampshire kämpfte jedoch für die Parlamentarier unter **Oliver Cromwell**. Corfe Castle befand sich damit an der Frontlinie zwischen den beiden Parteien und wurde bald belagert. Während Lord Bankes mit dem König in York weilte, verteidigte seine Frau Mary (*Brave Lady Mary*) von 1643 bis 1645 ihr Zuhause, bis sie sich schließlich ergeben musste. Obwohl die Parlamentarier die Burg später in die Luft sprengten, durfte Lady Mary die Schlüssel behalten. Diese werden heute im Schloss **Kingston Lacey** aufbewahrt, dem späteren Sitz der Familie.

Seit der Zerstörung im 17. Jh. hat sich die Burg kaum verändert, einige der Türme haben jedoch inzwischen eine beängstigende Schieflage. Rund um die Burg bildet das Bilderbuchörtchen Corfe Gelegenheit für einen Spaziergang und eine Rast bei einem *Cream Tea*. Im Miniaturdorf **Corfe Castle Model Village** sieht man u. a. eine Rekonstruktion der Burg vor der Zerstörung.

INFO

Information:
www.heritagerailways.com.
Swanage Railway, Station House, Swanage, Dorset, BH19 1HB, Tel. 01929 425800, www.swanagerailway.co.uk, Swanage bis Norden, Erw. £ 11,50, Kinder (5–15 Jahre) £ 7.
Corfe Castle, The Square, Corfe Castle, Wareham, Dorset, BH20 5EZ, Tel. 01929 481294, www.nationaltrust.org.uk, tgl. Nov.–Feb. 10–16, März/Okt. 10–17, Apr.–Sept. 10–18 Uhr, Erw. £ 8, Kinder £ 4.
Corfe Model Village, West Street, Wareham, Dorset, BH20 5EZ, Tel. 01929 481234, www.corfecastlemodelvillage.co.uk, ca. Feb.–Okt. Sa–Do 10–17 Uhr, Sommer tgl., Erw. £ 3,95, Kinder (4–15 Jahre) £ 2,75, erm. £ 3,50.

Essen und Trinken:
National Trust Tearooms, beim Eingang zum Corfe Castle. Von hier aus hat man beim *Cream Tea* einen Panoramablick auf die Burg.

68 Geisterstadt aus dem Zweiten Weltkrieg – Tyneham Village

Tyneham war während des Zweiten Weltkriegs Schauplatz einer traurigen Geschichte. Die Bewohner wurden am 19. Dezember 1943 aufgefordert, ihre Heimat zu verlassen, da das Militär den Küstenstrich als Übungsplatz beanspruchte. Die **Zwangsevakuierung** geschah in Vorbereitung der geplanten Operation Overlord, d. h. der Invasion der Küste der Normandie durch die Alliierten. Die Durchführung der Invasion am 6. Juni 1944 ging als **D-Day** in die Geschichte ein (s. auch Kap. 2, D-Day Museum in Portsmouth).

Auf dem Weg nach Tyneham Village fährt man durch die schöne Landschaft der westlichen **Isle of Purbeck**. Von der A351 bei Corfe Castle geht es in Richtung Church Knowle. Beim **Steeple Hill** befindet sich ein Aussichtspunkt mit spektakulärem Blick über die Hügel. Von hier folgt man der Straße weiter in Richtung Tyneham/Lulworth und zweigt kurz darauf talabwärts nach links ab.

Das Schicksal Tynehams teilen auch andere Orte in England. Aufgrund einer möglichen Invasion durch die Deutsche Wehrmacht war in den Kriegsjahren die gesamte Südküste befestigt worden. An den Stränden verlief dicht verzurrter

Im ehemaligen Postamt von Tyneham

Stacheldraht und vielfach wurden die Buchten zum Übungsgelände für die Armee. Die Evakuierung der 252 Einwohner von Tyneham Village war zunächst nur für den Zeitraum des Krieges geplant. Lange hofften die Bürger des Dorfs, bald zurückkehren zu können. Doch beschloss das Militär 1948, das Gelände dauerhaft zu nutzen. Jahrzehntelang protestierten die Familien dagegen und kämpften darum, zumindest teilweise Zugang zum Dorf zu erhalten, was im Jahr 1974 endlich gestattet wurde. Die **Geisterstadt** wurde an bestimmten Tagen für die Öffentlichkeit zugänglich gemacht. Leider waren die Häuser inzwischen stark verfallen, außerdem waren viele Gebäude durch Munitionsbeschuss beschädigt worden. Meist stehen daher nur Außenwände, die noch den Grundriss erkennen lassen.

Heute kümmern sich verschiedene Initiativen um den Erhalt der verbliebenen Gebäudereste. An den Wänden befinden sich Informationstafeln mit Angaben zu den einstigen Bewohnern. Von den Fotos blicken Frauen, Männer und Kinder hoffnungsvoll auf den Betrachter. Kaminschächte verdeutlichen, wo früher das Leben rund um den heimischen Herd stattfand. Ein verfallenes Telefonhäuschen weist auf die ehemalige Post hin. Das **Schulhaus**, entstanden 1856, wurde renoviert und zeigt heute den Schulalltag der 1920er-Jahre. Die **St. Mary's Church** aus dem 13. Jh. birgt viele Informationen über die Geschichte des Ortes. Außerdem findet man Gedenksteine an die einstigen Landherren im **Tyneham House**. Das Herrenhaus wurde durch das Militär zerstört, wertwolle Bauteile aus dem 14. und 15. Jh. wurden in andere Häuser in Dorset integriert. Die Kirchenglocken und die Orgel hingegen wurden in die Kirche nach Steeple verbracht. Vom Parkplatz aus verläuft ein Spazierweg hinunter zum Strand bei **Worbarrow Bay**. Hier ist jedoch Vorsicht geboten, denn auch das hiesige Ufer gehört zum Armeegelände und es kann gebrauchte Munition herumliegen.

Auf dem Rückweg bietet sich ein Abstecher zum **Lulworth Castle** an, Hierzu folgt man der B3070 in Richtung East Lulworth. Das ehemalige Jagdschloss aus dem 17. Jh. wurde nach einem Feuer im Jahr 1929 komplett restauriert. Es ist seit dem Jahr 1641 im Besitz der Familie Weld. Im Sommer finden hier Open-Air-Konzerte statt und im Juli das familientaugliche Musikfestival **Camp Bestival**. Besonders schön ist die Gartenanlage und der Blick über die Purbecks. Sehenswert ist außerdem die römisch-katholische Kirche **St. Mary's Church** des Architekten John Tasker aus dem Jahr 1786. Altar, Kruzifix und Kerzenhalter stammen von dem Künstler Giacomo Quarenghi aus Rom, die Orgel aus dem Jahr 1785 wurde von Richard Seede aus Bristol gefertigt.

INFO

Information: Tyneham Village, Dorset, www.tynehamopc.org.uk. Das Gebiet der Lulworth Ranges ist Übungsgelände des Militärs und die Zugangsstraßen sind nur Sa/So und in Schulferien zugänglich. Austellungen Kirche/Schulhaus 10–16 Uhr.
Lulworth Castle & Park, East Lulworth, Dorset, BH20 5QS, Tel. 01929 400352, www.lulworth.com, So–Fr, 10–16 Uhr, Erw. £ 5, Kinder (4–15 Jahre) £ 3.
Camp Bestival, Lulworth Castle, www.campbestival.net, Ende Juli.

Übernachten/Essen:
Weld Arms, East Lulworth, Wareham, Dorset, BH20 5QQ, Tel. 01929 400211, www.weldarms.co.uk. Gastropub mit Boutique-Hotel beim Schloss. DZ ab £ 80.

69 Hawker Hurricanes und B-17-Bomber in East Anglia

Das **Duxford Airfield** an der M11 etwa 8 Meilen südlich von Cambridge beheimatet seit 1977 einen Teil der Sammlung des **IWM – Imperial War Museums** in London. Über 200 Ausstellungsstücke aus der Geschichte der Luftfahrt sind hier in mehreren thematischen Hallen wie z. B. dem AirSpace ausgestellt.

Die Ausstellung **Historic Duxford** dokumentiert die Entwicklung des Militärflughafens und die Geschichte der Männer und Frauen, die von 1916 bis 1961 hier lebten und arbeiteten. Bereits 1917 entstand ein Trainingszentrum für die britische Luftwaffe Royal Air Force (RAF). 1938 wurde die 19. Squadron als Erste mit Spitfires ausgestattet, die bei der Luftabwehr während der **Battle of Britain** zu Beginn des Zweiten Weltkriegs eine große Rolle spielten. Die in Duxford stationierten Piloten der **RAF** und **ATS** (Air Transport Auxiliary) sowie das Personal der **WAAF** (Womens Auxiliary Air Force) waren daran beteiligt, die von Hitler geplante Invasion Englands (Operation Seelöwe) abzuwehren. Zwischen Juli und September 1940 starteten täglich Dutzende von Submarine Spitfires und Hawker Hurricanes, – jeder sechste Pilot starb im Kampf. Auch qualifizierte Piloten aus Commonwealthländern und politische Flüchtlinge flogen unter britischer Flagge, darunter Polen, Tschechen, Neuseeländer und Kanadier. Nachdem die USA in den Krieg eingetreten war, waren ab 1943 auch Schwadronen der **8th Army Air Force** der USAAF in East Anglia stationiert. Der Flughafen in Duxford war ab 1943 das Hauptquartier der **78th Fighter Group** der US Air Force. Das **American Air Museum** auf dem Gelände erinnert an die 30.000 US-Piloten, die im Krieg starben. Zu den Ikonen unter den amerikanischen Fliegern, die hier ausgestellt sind, gehört die B17 Sally B, die einzige noch flugfähige Maschine ihrer Art in Europa.

Historischer Erlebnisflug

Auf dem Gelände von **Duxford** bietet die Firma Classic Wings Flüge mit historischen Maschinen an, z. B. mit dem Eindecker De Havilland Tiger Moth aus den 1930er-Jahren. **Classic Wings**, Tel. 01255 424671, www.classic-wings.co.uk.

Im Gebiet von East Anglia lebten damals fast 50.000 Amerikaner, noch

Gedenkstein für die 8th Army Air Force

Hawker Hurricane in Duxford

heute findet man überall Erinnerungen an Dutzende von Flugfeldern, die sich besonders rund um Norwich (s. Kap. 12) konzentrierten. Bei **Thorpe Abbot** wurde z. B. das **100th Bomb Group Memorial Museum** mit einem begehbaren Kontrollturm eingerichtet. Das **Old Buckenham Airfield** südlich von Norwich ist noch für Sportflieger in Betrieb. Zu der hier stationierten 453rd Bombardment Group gehörten u. a. die Schauspieler **James Stewart** und **Walter Matthau**. Die Amerikaner flogen bei Tag massive Bomber wie B17 Flying Fortress und B24 Liberator, die großflächig in industriellen Gegenden wie z. B. dem Ruhrgebiet Bomben streuten. Kleinere Maschinen wie die P47 Mustang begleiteten sie. Die RAF Maschinen Avro Lancaster wurden bei Nacht eingesetzt. Noch während des Krieges wurden die flächendeckenden Bombardierungen die – wie z. B. in Dresden – Unmengen von zivilen Opfer forderten, jedoch heftig kritisiert. Selbst Churchill lenkte damals ein und distanzierte sich davon.

INFO

Information:
IWM Duxford, Cambridgeshire, CB22 4QR, Tel. 01223 835000, www.iwm.org.uk/visits/iwm-duxford; www.americanairmuseum.com, Nov.–März 10–16, April–Okt. 10–18 Uhr, Erw. £ 17,50, Kinder bis 16 Jahre frei, erm. £ 14.
Thorpe Abbots 100th Bomb Group Memorial Museum, Common Road, Dickleburgh, bei Diss, Norfolk, IP21 4PH, Tel. 01379 740708, www.100bgmus.org.uk, Sa/So, feiertags 10–17, Mai–Sept. auch Mi.
Old Buckenham Airfield, Abbey Road, Old Buckenham, Norfolk, NR17 1PU, Tel. 01953 860 806, www.oldbuck.com.
Cambridge American Cemetary and Memorial, Madingley Road, Coton, Cambridgeshire, CB23 7PH, tgl. 9–17 Uhr. Der Friedhof erinnert an Tausende von toten und vermissten Amerikanern.

70 Historische Werft als Filmset in Chatham

Das weitläufige Gelände des **Historic Dockyard** in Chatham bietet Unterhaltung für mehrere Stunden. Wer zur richtigen Zeit eintrifft, kann auch noch bei Filmaufnahmen zuschauen. Die kopfsteingepflasterten Gassen mit den historischen Gebäuden sind als Filmkulisse für internationale Produktionen sehr beliebt (z. B. „Les Misérables", 2012). Regelmässig werden auch Fernsehproduktionen hier in Szene gesetzt, wie z. B. die Serie „Call the Midwife", die das Leben von Hebammen in den 1950er-Jahren beschreibt. Fans der Serie können sogar an einer geführten Tour zu den Aufnahmeorten teilnehmen.

Die meisten, von den über 100 noch erhaltenen historischen Anlagen auf dem Gelände, stammen aus dem 18. und 19. Jh. Viele stehen unter Denkmalschutz wie z. B. das **Commissioner's House** aus dem Jahr 1703/04. Nicht verpassen darf man die Tour durch die **Ropery** (Seilerei). Zwischen 1786 und 1791 entstanden diese Gebäude von 346 m Länge, in denen in einem komplizierten Prozess die langen, dicken Seile gewunden wurden, die man auf den Segelschiffen benötigte. In der **Smithery** (Schmiede), aus dem Jahr 1808, wurden die schweren Anker gefertigt und in der **Lead and Paint Mill** (1817–1819), stellte man die Farbe her, mit der die Schiffe gestrichen wurden (damals noch bleihaltig und sehr giftig).

Die **Medway Towns** Chatham, Rochester und Gillingham rund um die Mündung des Flusses Medway beheimateten bereits die Flotte von Henry VIII. Unter Elizabeth I. wurde Chatham zum **Royal Dockyard**. Hier entstand ein Großteil der Schiffe, die 1588 gegen die spanische Armada segelten. Für die Auseinandersetzungen mit den flandrischen Ländern im 17. Jh. hatte der Hafen an der Nordsee die ideale Lage. Im 18. Jh. als sich die Aktivitäten der Briten auf den Atlantik und die Mittelmeerstaaten konzentrierten, wurde die Royal Navy nach Plymouth und Portsmouth verlagert. In Chatham wurden allerdings weiterhin Schiffe gebaut wie z. B. die **HMS Victory**, Nelsons Flagschiff (s. Kap. 2).

Drei historische Schiffe zeigen, wie der Schiffsbau sich an die Zeiten anpasste. Das Segelschiff **HMS Gannet** aus dem Jahr 1878 kam u. a. während des Abolitionismus' gegen Sklavenhändler zum Einsatz. Die **HMS Cavalier** (1944) ist einer der letzten noch erhaltenen Zerstörer aus dem Zweiten Weltkrieg. Sie liegt im Trockendock Nr. 2, wo die HMS Victory

U-Boot Ocelot aus dem Kalten Krieg

Filmaufnahmen zu „Call the Midwife“

einst gebaut wurde. Klaustrophobisch ist eine Führung durch das Innenleben des U-Bootes **Ocelot**. Das Dieselschiff wurde 1962 als letztes U-Boot für die Royal Navy hier gebaut und war während des Kalten Krieges im Einsatz.

Die Ausstellung **The Road to Trafalgar** verdeutlicht die Rolle der Werft in der Geschichte der Royal Navy. Im 18. und 19. Jh. entwickelte sich die britische Marine zur mächtigsten Flotte der Welt. Über Jahrhunderte hinweg hatten die Briten ihre Marine ausgebaut, die zur Zeit der Schlacht von Trafalgar, 1805, eine der größten Organisationen der Welt war. Man hatte Stützpunkte im Atlantik und Pazifik, in Kanada, Indien und Australien, zählte 150 Schiffe und beschäftigte ca. 110.000 Personen auf den Werften und in Zulieferindustrien. In der Schlacht von Trafalgar war Admiral Nelson in der Lage, es mit der kombinierten Flotte Spaniens und Frankreichs aufzunehmen und die Bedrohung durch Napoleon abzuwenden. Dies ebnete letztlich den Weg für die Ausdehnung der britischen Imperialmacht im 19. Jh. unter Königin Victoria. Nelson, dessen Statue den Trafalgar Square in London ziert, zählt für die Briten zu den wichtigsten Persönlichkeiten ihrer Historie.

Information: The Historic Dockyard, Chatham, Kent, ME4 4TE, Tel. 01634 82380, www.thedockyard.co.uk, tgl. 27. Okt.–30. Nov., 15. Feb.–29. März 10–16, 30. März–26. Okt. 10–18 Uhr, Erw. £ 18 50, Kinder (5–15 Jahre) £ 11,50, erm. £ 16. Die **Ropery Tour** muss man gleich am Eingang für eine festgelegte Uhrzeit buchen, da die Teilnehmerzahlen begrenzt sind. Im **Shop** gibt es nautische Souvenirs und Nostalgisches.

INFO

71 Im Auftrag des MI6 – Codeknacker in Bletchley Park

In Bletchley Park nahe **Milton Keynes** in Buckinghamshire saß während des Zweiten Weltkriegs die **Government Code and Cypher School**, in der Kryptoanalytiker (*Crypto-analysts* oder *Codebreaker*) den geheimen Nachrichtenverkehr der Deutschen entschlüsselten. Die Männer und Frauen, die hier arbeiteten, unterlagen noch drei Jahrzehnte nach dem Krieg absoluter Schweigepflicht, denn die Existenz der Anlage wurde (wie auch die Existenz des britischen Geheimdienstes generell) geleugnet. Premierminister Churchill kommentierte dies später mit der Aussage, Bletchley Park sei „die Gans, die goldene Ei legte, aber nie quakte".

Der Kopf des Geheimdienstes MI6, Sir Admiral Hugh Sinclair, erwarb **Bletchley Manor** 1938 angeblich für Jagdpartien. Rund um das Herrenhaus entstanden Hütten, in denen die fast 9000 Mitarbeiter ihrer Arbeit an der Operation nachgingen. Dazu gehörten Wissenschaftler und Frauen des **Women's Royal Naval Service** (Wrens), die z. B. die Dechiffrierungsmaschinen bedienten. Auf dem weitläufigen Gelände befindet sich ein kleines **Post Office**, in das geheime Post an die PO Box 111 Bletchley geliefert wurde. In den Hütten und im angrenzenden Museum wird der arbeitsreiche Prozess dokumentiert, der schließlich zur erfolgreichen Entschlüsselung der **Rotorschlüsselmaschine Enigma** (Enigma), und der **Lorenzschlüsselmaschine** (Lorenz Cypher oder Tunny) führte.

Die Enigma, die einer Schreibmaschine ähnelt, funktionierte mithilfe rotierbarer Walzen, auf denen jeder der 26 Buchstaben des Alphabets durch Verdrahtungen

Das Postamt von Bletchley

mit anderen Buchstaben gekoppelt wurde. Aufgrund ständiger Rotierung änderten sich die gekoppelten Buchstaben auch innerhalb desselben Textes. Zudem wurden die Verschlüsselungseinstellungen permanent abgeändert. Dem Polen **Marian Rejewski** (1905–1980) war es 1932 gelungen eine frühe Enigma-Maschine zu knacken. Angesichts des drohenden Einmarschs der Deutschen in Polen übergab er am 24. Juli 1939 die Forschungsergebnisse den Briten. Obwohl die Deutschen inzwischen mit neueren Enigmamodellen arbeiteten, konnte man auf die Vorarbeit des Polen aufbauen. Die Mathematiker **Alan Turing** (1912–1954) und **Gordon Welchman** (1906–1985) entwickelten die elektromechanische **Turingbombe** (Turingmaschine), die später in Hütte 11 zum Einsatz kam. Während zuvor Hunderte von Mitarbeitern tagelang alle möglichen Kombinationen manuell berechnen mussten, schaffte die Maschine dies in wenigen Stunden. Bei der Entschlüsselung der schwierigen Codes der deutschen Marine half die Tatsache, dass man 1941 und 1942 von gekaperten deutschen U-Booten Enigmas sicherstellen konnte. Enigmas und Replikas von Turingmaschinen werden im Museum demonstriert.

Teleprinter mit Murray Code

Zusammen mit **Tommy Flowers** (1905–1998) entwickelte Turing auch den ersten britischen Röhrencomputer, **Colossus**, der zur Entschlüsselung der Lorenz Cypher entwickelt wurde. Im **National Museum of Computing**, das sich auf demselben Gelände befindet, kann man einen Colossusnachbau besichtigen. Angesichts des Miniaturformats heutiger digitaler Geräte löst der raumfüllende Vorläufer vor allem ungläubiges Staunen aus. In dem Museum, das unabhängig von Bletchley Park geführt wird, gibt es außerdem eine interaktive Austellung zur Entwicklung von Computern von 1980 bis heute.

INFO

Information: Bletchley Park, The Mansion, Bletchley Park, Sherwood Drive, Bletchley, Milton Keynes, Buckinghamshire, MK3 6EB, Tel. 01908 640404, www.bletchleypark.org.uk, tgl. März–Okt. 9.30–17, Nov.–Feb. 9.30–16 Uhr, Erw. £ 15, Kinder (12–16 Jahre) £ 9, erm. £ 13.

National Museum of Computing, Block H, Bletchley Park, Milton Keynes, Buckinghamshire, MK3 6EB, www.tnmoc.org, Collossus und Tunny Galleries tgl. Sommer 13–17 Winter 12–16 Uhr, £ 2, erm. £ 1, Museum Do, Sa/So 12/13–16/17 Uhr Kombiticket Erw. £ 5, erm. £ 2,50.

Legenden, Kunst und Kultur

Minack Theatre in Cornwall

72 Keltischen Legenden auf der Spur – Burg Tintagel bis Boscastle

Die zerklüftete, abgeschiedene Landschaft Cornwalls blieb lange Zeit die letzte Hochburg **keltischer Kultur** in England. Um den Landstrich mit den von Gicht umtosten Klippen und bedrohlichen Moorlandschaften bildeten sich unzählige Geschichten und Legenden. Viele davon haben ihren Ursprung in der keltischen Mythologie.

1136 legte der Gelehrte **Geoffrey de Monmouth** (1110–1155) in seinem Werk „Historia Regum Britanniae" den Grundstein für die Artussage, die auf Überlieferungen über eine Schlacht im 6. Jh. beim **Mons Badonicus** (Bath) beruht. Damals setzten sich keltisch-römische Stammesfürsten gegen die vordringenden Angelsachsen zur Wehr und Artus soll ein Feldherr gewesen sein, der einen großen Sieg gegen die Feinde errungen hatte. Laut Monmouth wird Artus in der **Burg Tintagel** geboren, als Sohn von Igraine und König Uther Pendragon. Der Druide Merlin schmiedet ihm das Schwert **Excalibur**, das nur von Artus aus einem Stein gezogen werden kann und ihn damit als rechtmäßigen Erbe Uthers ausweist. Artus heiratet die römische Guinevere und versammelt auf **Schloss Camelot** (Winchester, s. Kap. 4) die Ritter der Tafelrunde. Als er in den Krieg zieht, verfällt die Gemeinschaft. Durch Verrat wird er in der Schlacht von Camlan (Slaughterbridge) tödlich verwundet, anschließend bringt man seinen Leichnam zur **Insel Avalon** (Isles of Scilly). Im **Dozmary Pool** (s. Kap. 61) soll Excalibur versenkt worden sein. Bis heute ist die Faszination an der weitgehend erfundenen Sage ungebrochen. Sie wurde von vielen Schreibern ausgeschmückt und oft verfilmt.

Steile Treppen in Tintagel

Wanderung von Tintagel Castle nach Boscastle (Dauer: ca. 3,5 Std.)
Viele Treppen führen über eine steile Senke hinauf zu den Ruinen der normannischen Burg in Tintagel, die auf den Grundmauern einer Abtei aus dem 6. Jh. errichtet wurde. In der Bucht darunter hat das Meer Höhlen in den Schiefer gefressen. **Merlin's Cave** soll einst dem Druiden als Unterschlupf gedient haben. Bei Ausgrabungen fand man an dieser Stelle die Überreste eines alten Hafens. Keramikfunde und Ölgefäße aus dem Mittelmeerraum deuten auf einen regen Handel bereits lange vor dem 6. Jh. hin. Weiter geht es hinauf zum South West Coast Path. In Richtung Boscastle passiert man auf der Höhe von **Trethevey** die Felsenbucht **Rocky Valley**. Die Klamm **St. Nectan's Glen** zieht sich von hier aus landeinwärts bis zu einem 20 m hohen Wasserfall. Der Platz

Anderweltliche Atmosphäre – Boscastle

ist ein Pilgerort für Neopaganisten, nicht zuletzt aufgrund von zwei labyrinthartigen Felsgravuren aus der Bronzezeit. Dann geht es zurück und weiter entlang der Klippen bis man in die Schlucht bei **Boscastle** hinabsteigt. Der Hafen entstand 1584 und wurde teils direkt in den schwarzen Schiefer gehauen. Im Jahr 2004 jedoch konnten die massiven Mauern der Sturmflut nicht standhalten, die fast das ganze Dorf wegriss. Aufgrund einer mutigen Luftrettungsaktion der Royal Air Force kam niemand zu schaden, das Dorf wurde wieder aufgebaut. Der Ort umfasst nur wenige Häuschen. In einem befindet sich die Hauptattraktion von Boscastle: das **Museum of Witchcraft**. Hier findet man eine Sammlung an Artefakten der Hexenkunst. Das Museum ist ein Zentrum der modernen Hexenreligion Wicca, einem Kult, der 1954 von dem Briten Gerald Gardner ins Leben gerufen wurde. Vom Ortskern fährt der Bus 596 nach Tintagel zurück.

INFO

Information:
www.visitboscastleandtintagel.com
Tintagel Visitor Centre, Old Post Office, Fore Street, Tintagel, Cornwall, PL34 0DB, Tel. 01840 779024. Das Haus aus dem 14. Jh. dient zugleich als Museum.
Tintagel Castle, Castle Road, Tintagel, Cornwall, PL34 0HE, Tel. 01840 770328 www.english-heritage.org.uk, März–Sept. tgl. 10–18, Okt.–Nov. Sa/So 10–16 Uhr, Erw. £ 5,90, Kinder (5–15 Jahre) £ 3,50, erm. £ 5,30.
St. Nectan's Glen Wasserfall, Tel. 01840 779538, www.st-nectansglen.co.uk, April–Okt. tgl. 9.30–17, Nov.–März Fr–Di 10.30–15 Uhr, Erw. £ 4,50, Kinder (5–16 Jahre) u. erm. £ 3,50.
Boscastle Visitor Centre, The Harbour, Boscastle, Cornwall, PL35 0HD, Tel. 01840 250010.
Museum of Witchcraft, The Harbour, Boscastle, Cornwall, PL35 0HD, Tel. 01840 250111, www.museumofwitchcraft.com, April–Okt. Mo–Sa 10.30–18, So 11.30–18 Uhr, Erw. £ 5, Kinder/Senioren £ 4.

Essen und Trinken:
Pegenna Pasties, Atlantic Road, Tintagel, Cornwall, PL34 0DD, www.pengennapasties.co.uk. Hier gibt es leckere *Cornish Pasties* als Proviant für die Wanderung.

73 Theatergenuss im Freien – Minack und Sterts Theatre

Ein einzigartiges Theatererlebnis erwartet den Besucher an der cornischen Südwestküste bei **Porthcurno** nahe Land's End. Hoch über der See auf einer Klippe thront hier das **Minack Theatre**, das schon allein wegen der fantastischen Aussicht einen Besuch wert ist. Um den Aufenthalt richtig auszukosten, trudeln die Gäste bereits lange vor der Vorstellung mit großen Picknickkörben und Wolldecken ein. Sie machen es sich auf den Rängen gemütlich, die wie in einem römischen Amphittheater angeordnet sind und 750 Zuschauern Platz bieten. Hier werden dann erstmal die Mitbringsel verzehrt und die späte Abendsonne genossen. Wenn die Lichter angehen, beginnt die Vorfreude auf die Vorstellung.

Die kleine Rundbühne ist von **Klippenfelsen** eingerahmt, die eine natürliche Kulisse für die Schauspieler bieten. Im cornischen bezeichnet das Wort *minack* einen felsigen Platz und die Bucht macht diesem Namen alle Ehre. Die Theatertruppen, die hier auftreten, zeigen mal Shakespeare, mal Komödien – z. B. von Alan Ayckbourn – und mal ein Musical. Trotz der Anstrengungen der Schauspieler kann man es den Zuschauern nicht verdenken, dass der Blick hin und wieder in die Ferne schweift, wo die Atlantikbrandung gegen die Felsen donnert.

Die Bucht von Porthcurno

Amphitheater mit natürlicher Kulisse

Das Theater ist das Lebenswerk von **Rowena Cade** (1893–1983), die noch bis ins hohe Alter von 89 Jahren den Vorsitz über die **Theaterstiftung** innehatte. Sie baute, plante und finanzierte das Unternehmen. Nach dem Ersten Weltkrieg kaufte sie das Land rund um das Minack Theatre für nur £ 100 und baute ein Haus für ihre Familie. Im Garten des Anwesens, das direkt an die Klippen grenzte, wurden 1932 für die erste, improvisierte Vorführung von Shakespeares „The Tempest" (Der Sturm) provisorische Sitze eingerichtet. Rowena schneiderte die Kostüme und kreierte die Bühnendekorationen. Erst nach dem Zweiten Weltkrieg wurde das Theater zu einer permanenten Einrichtung.

Trotz des Erfolgs dieser einzigartigen Touristenattraktion deckten die Einnahmen kaum die Kosten. Cade war gezwungen, ihr privates Vermögen in den Erhalt des Theaters zu investieren. 1976 übertrug sie die Verwaltung an eine Stiftung. Heute kann man die Anlage und die benachbarten Gärten auch tagsüber besichtigen und das Besucherzentrum zeigt eine **Ausstellung** über die Geschichte des Theaters. In der Sommersaison wird jede Woche ein anderes Stück gespielt, was einen stetigen Strom an Touristen garantiert, viele Urlauber kommen gleich zwei- oder gar dreimal. An sonnigen Tagen lohnt auch ein Ausflug zum schönen **Sandstrand** in der Bucht von Porthcurno.

Sterts Open Air Theatre

Auch das Sterts Open Air Theatre am Fuß des **Bodmin Moors** nahe der Minions (s. Kap. 61), geht auf eine private Initiative zurück. Im Jahr 1990 eröffneten Ewart und Anne Sturrock auf den Ländereien bei ihrem Bauernhof eine **Sommerbühne**, wo junge Schauspieler und Theaterautoren die Chance bekommen, ihre Kunst zu zeigen. Inzwischen findet hier von Mai bis Sept. eine Bandbreite an Veranstaltungen statt: von Sprechtheater über Tanz und Konzerte bis zu Comedy. **Sterts Theatre**, Upton Cross, Liskeard, Cornwall, PL14 5AZ (an der B3254), Tel. 01579 362382, www.sterts.co.uk, Theatersaison Mai–Sept., Eintrittspreis je nach Vorstellung.

Information:
The Minack Theatre, Porthcurno, Penzance, Cornwall, TR19 6JU, Tel. 01736 810181, Tagesbesichtigung: im Winter 10–15.30, im Sommer 9.30–17.30 Uhr, Erw. £ 4,50, Kinder (5–15 Jahre) £ 2,50, erm. £ 3,50; Theatersaison: Mai–Sept., Vorstellungseintritt Erw. £ 9–11,50, Kinder (bis 16 Jahre) £ 5–6.

INFO

74 Kultstätten in Somerset – alternativ bis verwunschen

Somerset ist gespickt mit Enklaven der Alternativkultur. Hier herrscht ein gebremstes Tempo, es wird Cider (Apfelwein) gepresst und man findet noch viele authentische Örtchen. **Glastonbury** ist seit dem ersten Musikfestival 1970 (s. Kap. 91) für seine Hippieszene bekannt. Auf der High Street reihen sich Esoterikshops mit New-Age-Waren aller Art aneinander. Die alte Marktstadt **Wells** lockt mit ihrer gut erhaltenen gotischen Kathedrale und einem märchenhaften Bischofspalast.

Glastonbury liegt in den Salzmarschen der Somerset Levels. Die Siedlung entwickelte sich rund um die Erhebung des **Glastonbury Tor** (158 m), der bei Flut eine vom Wasser umgebenene Insel war. Im 5 km entfernten **Godney** entdeckte man **Glastonbury Lake Village**, eine Siedlung aus der Eisenzeit. Der modernen Mythologie zufolge war der Tor eine Kultstätte, wo man der **Goddess**, einer von Paganisten verehrten keltischen Gottheit, huldigte. Mittelalterliche Legenden bringen Glastonbury mit dem frühen Christentum und der Artussage in Verbindung. In der 1125 von **William of Malmesbury** geschriebenen Kirchengeschichte Glastonburys soll die Abtei angeblich von den Jüngern Jesu Christi hochstpersönlich gebaut worden seine. Diese Tat wurde später dem Heiligen **Joseph von Arimathea** zugeschrieben. Angeblich hatte dieser seinen Großneffen **Jesus Christus** als Kind mit nach Großbritannien gebracht. Nach dessen Tod soll er die erste christliche Kirche im römischen Britannien errichtet haben an der Stelle der späteren **Glastonbury Abbey**, von der heute nur noch die Ruinen stehen.

Im Jahr 1191 buddelten die Mönche der Abtei einen Sarg, mit zwei Leichnamen aus, die sie als **König Artus** und **Guinevere** (s. Kap. 72) identifizierten. Fortan wurde Glastonbury auch mit der Insel **Avalon** in Verbindung gebracht, wo Artus seine letzte Ruhe fand. Der Poet **Robert de Boron** machte Joseph von Arimathea zum Wächter des **Heiligen Grals** aus der Artussage. Aus dem am Fuß des Glastonbury Tor begrabenen Gral soll die Quelle des **Chalice Well** entsprungen sein. Rund um die Quelle befindet sich heute ein spiritueller New-Age-Garten. Die Abtei sowie der Tor sind seit Jahrzehnten eine Pilgerstätte ebenso für Anhänger verschiedener christlicher Religionen wie für Wanderprediger, Paganisten, Schamanen und Okkultisten.

New-Age-Läden in Glastonbury

Nur rund 10 km nordöstlich liegt die kleine Marktstadt **Wells**. Sie erhielt

Pennyless Porch in Wells

ihren Namen von den Quellen, die heute noch in den Gärten des Bischofspalastes sprudeln. Schon die Menschen der Steinzeit und die Römer nutzten dieses Wasser. Bei Ausgrabungen fand man u. a. ein vollständiges, römisches Mausoleum. Vom Marktplatz aus führt die **Pennyless Porch** nach links zur erstaunlich gut erhaltenen **Kathedrale**, die von 1180 bis 1306 im gotischen Stil über angelsächsischen Grundmauern aus dem Jahr 705 entstand. Die Westfassade zieren über 300 Originalstatuen. Im Kirchenschiff stützen gegenläufige Scherenbögen (*scissor arches*) aus dem 14. Jh. den zentralen Vierungsturm. Durch den rechten Torbogen, genannt Bishop's Eye, gelangt man zum benachbarten **Bischofspalast**, der einer Märchenburg ähnelt. Er ist von einem Wassergraben umgeben und hat sogar eine Zugbrücke. Bei einem Spaziergang um den Graben, macht man mit den Schwänen des Bischofs Bekanntschaft. Sie wurden dazu trainiert, eine an einem Seil befestigte Glocke zu läuten, wenn sie gefüttert werden möchten.

INFO

Information: www.visitsomerset.co.uk, www.glastonburyabbey.com. **Glastonbury Tourist Information**, 9 High Street, Glastonbury, Somerset, BA6 9DP, Tel. 01458 832954, www.glastonburytic.co.uk. **Wells Tourist information**, Wells Museum, 8 Cathedral Green, Wells, Somerset, BA5 2UE, Tel. 01749 671770, www.wellssomerset.com, www.wellscathedral.org.uk. **The Bishop's Palace**, Wells, Somerset, BA5 2PD, Tel. 01749 988111, www.bishopspalace.org.uk, April–Okt. 10–18, März 10–16 Uhr, Erw. £ 7, Kinder (5–18 Jahre) £ 3, erm. £ 5, Senioren £ 6.

Übernachten/Essen: **Huntstile Organic Farm**, Goathurst, bei Bridgwater, Quantock Hills, Somerset, TA5 2DQ, www.huntstileorganicfarm.co.uk. B&B auf dem Biobauernhof, DZ ab £ 75. **The White Hart**, Market Place, Somerton, Somerset, TA11 7LX, http://whitehartsomerton.com. Gastropub/Restaurant mit Hotel, DZ ab £ 85.

Einkaufen: Im nahegelegenen **Frome** findet man im Artisan Quarter Vintageboutiquen u. Ä., http://stcatherinesfrome.co.uk/shops.

75 Jane Austens Welt – ein Cottage in Chawton

Jane-Austen-Museum in Chawton

Fans aus der ganzen Welt pilgern jedes Jahr zu Orten, an denen sich Jane Austen (1775–1817) aufhielt und die sie in ihren Romanen beschrieb. In den Städten **Bath** (s. Kap 6), **Southampton** (s. Kap. 2), **Winchester** (s. Kap. 4) und **Lyme Regis** (s. Kap. 19) werden Spaziergänge auf den Spuren der Schöpferin von „Pride and Prejudice" (Stolz und Vorurteil) und „Emma" angeboten (s. u.).

Austens Vater George war anglikanischer Rektor in **Steventon** bei Basingstoke, wo man die Kirche aus dem 12. Jh. besichtigen kann. Im Jahr 1783 sollte Jane mit ihrer Schwester Cassandra in **Oxford** (s. Kap. 84) und Southampton eine Erziehung für höhere Töchter erhalten. Eine Typhuserkrankung setzte dem vorzeitig ein Ende. Nach einem Jahr im Internat in **Reading**, 1785/86, erhielt Jane ihre Ausbildung vornehmlich zuhause und bediente sich in der 500 Werke umfassenden Bibliothek ihres weltoffenen Vaters. Im Jahr 1800 zog die Familie nach Bath, wo George Austen fünf Jahre später verstarb.

Der Vater förderte zeitlebens das Schreibtalent seiner Tochter Jane und bereits 1787 verfasste sie ihren ersten Band mit Prosa und Kurzgeschichten. Ihr ironischer Schreibstil garantiert Austen bis heute eine Sonderstellung unter Literaten. Die Veröffentlichung ihrer Werke ist vor allem dem unermüdlichen Einsatz ihres Bruders Henry zu verdanken. Der erste Roman, der von den Verlegern akzeptiert wurde, war „Sense and Sensibility“ (Sinn und Sinnlichkeit) im Jahr 1811, ca. 15 Jahre nach seiner Fertigstellung! Das Buch wurde ein sofortiger Erfolg, ebenso wie „Pride and Prejudice“, 1813, und „Mansfield Park“, 1814. Sogar Prinzregent George IV. war ein Leser ihrer Werke und lud Austen 1815 in seine Londoner Residenz ein. Anweisungen seines Bibliothekars, wie sie zukünftige Romane zur Erbauung des geltungssüchtigen Regenten umstrukturieren sollte, ignorierte Austen. Jedoch widmete sie ihm widerwillig ihren Roman „Emma“ (1815).

Im Jahr 1809 erbte ihr Bruder Edward von seinem reichen Cousin Thomas Knight ein Anwesen in **Chawton** im ländlichen Hampshire. Dort stellte er seinen weiblichen Verwandten ein Häuschen zur Verfügung, in dem heute das **Jane Austen Museum** untergebracht ist. Das Chawton House ist bis heute im Privatbesitz der Familie Knight. Die Chawton House Library ist eine umfassende Bibliothek mit historischen Werken ab 1500, die bereits von Jane Austen genutzt wurde. Haus und Bibliothek sind zu besichtigen. Austen lebte mit Mutter und Schwester in Chawton bis sie 1816 an einem Nierenleiden erkrankte. In Winchester suchte sie die Hilfe eines Spezialisten, verstarb dort jedoch am 18. Juli des darauffolgenden Jahres im Alter von nur 41 Jahren. Sie wurde in der **Winchester Cathedral** beerdigt, in der man ihren Grabstein besuchen kann. Ab 2017 wird Austens Porträt übrigens die 10-£-Banknote schmücken.

Auch Verfilmungen der beliebten Romanstoffe sorgen dafür, dass Ihre Werke in Erinnerung bleiben. Ihr beliebtester Roman „Pride und Prejudice“ feierte 2013 seinen 200. Geburtstag. Die Handlung des Romans diente auch als Vorlage für viele moderne Adaptionen wie z. B. die Bridget-Jones-Romanserie und die Bollywoodverfilmung „Bride and Prejudice“ (Liebe lieber indisch), 2004.

Bis heute populär – Austens Romane

Information: Jane Austen Society www.janeausten.co.uk.
Jane Austen's House Museum, Chawton, Alton, Hampshire, GU34 1SD, Tel. 01420 83262, www.jane-austens-house-museum.org.uk Erw. £ 7,50, Kinder (6–16 Jahre) 2,50, erm. £ 6.
Chawton House Library, Chawton, Alton, Hampshire, GU34 1SJ, Tel. 01420 541010, www.chawtonhouse.org. Führung Haus, Garten, Jan.–März Di 14.30, Apr.–Nov. Di, Do 14.30, Juni–Sept. Di, Do 14.30, Mi 10.30 Uhr. Erw. £ 7, Kinder £ 3,50.
Stadtführungen zu Austen, Southampton, www.stga.org.uk/private-guided-tours.html; Winchester, www.winchesteraustentrail.co.uk; Lyme Regis, www.literarylyme.co.uk; Bath, http://visitbath.co.uk/janeausten/audio-tour.

INFO

76 Bei Thomas Hardy in Wessex – Dorchester und Umgebung

Thomas Hardy (1840–1928) romantisierte das altenglische Königreich Wessex und ließ es als Kulisse für seine Romane, die **„Wessex Novels“**, wieder aufleben. Dorchester heißt in den Büchern Casterbridge, Bournemouth taucht als Sandbourne auf und Weymouth als Budmouth Regis. In Dorchester trifft man heute überall auf Hardys Spuren.

Unweit von Dorchester wurde Hardy in dem Örtchen **Higher Bockhampton** geboren. Dort lebte er mit Unterbrechungen bis 1870. Bei einem Besuch von **Hardy's Cottage** gelangt man auf einspurigen Landsträßchen zu einem Parkplatz im Wald. Von hier geht es zu Fuß weiter zum Weiler Bockhampton. In dem reetgedeckten Cottage mit hübschem Garten voller bunter Blumen und Nutzpflanzen führen knarzende, steile Treppen in Zimmerchen, die wie aus einer Puppenstube entlehnt wirken. Hardy ging mit 16 Jahren bei einem Architekten in die Lehre und zog 1862 nach London. Den Lebensbedingungen der Großstadt enfloh er jedoch bald wieder. Bei einem Auftrag in Cornwall verliebte er sich in Emma Gifford, die er 1874 heiratete. 1885 baute Hardy am Stadtrand von **Dorchester** nach eigenen Entwürfen sein **Haus Max Gate**, ein gediegenes viktorianisches Anwesen.

Neben seiner Arbeit als Kirchenrestaurator betätigte er sich als Schriftsteller. Hardys literarische Werke wagen sich an kontroverse Themen heran. Seine sozialkritischen Romane thematisieren Alkoholismus, Sex vor der Ehe, Inzest und die Emanzipation der Frau. Vor allem der Roman „Jude, the Obscure“, 1895 (verfilmt 1996 von Michael Winterbottom mit Kate Winslet), brachte ihm unter den moralisierenden Viktorianern scharfe Kritik ein. Nach Emmas Tod heiratete Hardy seine 39 Jahre jüngere Sekretärin Florence Dugdale und schrieb bis zu seinem Lebensende nur noch Gedichte. Hierfür erhielt er in späteren Jahren zahlreiche Ehrungen. Hardy hatte verfügt, im Familiengrab in **Stinsford** bestattet zu werden. Die Testamentsvollstrecker wollten den Literaten jedoch in der Westminster Abbey beisetzen. Schließlich wurde sein Herz in Stinsford beerdigt und seine Asche in der Poet's Corner der Westminster Abbey in London begraben.

Romantisch – Hardy's Cottage

St. Peter's Church in Dorchester

In **Dorchester** steht seine Statue seit 1931 am nördlichen Ende der High Street. Weiter südlich auf der Straße ist das **Dorset County Museum** aus dem Jahr 1846 nicht nur ein gutes Beispiel viktorianischer Neugotik, sondern beherbergt auch eine kleine Ausstellung über den Schriftsteller. Neben dem Museum erhebt sich die **St. Peter's Church**, an deren Restauration der junge Hardy von 1856 bis 1857 beteiligt war. Vor der Kirche sieht man eine Statue des vielseitigen Gelehrten **William Barnes** (1801–1886). Er schrieb unter anderem Mundartgedichte und war Hardys Mentor und Freund. In Hardys Roman „The Mayor of Casterbridge", 1886, taucht das **King's Arms Hotel** als eines der angesehensten Hotels der Stadt auf. Auch der **Antelope Walk**, eine Passage in der Fußgängerzone Cornhill, wird erwähnt. Am Nordende der Passage befindet sich heute die Touristeninformation (Eingang Trinity Street), in der man u. a. Führungen auf den Spuren von Hardy buchen kann.

INFO

Information:
www.hardysociety.org.
Dorchester Tourist Information, 11 Antelope Walk, Dorchester, Dorset, DT1 1BE, Tel. 01305 267992, www.visit-dorset.com.
Dorset County Museum, High West Street, Dorchester, Dorset, DT1 1XA, Tel. 01305 262735, www.dorsetcountymuseum.org, Mo–Sa April–Okt. 10–17, Nov.–März 10–16 Uhr, Erw. £ 5,85, Kinder (ab 5 Jahre) u. Studenten £ 3,60.
Hardy's Cottage, Higher Bockhampton, bei Dorchester, Dorset, DT2 8QJ, Tel. 01305 262366, www.nationaltrust.org.uk/hardys-birthplace.
Max Gate House, Alington Avenue, Dorchester, Dorset, DT1 2AB, Tel. 01305 262538, www.nationaltrust.org.uk/max-gate, März–Okt. Mi–So 10–17 Uhr, Erw. £ 5,50, Kinder £ 2,50.

77 Agatha Christies Inspirationen – Torquay und Greenway

Die erfolgreichste Krimiautorin aller Zeiten wurde 1890 in Torquay (s. Kap. 42) geboren. Akurate forensische Details und eine detaillierte Beschreibung der Schauplätze kennzeichnen Christies **Kriminalromane**. Laut ihrer eigenen Aussage basieren ihre Schauplätze immer auf realen Orten. Ihre Heimat Devon diente unzweifelhaft in einigen ihrer Romane als Inspiration.

Agatha Christie ging nach dem Tod ihres Vaters Frederick Miller, eines amerikanischen Geschäftsmanns, mit ihrer Mutter Clara auf ausgedehnte Reisen nach Frankreich und Ägypten. Nach der Scheidung von ihrem ersten Mann **Archie Christie** reiste sie 1928 mit dem Orient Express nach Bagdad, eine Erfahrung, die sie in der Geschichte „Murder on the Orient Express" (Mord im Orient Express, 1934) verarbeitete. In Bagdad lernte sie 1930 auch ihren zweiten Ehemann, den Archäologen **Max Mallowan** kennen, den sie jahrelang auf seinen Forschungsreisen in den Nordirak und nach Nordsyrien begleitete. Dort eignete sie sich ein eingehendes Wissen über Archäologie an. Sie besaß außerdem Kenntnisse über medizinisch wirksame und giftige Pflanzen, denn während des Ersten Weltkriegs hatte sie eine Prüfung zur Apothekerin absolviert. Nicht zuletzt deshalb sind ihre Beschreibungen von Giftmorden so realistisch. In der Gartenanlage der **Torre Abbey** in Torquay findet sich ein von Christie inspirierter **Arzneigarten**.

Dittisham Ferry in Greenway

Stilvolle Anreise nach Greenway

Sehr stilvoll kann man nach Greenway entweder mit einem Bus aus den 1940er-Jahren oder der Dampfeisenbahn anreisen. Die Bahn hält bei Churston Station (25 Min. Fußweg zum Haus), der Ort diente als Vorlage für den Wohnort von Miss Marple.
Vintage Bus, Greenway Ferry, Tel. 01803 882 811, http://greenwayferry.co.uk, Busabfahrt von Torquay/Paignton Feb.–Nov. Mi–So 10/10.25 und 14/14.25 Uhr, Erw. £ 11, Kinder £ 6, erm. £ 10.
Dartmouth Steam Railway, Tel. 01803 555872, www.dartmouthrailriver.co.uk, Hin-und Rückfahrt Paignton–Churston Erw. £ 14, Kinder/erm. £ 8.

Einen Einblick in das Privatleben der Schriftstellerin erlaubt ihr Ferienhaus **Greenway** an der Schlucht des Flusses Dart in Galmpton. Christie erstand das alte Herrenhaus 1938 und ließ es wieder in seine georgianische Form bringen. Die Zimmer sind mit vielen Memorabilia der Familie eingerichtet. Von der Parkanlage blickt man auf eine tiefgrüne Schlucht, die steil zum Fluss hinunter abfällt. Das hiesige Bootshaus diente in dem Roman „Dead Man's Folly" (Wiedersehen mit Mrs. Oliver, 1958) als Schauplatz für einen Mord. Am Ufer des Flusses im Tal gibt es außerdem eine Fußgängerfähre zum anderen Ufer nach Dittisham, die man mittels einer alten Glocke herbeiruft. Im Roman „Ordeal bei Innocence" (Tödlicher Irrtum, 1958) verewigte Agatha Christie diese Glocke.

Agatha Christies Schreibmaschine

Die Touristeninformation in **Torquay** (s. Kap. 42) bietet einen Stadtspaziergang auf Christies Spuren an, der z. B. am **Imperial Hotel** vorbeiführt, das in verschiedenen Geschichten als Majestic Hotel auftaucht (z. B. in „Das Haus an der Düne", 1932). Nostalgisch wird es in Torquay im September, wenn während des einwöchigen **Agatha Christie Festivals** kostümierte Gestalten die Promenade bevölkern, Hercule Poirot und Miss Marple kommen dann zu Besuch und es finden zahlreiche Events, wie zum Beispiel Murder Mysteries, statt.

INFO

Information:
www.englishriviera.co.uk/agathachristie.
Greenway, Greenway Road, Galmpton, bei Brixham, Devon, TQ5 0ES, Tel. 01803 842382, www.nationaltrust.org.uk/greenway, Erw. £ 9,40, Kinder £ 5,30.
Dittisham Fähre, Sommer Mo/Di, 9–17, Mi–Fr 9–17.45, Sa/So 9–17.45 Uhr. Erw. £ 2, Kinder £ 1,50, Fahrrad £ 3,50.
Übernachten: Agatha's Galmpton Cottage, Galmpton, Devon, Tel. 0207 1938138, www.discoveryholidayhomes.com. Cottage in der Nähe von Greenway, 4 Pers., Hochsaison 3 Nächte £ 650 (sonst um £ 400).

78 Ein Hauch von Grusel – Daphne du Maurier in Fowey

Die Schriftstellerin Daphne du Maurier verbrachte den Großteil ihres Lebens in **Fowey** (s. Kap. 44) und fand hier ihre Inspirationen. Rund um die Bucht trifft man auf viele **Schauplätze der Romane** und auch des Lebens der Autorin. In ihren dramatischen Gruselromanen beschreibt sie die cornische Landschaft auf eindringliche Art und Weise. So sind die Romane und Kurzgeschichten Daphne du Mauriers empfehlenswerte Begleiter für eine Cornwallreise.

Daphne Du Maurier

Der 6,5 km lange Rundwanderweg **Hall Walk** ist eine gute Gelegenheit auf den Spuren von Du Maurier zu wandeln. Mit der Autofähre gelangt man ans andere Ufer nach Bodinnick. Bei der Überfahrt sieht man auf der Südseite das Haus **Ferryside**, das den Du Mauriers ab 1926 als Ferienhaus diente. Hier verliebte sich die damals 19-jährige Daphne in die Gegend. Auf dem Friedhof der Kirche **St. Winnows** (nahe Lerryn) ist ihre ältere Schwester Angela beerdigt, die sich ebenfalls (allerdings erfolglos) als Schriftstellerin versuchte. Von Du Mauriers erstem Roman „The Loving Spirit" (Geist von Plyn, 1928) war ihr zukünftiger Ehemann General Sir Frederick Browning so angetan, dass er nach Fowey reiste um die Autorin kennenzulernen. 1932 heirateten die beiden in der Kirche **St. Wyllow** (im Roman Lanoc Church) in Lanteglos am **Pont Pill Creek**. Von hier aus geht es nach Polruan und dann mit der Fußgängerfähre zurück nach Fowey. Vom Town Quay spaziert man zur **Readymoney Cove**, einer ehemaligen Schmugglerbucht, und von dort weiter nach **Polridmouth**. Landeinwärts in einem Wald versteckt liegt das Herrenhaus **Menabilly Barton**, das Du Maurier von 1943 bus 1969 von den **Rashleighs** (s. Kap. 65) mietete. Menabilly diente als Vorlage für das Anwesen Manderley im Bestseller „Rebecca" (1938). Du Maurier entdeckte das Haus auf einer Wanderung und schrieb das Buch lange bevor sie dort einzog. Für Besucher ist das Haus nicht zugänglich.

Fowey Festival

1997 wurde ein Du Maurier gewidmetes Kulturfestival ins Lebens gerufen, das 2013 in das **Fowey Festival of Words and Music** umgetauft wurde. Hier kommen jedes Jahr im Mai namhafte Künstler aller Art zusammen, halten Lesungen und zeigen ihre Werke. Begleitend dazu gibt es Musik- und Comedydarbietungen, Workshops, geführte Wanderungen etc. (www.foweyfestival.com).

Von der Bucht führt der Wanderweg zum Landvorsprung am **Gribbin Head**. Ein rot-weißes Seezeichen ragt ähnlich einem Leuchtturm in den Himmel. Auf einem Stück des South

Die Polruan Ferry im Hafen von Fowey

West Coast Path geht es dann weiter bis zur Badebucht bei **Polkerris**, begleitet von der guten Aussicht auf die gegenüberliegende Küste bei St. Austell (s. Kap. 65). Nachdem der Mietvertrag für Menabilly gekündigt wurde, zog Du Maurier nach **Kilmarth** nördlich von hier und lebte dort bis zu Ihrem Tod 1989. Ihr letzter Roman trägt den Titel „The House on the Strand" (Ein Tropfen Zeit, 1969), ein Psychothriller über Drogen und Bewusstseinsspaltung, der die unheimliche Vergangenheit von Kilmarth aufnimmt. Angeblich hatte man im Keller des Hauses in Gläsern konservierte menschliche Organe und Embryos gefunden.

INFO

Information: Fowey Tourist Information, 5 South Street, Fowey, Cornwall, Tel. 01726 833616, www.fowey.co.uk. Hier gibt es ein kleines Infocenter zu Du Maurier ebenso wie eine Buchsammlung.
Essen und Trinken: Old Ferry Inn, Bodinnick, Fowey, Cornwall, PL23 1LX, www.oldferryinn.co.uk. Mit Blick auf das Du-Maurier-Haus Ferryside. Hauptgericht ab £ 9,30.
Übernachten:
Menabilly Holiday Cottages, Menabilly, Par, Cornwall, PL24 2TN, Tel. 01726 808150, www.menabilly.com. Wohnen wie Daphne auf dem Menabilly Estate der Rashleigh Familie. Das Keepers Cottage ist nur 5 Min. vom Strand von Polridmouth entfernt. Ab £ 350 pro Woche.

79 Newlyn und Penzance – Sardinen, so schön wie gemalt

Das beste Mitbringsel

Newlyn-**Sardinen** in einer dekorativen Dose, verziert mit Gemälden der Newlyn-Maler. Zu kaufen bei: www.simplycornishhampers.com/pilchard-works, www.waitrose.com.

Vom 16. bis 19 Jh. war Newlyn (ähnlich wie St. Ives, s. Kap. 46) vor allem für eines bekannt: *pilchards*, d. h. **Sardinen**. Hier wurde der kleine Fisch gesalzen und in Fässer eingelegt, bzw. in Dosen eingemacht und in katholische Länder wie Italien und Frankreich verschifft, in denen er zur Fastenzeit beliebt war. Bis heute ist Newlyn der größte Fischereihafen in Cornwall und beim alljährlichen **Newlyn Fish Festival** Ende August gibt es einiges zu sehen und zu probieren.

Gegen Ende des 19. Jh. brachten zahlreiche Bohemiens künstlerisches Flair auf die **Penwith Peninsula**. Der Landschaftsmaler J. M. W. Turner (1775–1851) hatte das westliche Cornwall von 1811 bis 1814 bereist. Wenige Jahrzehnte später fanden Maler aus den französischen Künstlerkolonien von Pont Aven und Concarneau ihren Weg hierher. Das milde Klima eignete sich für die Malerei *en plein air* (im Freien). Die entsprechenden realistischen und naturalistischen Motive fand man unter den Fischern und Hafenarbeitern. 1884 lebten bereits mehrere Maler permanent in Newlyn, darunter **Walter Langley** (1852–1922) und **Stanhope Forbes** (1857–1947). Forbes' Gemälde „A Fish Sale on a Cornish Beach" (1885, Plymouth City Art Gallery) brachte ihm nationale Anerkennung.

1899 gründeten Stanhope Forbes und seine Frau Elizabeth die **Newlyn School of Painting** für figurative Malerei. Diese zog eine neue Generation von Künstlern an, darunter **Samuel John Birch**, **Alfred Munnings** und **Harold** und **Laura Knight**. In nur wenigen Dekaden besuchten über 130 Künstler die Kolonie. Birch (1869–1955), der sich nach der benachbarten Bucht in Lamorna umbenannte, rief dort 1892 mit einer kleinen Gruppe die **Lamorna Cove Kolonie** ins Leben. 1895 war die **Newlyn Art Gallery** entstanden, in der die Werke der Künstler ausgestellt wurden. Heute zeigt sie zusammen mit der Schwestergalerie The Exchange im nahe gelegenen Penzance wechselnde Ausstellungen zeitgenössischer Kunst. Viele Originale der Künstler aus Newlyn und Lamorna werden im **Penlee House Museum** in Penzance ausgestellt. Seit 2011 bietet die neue Kunstschule **Newlyn School of Art** u. a. Kurse in Landschaftsmalerei in Lamorna Cove an.

Eine lange Uferpromenade verbindet – vorbei am Jugendstilbad **Jubilee Pool** – Newlyn mit **Penzance**. Die Quay Street führt hinauf zur **Chapel Street** mit historischen Gebäuden wie dem Egyptian House aus dem Jahr 1836. Der Pub **Admiral Benbow** erinnert an die Schmuggler und Piraten, die Penzance einst vom Atlantik her bedrohten. 1595 legten sogar spanische Fregatten die Altstadt in Schutt und Asche. Heute verkehren vom Hafen regelmäßig Fähren zu den **Isles of Scilly**.

An der lang gestreckten Bucht **Mounts Bay** erhebt sich im Osten die Burg des **St. Michael's Mount** auf einem Granitfelsen als Wahrzeichen weithin sichtbar aus dem Meer. Von **Marazion** erreicht man die Halbinsel bei Ebbe zu Fuß und bei Flut per Boot. Das Gegenstück zum französischen Mont St. Michel in der Normandie geht auf denselben Benediktinerorden zurück. Edward der Bekenner übergab dem Orden im 11. Jh. den Berg. 1695 wurde die Burg schließlich von der **Aubyn-Familie** erworben.

Egyptian House in Penzance

Information:
www.purelypenzance.co.uk, www.newlynfishfestival.org.uk.
Newlyn School of Art, Chywoone Hill, Newlyn, Cornwall, TR18 5AN, Tel. 01736 365557, www.newlynartschool.co.uk.
Newlyn Art Gallery/The Exchange, New Road, Newlyn, Cornwall, TR18 5PZ; Princes Street, Penzance, Cornwall, TR18 2NL, Tel. 01736 363715, www.newlynartgallery.co.uk, Mo–Sa 10–17 Uhr.
Penlee Gallery House, Morrab Road, Penzance, Cornwall, TR18 4HE, Tel. 01736 363625, www.penleehouse.org.uk, April–Sept. Mo–Sa 10–17, Okt.–März, 10.30–16.30 Uhr, Erw. £ 4,50, erm. £ 3, Kinder frei.
St. Michaels's Mount, St. Michaels Mount, Manor Office, Marazion, Cornwall, TR17 0EF, Tel. 01736 710507, www.stmichaelsmount.co.uk, tgl. März–Juni, Sept.–Nov. 10.30–17, Juli/Aug. 10.30–17.30 Uhr, Schloss und Garten Erw. £ 9,60, Kinder £ 4,80.
Übernachten:
Lamorna Cove, www.thecovecornwall.com.
Munnings Retreat, www.munnings-retreat.co.uk.

INFO

80 Rummel und Nachtleben in Southend-on-Sea

Adventure Island in Southend-on-Sea

Die **High Street** von Southend-on-Sea führt zu einem verglasten Lift mit Panoramaaussicht auf die Bucht und die lebhafte und freundliche **Uferpromenade**. Nach wechselhaften Jahrzehnten hat sich der Ort zum „coolen" Pflaster entwickelt, in dem sich mehr und mehr Kreative ansiedeln. Londoner verbringen hier das Wochenende zum Abfeiern in den zahlreichen Nachtclubs.

Southend-on-Sea liegt genau genommen nicht an der See, sondern am Nordostzipfel der Themsemündung in der urbanen Grafschaft Essex, die als ein verlängerter Arm von Ostlondon gilt und viele Gegensätze vereint. Das Seebad entwickelte sich bereits im 18. Jh. aus dem Örtchen **Prittlewell** und wurde zu einer der ersten Pendlerstädte Londons. Zudem kamen Tagesausflügler und Wochenendtouristen und der Ort florierte noch bis in die 1960er-Jahre hinein. Doch nachdem

Stadtplaner den Großteil des Altstadtkerns abgerissen hatten, dümpelte Southend lange Jahre an der Grenze zur Schmuddeligkeit vor sich hin. Dann wurde heftig saniert. Heute gibt sich die Stadt zeitgemäss und besinnt sich auf ihre proletarischen Wurzeln. Der Rummelplatz **Adventure Island** bietet die neusten Fahrgeschäfte, an der Promenade wird man anstatt mit feinen Snacks mit Klassikern wie *Fish & Chips* und Eiskrem verköstigt.

Zu den alteingesessenen Attraktionen, die heute in neuem Glanz erstrahlen, gehört der **Southend Pier** – mit 2 16 km der längste der Welt! Eine Holzversion existierte bereits 1830. Auf seiner heutigen Länge flaniert man seit 1929. Im **Pier Museum** erfährt man alles über seine Geschichte. Wo ab 1890 eine Straßenbahn Ausflügler bis zum **Pier Head** brachte, nimmt man heute ein kleines Bähnchen. Auf dem komplett sanierten Pier entstand 2012 ein Kulturzentrum, der **Royal Pavillion**. Hier finden das ganze Jahr über Events, Konzerte und Ausstellungen statt. Zudem gibt es eine Sonnenterasse und ein Café. Das Tollste ist jedoch der Blick auf das gegenüberliegende Themseufer, das zum Greifen nah scheint. An der Promenade ist auch der **Kursaal** aus dem Jahr 1901 sehenswert. Das denkmalgeschützte Gebäude war nicht etwa eine Einrichtung für Kurgäste, sondern ein großer Rummelplatz. Heute ist hier u. a. eine Bowlingbahn und ein Casino untergebracht.

Inseln der Freiheit

Rund um die Themsemündung fanden Freidenker immer wieder Zuflucht. Da waren **Piratensender**, wie **Radio Caroline**, die in den 1960er-Jahren von Schiffen aus Rock- und Popmusik spielten. Auf der Verteidigungsplattform **HM Fort Roughs**, die im Zweiten Weltkrieg außerhalb der 3-Meilen-Zone der britischen Hoheitsgewässer entstand, gründete **Paddy Roy Bates** 1967 das unabhängige Fürstentum **Principality of Sealand**. Bis heute ist Sealand zwar nicht als Nation anerkannt, wird allerdings geduldet. Es hat seine eigene Währung und verkauft sogar Pässe. Die Band Fettes Brot drehte hier 2013 den Videoclip „Echo". Im River Blackwater liegt **Osea Island**, eine private Insel, die nur bei Ebbe oder per Boot erreicht werden kann. Hier finden auch VIPs völlige Abgeschiedenheit.
Infos: www.radiocaroline.co.uk, www.sealandgov.org, www.oseaisland.co.uk.

INFO

Information: www.southendpier.co.uk, www.southendpiermuseum.co.uk, www.adventureisland.co.uk.
Visitor Information Centre, Southend Pier, Western Esplanade, Southend-on-Sea, Essex, SS1 1EE, tel. Tel. 01702 618747, www.visitsouthend.co.uk,

Nachtleben, Kunst und Kultur:
The Railway Hotel, Clifftown Road, Southend-on-Sea, Essex, SS1 1AJ, Tel. 01702 343194, www.railwayhotelsos.co.uk. Alternativszene, Indiemusik und vegane Küche.
Box Club, Lucy Road, Southend-on-Sea, Essex, SS1 2AU, Tel. 07774 738 910, www.box-club.co.uk/blog. Undergroundclub für elektronische Musik mit Clubnächten wie Kool Kids Club.
Henry Burgers, 20–21 Market Place, Southend-on-Sea, Essex, SS1 1DA, Tel. 01702 436661, henryburgers.co.uk. Szene-Burger-Bar.
The Alex, 53 Alexandra Street, Southend-on-Sea, Essex, SS1 1BW, Tel. 01702 436077, www.facebook.com/AlexSouthend. Szenepub mit vielen Events.
Focal Point Gallery, The Forum, Elmer Square, Southend-on-Sea, Essex, SS1 1NB, Tel. 01702 534108, www.focalpoint.org.uk. Zeitgenössische Kunst.

81 Kreativer Input – von Bexhill-on-Sea über Hastings nach Folkestone

De la Warr Pavillion in Bexhill-on-Sea

Entlang der Küste von Kent bis Sussex erfinden sich die alten Seebäder neu. Kulturprojekte wie der **De la Warr Pavillion** in Bexhill, die **Jerwood Gallery** in Hastings und das **Creative Quarter** in Folkestone setzen zukunftsweisende Akzente und tragen zum Aufschwung in den Regionen bei.

Seine Glanzzeiten als Badeort erlebte **Bexhill-on-Sea** im 19. und 20. Jh. Damals stieg die mondäne Gesellschaft im 1890 erbauten Sackville Hotel ab, das dem 7. Earl De la Warr, **Reginald Windsor Sackville** (1817–1896), gehörte. Der Earl transformierte Bexhill in ein Seebad und ließ mithilfe des Architekten **John Webb** die erste Seebefestigung anlegen. **Herbrand Sackville**, der 9. Earl De la Warr (1900–1976), trat bereits mit 18 Jahren die Nachfolge des Titels an. Er fiel aus dem aristokratischen Rahmen und schloss sich als erster Peer im House of Lords der Labour-Partei an. Als Bürgermeister von Bexhill (1932–1934) initiierte er den Bau des modernistischen **De La Warr Pavillion** als Veranstaltungsort und Treffpunkt für die Bürger der Stadt. Die bahnbrechende Struktur aus Glas, Stahl und Zement wurde von den Architekten **Eric Mendlesohn** (1887–1953) und **Serge Chermayeff** (1900–1996) 1936 fertiggestellt. Nach dem Krieg stand das denkmalgeschüzte Gebäude lange leer, bis es von 2002 bis 2005 umgewandelt und als zeitgenössisches **Kulturzentrum** wiederbelebt wurde. Heute wird hier eine Mischung aus Theater, Musik, Comedy und bildender Kunst geboten. Die klaren Linien des hellen Baus dominieren das Seeufer und reflektieren das Sonnenlicht. Das Podium vor dem Gebäude entwarf der Architekt **Niall McLaughlin** im Jahr 2001.

Die **Jerwood Gallery** in **Hastings** könnte nicht unterschiedlicher sein – der Flachbau ist mit 8000 schwarzen Kacheln verkleidet. Die Galerie gliedert sich in

Futuristisches Podium in Bexhill

das Umfeld am Hafen ein, das von hohen schwarzen Schuppen, den sogenannten Net Shops, bestimmt wird. Sie dienen als Lagerhäuser für die Fischer und an den hohen Decken werden Netze aufgespannt und getrocknet. Der **The Stade** genannte Landeplatz der kleinen Fischereiflotte von Hastings ist ein Überbleibsel aus der Zeit der Mitgliedschaft in den Cinque Ports. Hier müssen die Boote vor jeder Ausfahrt ins Wasser hinunter- und danach wieder heraufgezogen werden. Die 2012 eröffnete Jerwood-Galerie soll den Wiederaufstieg des von sozialen Problemen geplagten Hasting födern. Sie hat sich auf **zeitgenössische britische Kunst** spezialisiert und erweitert ständig ihren festen Bestand aus Werken u. a. von L. S. Lowry, Stanley Spencer, Walter Sickert und Ben Nicholson (s. Kap. 46).

Vor dem Bau des Eurotunnels war **Folkestone** ein Fährhafen, mit Verbindungen nach Frankreich. Die Parkanlage und die Promenade auf den Klippen **The Leas** zogen zwar Touristen an, am Strand von Sandgate war das Baden jedoch aufgrund von Umweltverschmutzung verboten. Roger De Haan, Erbe der Saga-Tourismus-Gruppe, kaufte 2004 das Hafengelände und investierte Millionen in den Umbau. Rund um den kleinen **Jachthafen** haben nun neue Cafés und Restaurants eröffnet. Im alten Stadtkern **The Bayle** wurden die historischen Häuschen vielfach in Privatinitiative oder mit Zuschüssen aus De Haans Wohltätigkeitsorganisation restauriert. Ins **Creative Quarter Folkestone** sind neben Künstlern und Kreativen aus der Design- und Werbebranche inzwischen originelle Boutiquen eingezogen und das Viertel lädt zu einem ausgedehnten Bummel ein.

INFO

Information:
www.folkestoneseafront.com.
Tourist Information Folkestone, Bouverie Place Shopping Centre, Folkestone, Kent, CT20 1AU, Tel. 01303 258594, www.visitkent.co.uk.
De La Warr Pavillion (DLWP), Marina, Bexhill-on-Sea, East Sussex, TN40 1DA, Tel. 01424 229 111, www.dlwp.com, tgl. 10–17 Uhr, Eintritt je nach Veranstaltung, Ausstellungen frei.
Jerwood Gallery, Rock-A-Nore Road, Hastings, East Sussex, TN34 3DW, Tel. 01424 425809, www.jerwoodgallery.org, Di–Fr 11–17, Sa/So 11–18 Uhr, Erw. £ 8, Kinder (5–16 Jahre) £ 3,50, erm. £ 5,50. 1. Di. im Monat 16–20 Uhr Eintritt frei.
Creative Quarter Folkestone, Creative Foundation, The Block, 65–69 Tontine Street, Folkestone, Kent, CT20 1JR, Tel. 01303 245799, www.creativequarterfolkestone.org.uk.

82 Moderne Kunst und Vintage in Margate

Der unverstellte Blick auf die Bucht von **Margate** hat sich in 100 Jahren kaum verändert. Noch immer wird der Stadtstrand vom **Harbour Arm**, einer halbrunden Hafenmole, vor Wind und Wetter geschützt. Heute haben trendige Bars jedoch die Fischernetze von einst ersetzt. Seit dem 19. Jh. waren die Sandstrände rund um die Stadt aufgrund ihrer Nähe zu London ein beliebter Ausflugsort für die Hauptstädter. In den 1960er-Jahren frequentierten Mods und Rocker die Restaurants, Bars und Tanzsäle des legendären Freizeitparks **Dreamland**, in den 1980er-Jahren kamen Punks und Skinheads. Unter dem Motto „Kiss me quick" mieteten sich viele Paare anonym in den Hotels ein, um ein *Dirty Weekend* (Liebeswochenende) miteinander zu verbringen. Der Cockney-Dauerbrenner „Down to Margate" des Duos Chas & Dave belegte noch 1982 die enge Verbundenheit der Londoner mit dem Badeort, der liebevoll **Costa del Margate** genannt wurde. Doch dann blieben die Urlauber aus und die Fassaden der historischen Stadthäuser begannen zu bröckeln.

Nun versucht Margate wieder an seine bunte Vergangenheit anzuknüpfen und wirbt mit Kulturprojekten um eine neue Urlaubergeneration. Die Künstlerin **Tracey Emin** (geb. 1963), die ihre Jugend in Margate verbrachte, war Teil einer

Das Foyer der Turner Gallery

Lobby, die sich für den Bau der **Turner Contemporary Gallery** einsetzte. Der Galeriebau für moderne Kunst ziert heute das Westende der Promenade und hat seit seiner Eröffnung am 16. April 2011 über eine Million Besucher verzeichnet. Der Name geht auf den Landschaftsmaler J. M. W. Turner (1775–1851) zurück, der hier glückliche Stunden in einer Liason mit seiner Gastwirtin, der Witwe Sophia Booth, verbrachte. Ihre Pension stand etwa an der Stelle, an der sich heute die Galerie befindet. Auf dem Harbour Arm erinnert die Statue einer **„Shell Lady"** der Künstlerin Ann Carrington an Mrs. Booth.

Vor der Hafenmole steht das **Droit House** aus dem Jahr 1812. Es war das Verwaltungsgebäude für den Pier, der 1978 leider einem Sturm zum Opfer fiel. Es beheimatet heute die **Touristeninformation**. Tracey Emins Neonschrift „I never stopped loving you", eine Liebeserklärung an die Stadt, zierte kurzzeitig das Haus. Trotz zahlreicher traumatischer Kindheitserinnerungen hat Emin, die zeitweise als Bedienung im Dreamland Park arbeitete, den Kontakt zur Stadt aufrechterhalten, in der ihre Eltern das Hotel International führten.

Hinter der Galerie laden die Gässchen der **Altstadt** zu einem Bummel ein, wo Vintageshops und originelle Cafes inzwischen die Billigläden verdrängen. In östlicher Richtung gelangt man nach **Cliftonville**. Einst krönte man im heute verfallenen **Clifton Lido** die Schönheitsköniginnen. Im restaurierten **Walpole Bay Hotel** aus dem Jahr 1914 sind bis heute die Künstler untergebracht, die in den benachbarten **Winter Gardens** auftreten.

Jahrelang kämpfte eine Interessengruppe um die Erhaltung des verfallenen **Dreamland Freizeitparks**, der vom Abbruch bedroht war. 1919 ließ sich der Besitzer John Isles von dem Rummelplatz auf Coney Island in New York zum Bau der **Dreamland Hall** inspirieren. Fast ein Jahrhundert lang zog der Park mit seinen Attraktionen Tausende von Besuchern an. Inzwischen steht das markante Jugendstilgebäude unter Denkmalschutz und das Team des Designers **Wayne Hemingway** arbeitet mit freiwilligen Helfern an einer nostalgischen Vision für den Park: Historische Fahrgeschäfte werden aus ganz England zusammengetragen und aufpoliert. Die guten alten Zeiten sollen hier ab 2015 wieder aufleben.

INFO

Information: Visitor Information Centre, The Droit House, Stone Pier, Margate, Kent, CT9 1JD, Tel. 01843 577577, www.visitthanet.co.uk.
Turner Contemporary, Rendezvous, Margate, Kent, CT9 1HG, Tel. 01843 233000, www.turnercontemporary.org, Di–So 10–18 Uhr, Eintritt frei.
Dreamland, http://dreamlandmargate.wordpress.com.
Übernachten: The Pink Palace, 24 Lonsdale Avenue, Palm Bay, Margate, Kent, CT9 3BY, Tel. 01843 847681, http://palmbaypinkpalace.co.uk. Art-Déco-Ferienhaus für 6 Pers aus dem Jahr 1937, ab £ 125 pro Nacht, £ 400 pro Woche.
Essen: Sands Hotel, 16 Marine Drive, Margate, Kent, CT9 1DH, www.sandshotelmargate.co.uk. Stilvoller *afternoon tea* mit Blick auf die Bucht von der *bay terrace*.
Einkaufen: Kiss Me Quick, 16 The Parade, Margate, Kent, CT9 1EY, www.kissmequickshop.co.uk. Hier gibt es u. a. von Tracey Emin gestaltete Souvenirs.

83 Cornwall im Bild – Rosamunde Pilchers Romanverfilmungen

Der atemberaubend schöne Blick auf die Bucht von **St. Ives**, der schon die Maler der Newlyn School (s. Kap. 79) inspirierte, gehörte zum Alltag der Autorin **Rosamunde Pilcher**. Sie wurde 1924 bei St. Ives im Vorort **Lelant** geboren und war Stammfahrgast im Bummelzug von St. Erth nach St. Ives. In Deutschland ist Pilcher durch die beliebten ZDF-Verfilmungen ihrer Kurzgeschichten und Romane ein Begriff. In Cornwall, Devon, Dorset und Somerset hat man sich bereits an die Filmcrews und Touristengruppen aus Deutschland gewöhnt, die im Sommer die Gegend bevölkern. Es gibt zahlreiche Reiseveranstalter, die sich für deutsche Touristen auf die Spuren von Pilchers Romanen begeben. Die Touren führen oft zu den Schauplätzen der Verfilmungen, die für viele Leser mit den fiktiven Orten der Bücher verschmolzen sind. Für ihre Verdienste um den Tourismus in Cornwall und Devon wurde die Autorin ebenso wie der ZDF-Programmdirektor Dr. Claus Beling im Jahr 2002 mit dem **British Tourism Award** ausgezeichnet.

Bummelzug von St. Erth nach St. Ives

40 Prozent aller Ausländer, die Cornwall und Devon besuchen, kommen heute aus Deutschland. Die Sehnsucht nach der wildromantischen Natur Südenglands wird nicht zuletzt durch die inspirierte Drehortauswahl des ZDFs geweckt, die die Grafschaften in ihrem schönsten und dramatischsten Licht zeigt. Allein vor der Kulisse von St. Ives wurden bisher sieben Buchverfilmungen gedreht, darunter „Das Geheimnis der weißen Taube“, 2011, und „In der Mitte des Lebens“, 2012. Der Friedhof der normannischen Kirche **St. Uny** in Lelant diente mit seinen unheimlich wirkenden gotischen Kreuzen u. .a. als Hintergrund für „Wolken am Horizont“, 1995, und „Land der Sehnsucht“, 2005. Kaum zu glauben, dass Pilcher in ihrer Heimat fast unbekannt ist. Als Literatin erhielt sie vor allem durch das Werk „The Shell Seekers“ (Die Muschelsucher), 1987, Anerkennung. Ihr Werk „Coming Home“ wurde 1996 als beste Romanze ausgezeichnet.

Ihren ersten Groschenroman veröffentlichte Pilcher (geb. 1924) bei den Herausgebern Mills and Boon im Jahr 1949 unter dem Namen **Jane Fraser**. Im Zweiten Weltkrieg diente sie von 1943 bis 1946 beim **Womans Royal Naval Service** (Wrens). 1946 lernte sie ihren späteren Mann, den Schotten Graham Hope Pilcher, kennen und zog nach ihrer Heirat mit ihm nach Dundee in Schottland, wo sie seitdem lebt. Mit Cornwall verbindet sie bis heute ihr Sohn **Robin Pilcher**, ebenfalls ein Schriftsteller, der in der Nähe von St. Ives wohnt. Im Jahr 2000 hängte Pilcher die Schreiberei aus Altersgründen an den Nagel. Die produktive Autorin ist stolz auf ihr Lebenswerk aus 60 Millionen verkauften Büchern, die in 15 Sprachen übersetzt wurden.

Das elisabethanische Schloss **Prideaux Place** aus dem Jahr 1592 in traumhafter Lage oberhalb der Bucht von **Padstow** (s. Kap. 48) ist seit 14 Generationen im Besitz der **Prideaux-Brune-Familie**. Der momentane Hausherr, Baron Peter Prideaux-Brune, ist nicht nur Verwalter des Familienerbes mit Kunstwerken, Mobiliar und einer Bibliothek mit über 6000 historischen Werken. Er organisiert auch die Umgestaltung der Räume für Filmaufnahmen des ZDF in Sachen Pilcher. Das wandelbare Traumschloss, das im 18. und 19. Jh. restauriert wurde und Elemente der frühen Gotik aufweist, diente den Filmcrews bereits als Fünf-Sterne-Hotel („Der lange Weg zum Glück", 1999), als Anwesen von Lord Willoughby („Das Geheimnis der weißen Taube", 2011), als Sitz der Familie Rosemore („Der gestohlene Sommer", 2011) und als Hintergrund für „Die Frau auf der Klippe", 2013. Nicht selten übernimmt der Hausherr eine kleine Statistenrolle. Fünf deutschsprachige Touristenführer kümmern sich um die große Zahl der Bustouristen.

Beliebt als Kulisse für Pilcherfilme – Prideaux Place

INFO

Information: Genaue Infos über die Drehorte erhalten Fans unter: http://pilcher-drehorte.blogspot.de. **Prideaux Place**, Padstow, Cornwall, PL28 8RP, Tel. 01841 532411, www.prideauxplace.co.uk, Ostern (März/Apr.), Mai–Okt. So.–Do. Haus 13.30–16, Garten und Tearoom 12.30–17 Uhr, Erw. £ 8, Kinder £ 2.

Sport & Aktivitäten

Schnorcheln mit Haien im London Aquarium

84 Punting in Oxford und Cambridge

Oxford und Cambridge beheimaten die führenden Universitäten Großbritanniens, die gleichzeitig zu den **ältesten Bildungseinrichtungen** Europas gehören. Bei einem Bootsausflug mit dem Stocherkahn darf man die historischen Kulissen dieser Tempel der Wissenschaft einmal aus einer anderen Perspektive genießen.

Beim sogenannten **Punting** geht es gemächlich zu. Touristen können entweder einen Chauffeur im Voraus buchen oder sich selbst als Bootsführer versuchen. Hierzu muss man lernen, sich mithilfe der Stocherstange (*quant*) vom Boden des seichten Gewässers abzustoßen. Die flachen Boote (*punts*) dienten einst zum Warentransport in den sumpfigen Gegenden der **Fens** nördlich von Cambridge. Bereits ab dem späten 19. Jh. wurden sie jedoch touristisch genutzt. Die Boote bieten mehreren Personen Platz, aber wer es romantischer mag, kann sich auch als Paar dahinschippern lassen. Ein Picknick samt Champagner kann man dazubestellen. Der **Cherwell River** in Oxford zeigt sich mit seinen von Pflanzen überhangenen Ufern besonders atmosphärisch. Aber auch auf der **Themse**, von Einheimischen in Oxford liebevoll Isis genannt, ist es möglich, sich im Punting versuchen. In Cambridge schaukelt man auf dem **River Cam**, entlang der grünen Wiesen (The Backs) dahin, die an die Rückseiten der Universitätsgebäude grenzen. Sehr stimmungsvoll ist auch eine abendliche Bootsfahrt.

Puntingboote bei der Magdalen Bridge

Als König Henry II. im Jahr 1167 Studenten von der Pariser Universität Sorbonne nach England zurückbeorderte., wuchsen **Oxfords** Lehranstalten sprunghaft an. Die Studenten lebten und lernten in von Mönchen geführten Wohnhallen. Später entstanden hieraus die 38 akademisch geführten Colleges sowie sechs privat geführte Hallen. **University College** (1249), **Balliol College** (1263) und **Merton College** (1264) sind die ältesten Gebäude. In der **Radcliffe Camera**, einem palladianischen Rundbau des Architekten James Gibbs aus den Jahren 1737 bis 1749, ist die Radcliffe Science Library untergebracht, die an die **Bodleian Library** aus dem frühen 16. Jh. angrenzt.

Die Universität in **Cambridge** entstand, nachdem Studenten aus Oxford sich hier niederließen. Bevor es die internatsähnlichen, strikt geführten Colleges in Oxford gab, trieben die Studenten gern und oft in Kneipen vor Ort ihr Unwesen. Dies zog den Unmut der Bevölkerung auf sich und es gab immer wieder gewalttätige Ausschreitungen. Anfang des 13 Jh. flohen zahlreiche Studenten vor einem Lynchmob nach Cambridge. Das erste College, **Peterhouse**, wurde 1284 gegründet. In der kompakten Stadt grenzen fast alle 31 Colleges an die High Street. Architektonisch herausragend ist das **King's College** aus dem Jahr 1441 mit seiner gotischen Kirche.

Berühmte Universitätsmuseen

Das **Ashmolean Museum** (www.ashmolean.org) mit Kunstschätzen aus 4000 Jahren wuchs aus der Sammlung der Universität Oxford, die um 1620 angelegt wurde. Das **Pitt Rivers Museum** (www.prm.ox.ac.uk) in Oxford beherbergt die archäologischen Funde von General Pitt-Rivers (s. Kap. 16). Das **Fitzwilliam Museum** (www.fitzmuseum.cam.ac.uk) in Cambridge, hervorgegangen aus einer Stiftung des Viscount Fitzwilliam of Merrion im Jahr 1816, zeigt historische Manuskripte und Gemälde aus vielen Jahrhunderten.

INFO

Information: Oxford Visitor Information Centre, 15–16 Broad Street, Oxford, Oxfordshire, OX1 3AS, Tel. 01865 252200, www visitoxfordandoxfordshire.com.
Cambridge Tourist Information Centre, Peas Hill, Cambridge, Cambridgeshire, CB2 3AD, Tel. 0871 226 8006, www.visitcambridge.org.
Madgalen Bridge Boathouse, Magdalen Bridge Boathouse, The Old Horse Ford, High Street, Oxford, Oxfordshire, OX1 4AX, Tel. 01865 202643, www.oxfordpunting.co.uk, März–Okt. Mo–Fr £ 18/Std., Sa/So £ 20/Std., mit Chauffeur £ 25/30 min.
Cherwell Boathouse, Bardwell Road, Oxford, Oxfordshire, OX2 6ST, Tel. 01865 515978, www.cherwellboathouse.co.uk, tgl. März–Okt. Mo–Fr £ 14/Std., Sa/So £ 16/Std.
Lets Go Punting, Quayside, Cambridge, Cambridgeshire, CB5 8AB, Tel. 07989 423721, www.letsgopunting.co.uk, Apr.–Sept. mit Chauffeur für 4 Pers. £ 80/50 min.
Cambridge Punting Co, Jesus Green, Cambridge, Cambridgeshire, Tel. 07809 016482, www.thecambridgepuntingcompany.co.uk, Apr.–Nov., Tour für 12 Pers. Erw. £ 12, Kinder £ 7, erm. £ 10.

85 Greifvögel hautnah – ein Nachmittag beim Falkner

Wer gerne mit Tieren umgeht, kommt bei einem Besuch beim Falkner auf jeden Fall auf seine Kosten, denn man geht auf Tuchfühlung mit Raubvögeln (*birds of prey*), die man sonst nur selten aus der Nähe sieht. Die Falknerei hat eine lange Tradition, die bis 3500 v. Chr. zurückreicht. Sie wurde im Jahr 2010 von der UNESCO als **immaterielles Kulturerbe** anerkannt. In Großbritannien gibt es zahlreiche Falknervereinigungen, bei denen man als Laie an Kurzprogrammen teilnehmen kann.

In Deutschland auch als **Beizjagd** bekannt ist die Falknerei zuerst im Orient dokumentiert und wurde dann in der ganzen Welt betrieben, um Hasen oder Wildgeflügel zu jagen. Die Raubvögel müssen von geschultem Personal abgerichtet bzw. trainiert werden. Bis in die Neuzeit war die Falknerei ein **Königssport**, da man außer Fachpersonal auch Ländereien benötigte, auf denen Wild gejagt werden durfte. Falken waren ein beliebtes Geschenk unter Adeligen, und Falkner genossen für ihre Kunst großes Ansehen. Im späten 18. Jh. kam die Falknerei aus der Mode, erlebte jedoch im 20. Jh. in Großbritannien als Sport eine Renaissance. Heute werden Raubvögel in urbanen Gegenden auch zur **Schädlingsbekämpfung** eingesetzt, z. B. gegen Mäuse, Ratten oder Kaninchen, die sich in Grünanlagen eingenistet haben.

Stilecht kostümiert – Falknerin der West Sussex Falknerei

Schleiereule aus nächster Nähe

Die Kurzprogramme, die Falknervereinigungen anbieten, starten mit einer Einführung in den Umgang mit den Vögeln, danach kann man sie in freier Wildbahn beim Jagen beobachten. Die Vögel werden nicht mehr gefangen, sondern gezüchtet, um den **Artenschutz** zu garantieren. Kurse dauern eine Stunde, einen halben oder einen ganzen Tag oder auch eine Woche, je nachdem, wie tief man in die Materie eintauchen möchte. Die Vogelarten mit denen am häufigsten gearbeitet wird sind **Wanderfalke** (*Peregrine Falcon*), **Wüstenbussard** (*Harris Hawk*) und **Schleiereule** (*Barn Owl*). Die Handhabung der Tiere ist nicht ungefährlich. Mit ihren scharfen Krallen und Schnäbeln können die Vögel Verletzungen verursachen. Hier sind viel Einfühlungsvermögen und Konzentration sowie eine Belohnung für den Vogel – meist in Form von toten Mäusen – gefragt. Während des Kurses erfährt man vom **Austringer**, d. h. von demjenigen, der den Vogel abgerichtet hat, einiges über die Lebensbedingungen der Tiere in Freiheit und über ihr Verhalten. Selbst bei einem einstündigen Kurs gibt es die Gelegenheit, den Vogel auf dem Handschuh zu halten, ihn zum Flug abzuwerfen und zurückzurufen. Die meisten Veranstalter bieten auch einen **Hawk Walk** in freier Natur an. Begleiter zahlen bei vielen Anbietern weniger.

INFO

Information:
East Sussex Falconry Experience, Herstmonceux Castle, Hailsham, East Sussex, BN27 1RN, Tel. 01323 485529, www.eastsussexfalconry.co.uk, Owl Experience £ 40, mit Begleiter £ 75. Es wird u. a. ein Fotokurs angeboten, bei dem man die Raubvögel in Aktion fotografiert, ganztags £ 95. Beim **Medieval Festival** Ende August zeigen Falkner aus Sussex in stilechter Kostümierung ihre Kunst (www.englandsmedievalfestival.com).
West of England Falconry, 5 Tucking Mill Cottages, Monkton Combe, Midford, Bath, Somerset, BA2 7DB, Tel. 01225 835123, www.westofenglandfalconry.org.uk. Hier werden verletzte Vögel aufgenommen und wieder aufgepäppelt.
Exmoor Owl & Hawk Centre, West Lynch Farm, Allerford, Minehead, Somerset, TA24 8HJ, Tel. 01643 862816, www.exmoorfalconry.co.uk, halbtags £ 80, mit Zuschauer £ 130.
Countryside Hawking, 1 Tucking Millcottage, Canworthy Water, Launceston, Cornwall, PL15 8UW. Tel. 01566 781671 und 07780 840534, www.uk-falconry.com, 2 Std. £ 60, Begleiter £ 10.
Falco, West Sussex Falconry, Church Bungalow, Church Lane, Compton bei Chichester, West Sussex, PO18 9HB, Tel. 02392 631820, www.westsussexfalconry.co.uk, halbtags mit Zuschauer £ 135.

86 Sonntags im New Forest – Car Boot Sale, Cricket und Cream Tea

Von Mitte Mai bis August spielen im New Forest (s. Kap. 15) die ortsansässigen **Cricketvereine** an Sonntagnachmittagen auf ihren Anlagen. Jeder, der möchte, kann umsonst zuschauen und versuchen, die komplizierten Regeln des Spiels nachzuvollziehen. Der *batsman* (Schlagmann) kann Punkte für einen *run* erzielen. Wird der Ball von ihm erfolgreich geschlagen, hat er Gelegenheit, um das Spielfeld zu laufen, während die Gegenmannschaft den Ball wieder einsammelt. Der *bowler* (Werfer) versucht den Ball so zu werfen, dass der *batsman* einen Fehler macht und ausscheidet. Dies geht solange, bis alle *batsmen* ausgeschieden sind, danach darf die andere Mannschaft schlagen.

Beim Car Boot Sale – Einladung zum Stöbern

Wer vorher originelle und günstige Mitbringsel ergattern möchte, sollte zu den Frühaufstehern gehören, um seinen Sonntag im New Forest mit einem **Car Boot Sale** zu beginnen, einer in ganz Großbritannien weitverbreiteten Veranstaltung. Von 8 bis 14 Uhr finden diese Open-Air-Flohmärkte statt, bei denen aus dem Kofferraum heraus – d. h. *car boot* – verkauft wird. Auf einem Wiesengelände reihen sich Autos aneinander. Aussteller bieten Krimskrams, Mobiliar, Kitschiges und Schönes an. Manche geben sich Mühe und bringen Auslagentische mit, andere stellen einfach ein paar Kisten auf den Boden. Jeder darf sich dann durch das Sammelsurium wühlen.

Ein Gang über den Flohmarkt macht hungrig: Nach einem solchen Morgen bietet sich ein traditioneller **Pub Lunch** an. Der New Forest hat viele Country Pubs und Restaurants, die entweder britische Klassiker auf der Speisekarte führen oder moderne Varianten. Lunch wird in den meisten Pubs zwischen 12 und 15 Uhr serviert. Traditionell ist das sogenannte *Sunday Roast* mit Braten und Beilagen.

Im Südwesten Englands gehört zum *Afternoon Tea* ein *scone* (Kuchenbrötchen) mit *clotted cream* (Streichrahm) und *jam* (Marmelade) – genannt **Cream Tea.** Er wird in fast allen Cafés serviert. Unbedingt probieren!

Sammy Miller Motorcycle Museum

Wer statt Cricket lieber heiße Maschinen anguckt, wird im **Motorradmuseum** fündig. Hier sieht man fahrbare Untersätze, die der mehrfache Champion Sammy Miller (geb. 1933) in internationalen Rennen fuhr und die er selbst mitentwickelte. Das angegliederte **Café** ist ein Bikertreff. Für Kinder befindet sich auf dem Gelände ein **Streichelzoo** mit Lamas. **Motorcycle Museum**, Bashley Cross Roads, New Milton, Hampshire, BH25 5SZ, Tel. 01425 616644, http://sammymiller.co.uk, tgl. 10–16.30 Uhr, Erw. £ 6,90, Kinder £ 3.

Einen Cream Tea muss man unbedingt probieren

INFO

Cricketclubs:
Brockenhurst Cricket Club, Balmer Lawn Hotel (A337/B3055), Hampshire, SO42 7ZB, www.brockenhurstcc.co.uk.
Burley Cricket Club, Ringwood Road (A35/Station Road Burley), Hampshire, BH24 4AP, www.burleycricketclub.co.uk.
Bashley Road Cricket Club, B3058/Bashley Road, New Milton, Hampshire, BH25 5RX, # www.bashleyrydal.co.uk.

Car Boot Sales:
New Forest Car Boot Sale, Strawberry Field (an der A337), Boldre, Hampshire, SO41 8PT, März–Okt. So 7–13 Uhr.
Fawcett's Field Car Boot Sale, Christchurch Road., New Milton, Hampshire, BH25 6QF, www.lymington.org/bootsales.html, März–Okt. So 7–13 Uhr.
Ashley Heath Car Boot Sale, Homeland Farm, Three Legged Cross, Wimbourne, Dorset, BH21 6QZ, www.carbootsale.uk.com, März–Okt. So 8.30–14 Uhr.

Essen und Trinken:
The Haven, Lymington Yacht Haven, King Saltern Road, Lymington Hants, Hampshire, SO41 3QD, www.havenrestaurant.co.uk, tgl. 9–23 Uhr. Frische Fischgerichte am Jachthafen (Hauptgericht ab £ 15).
The Drift Inn, Beaulieu Road, Beaulieu, Hampshire, SO42 7YQ, Tel. 023 80292342, www.driftinn.co.uk, Mo–Do 9–23, Fr/Sa 9–24, So 9–22.30 Uhr. Leberpastete oder Lachs in Kräuterkruste am offenen Kaminfeuer, auch Sunday Roast (Hauptgericht ab £ 10,95).
The Red Lion, Rope Hill, Boldre, Lymington, Hampshire, SO41 8NE, Tel. 01590 673177, www.theredlionboldre.co.uk. Sättigende Vorspeisen wie Wildpastete und Ziegenkäse (Sunday Lunch 3-Gänge-Menü £ 14,95).

87 Radfahren und Wandern auf dem Tarka Trail – von Braunton bis Meeth

Touren entlang von stillgelegten Bahngleisen und Flussläufen durch weitgehend unberührte Natur, das bietet der **Tarka Trail**, Teil des bundesweiten Netzwerks der Wander- und Radwege in England. Während der Fahrt oder der Wanderung sieht man viele seltene Vogelarten und erspäht vielleicht sogar den ein oder anderen Otter.

Der Name Tarka ist dem Roman von **Henry Williamson** „Tarka, the Otter“ (Tarka, der Otter, 1927) entlehnt. Darin beschreibt Williamson die Reise eines Otters entlang verschiedener Flüsse in Norddevon. Der Schriftsteller selbst lebte ab 1921 bis zu seinem Tod 1946 in Georgeham nördlich von Braunton. Williamson geriet in Verruf, da er 1935 mit Hitler sympathisierte und sich zwei Jahre später den englischen Faschisten unter Oswald Mosley anschloss. Aus diesem Grund blieben seine späteren Werke weitgehend unbekannt.

Der Tarka Trail ist insgesamt 290 km lang und unterteilt in zwei Abschnitte: Der **nördliche Rundweg** führt entlang des bergigen South West Coast Path von Braunton über Ilfracombe, Lynmouth (s. Kap. 28) und die Erhebungen des Exmoor

Am Strand von Saunton Sands

(s. Kap. 27) bis Barnstaple und ist nur für Wanderer zugänglich. Der rund 50 km lange **südliche Abschnitt** von Braunton über Barnstaple und Bideford bis Meeth verläuft ohne große Steigungen und kann auch von Radfahrern genutzt werden. Fahrräder kann man in allen größeren Orten entlang der Strecke ausleihen.

Auf dieser südlichen Route geht es von Braunton zuerst in die einstige Seefahrer- und Marktstadt **Barnstaple**, die größte Stadt in Norddevon. Im Pannier Market, der Markthalle aus viktorianischen Zeiten, findet jedes Jahr im Oktober das **North Devon Food Festival** statt. Weiter führt die Tour entlang des River Torridge nach **Bideford**. Die historische Brücke, die hier den Fluss überspannt, entstand bereits 1286. Über die Jahrhunderte wurde sie oft restauriert und folglich sehen die Brückenbögen daher alle unterschiedlich aus. Zu den einflussreichsten Bürgern in Bideford gehörte **Sir Richard Grenville** (s. Kap. 54). Er trug wesentlich zum Wachstum der Stadt bei, indem er 1575 den Hafen ausbauen ließ. Bideford entwickelte sich zu einem der wichtigsten Häfen für den Handel mit den amerikanischen Kolonien, z. B. für den Import von Tabak. Hinter Bideford taucht man in abgeschiedenere Natur ein. Beim **Aquädukt** in Great Torrington wird übrigens im Roman der Otter Tarka geboren. Die Strecke endet am ehemaligen Bahnhof in Meeth.

Die Braunton Burrows

Der Abschnitt von Braunton bis Barnstaple verläuft entlang stillgelegter Bahngleise ganz nah an den Ufern des River Taw. Westlich erstrecken sich bei Saunton Sands die Braunton Burrows, die **größte Dünenlandschaft** Großbritanniens, die aufgrund der seltenen Tiere und Pflanzen, die hier leben, zu den geschützten Biosphären der UNESCO zählt.

INFO

Information:
Tarka Trail, www.devon.gov.uk/tarkatrail. Karten zum Download und ein Audio File für PC oder MP3.
National Cycle Network, www.sustrans.org.uk, Nummer NCN 27.
Tourist information Centre Braunton Burrows, Caen Street Car Park, Barnstaple, Devon, EX31 1EA, Tel. 01271 816400, www.northdevonbiosphere.org.uk.
North Devon Food Festival, Barnstaple, Devon, Tel. 01237 426426, www.northdevonplus.com/what-we-do/food_fest.aspx, jeweils im Okt.

Fahrradvermietung: Otter Cycle Hire, The Old Pottery, Station Road, Braunton, Devon, EX33 2AQ, Tel. 01271 813339, März–Nov.
Tarka Trial Cycle Hire, Railway Station, Barnstaple, Devon, EX31 2 AU, Tel. 01271 324202, www.tarkabikes.co.uk, ab £ 6/halber Tag.

Übernachten:
Saunton Sands, Braunton, Devon, EX33 1LQ, Tel. 01271 890212, www.sauntonsands.co.uk. Das Vier-Sterne-Jugendstilhotel bietet einen Blick auf die Dünen von Braunton. DZ Hochsaison ab £ 220.

88 Golfen mit Aussicht

Bei einer Rundreise durch Südengland erspäht man immer wieder Golfplätze, die sich in den landschaftlich schönsten Gebieten befinden. Bei den renommierten **Links** verläuft das Spielgelände direkt an der Küste und bietet einen fantastischen Ausblick aufs Meer und die umliegende Landschaft. Das sogenannte **Linksland** in Küstennähe ist sandig und von Dünen geprägt. Es ist oft hügelig, da es dem natürlichen Verlauf der Dünen bzw. Küstenklippen folgt. Die Schotten kamen als erste auf die Idee, diese früher als unbrauchbar angesehene Landschaft als Freizeitgelände zu nutzen. Sie legten den ersten Golfplatz, **Musselburgh Links**, 1672 nahe Edinburgh an, der heute als ältester Link der Welt gilt. **The Open Championship**, das älteste Golfturnier, wird seit dem Jahr 1860 auf Linksland gespielt.

Wer auf einem Link spielt profitiert zwar von einer tollen Aussicht, muss aber mit Winden rechnen, die den Ball ablenken, der auf dem widerstandsfähigen Gras dann auch noch schneller rollt. Hinzu kommen Unebenheiten im Gelände, sodass man sich auf die Besonderheiten des Platzes einstellen muss. Die kuhlenartigen Sandbunker, die auf Golfplätzen im Inland oft als künstliches Hindernis eingefügt werden, kommen hier in ihrer natürlichen Form vor. Von Vorteil ist, dass Linksland aufgrund des sandigen Untergrunds selten matschig ist und auch nach regnerischen Tagen bespielt werden kann.

Schottland gilt als Heimat des Golfsports, obwohl König James II. das Spiel im Jahr 1457 zugungsten des Bogenschießens zunächst untersagte. Im 16. Jh. wurde das Verbot dann widerrufen, da die königlichen Majestäten, darunter **James IV.** und

Blick auf die Isle of Wight vom Golfclub in Barton on Sea

West Cornwall Golf Club

Mary Stuart höchstpersönlich, das Golfspiel betrieben. Obwohl es frühe Formen ähnlicher Spiele auch in anderen Ländern gab, wie z. B. das **Chuiwan** in China und das **Colf** in Holland, wurde Golf in seiner heutigen Form zuerst von Großbritannien aus auf dem Kontinent verbreitet. Die früheste Niederschrift der modernen Golfregeln erfolgte 1744 in Schottland. Noch heute bestimmt der Dachverband **R&A** (hervorgegangen aus dem **Royal and Ancient Golf Club of St. Andrews**), zusammen mit dem **USGA** in den USA weltweit die aktuellen Regeln für das Spiel.

In Großbritannien hat sich Golf längst zu einem Breitensport entwickelt. Allein in England gibt es 1900 Clubs. Bei den meisten kann man gegen Zahlung einer **Green Fee** (je nach Club ca. £ 35–80 pro Tag) tageweise spielen, ohne Mitglied zu sein. Viele Clubs haben 9-Loch-Routen für Anfänger. Die Nutzungsgebühr für die Übungseinrichtungen (**Range Fee**) ist oft in der Green Fee mit eingeschlossen. Für die Championship Ranges muss man jedoch ein bestimmtes Handicap vorweisen. Üblicherweise gibt es außerdem einen **Dresscode** für Gelände und Clubhaus.

INFO

Information: www.englandgolf.org.
Ausgewählte Golfclubs (Links):
Barton on Sea Golfclub, Milford Road, New Milton, Hants, Hampshire, BH25 5PP, Tel. 01425 615308, www.bosgc.co.uk. Bespielt seit 1887, mit Blick auf die Isle auf Wight.
Bude & North Cornwall Golf Club, Burn view, Bude, Cornwall, EX23 8DA, Tel. 01288 352006, www.budegolf.co.uk. Traditionsclub aus dem Jahr 1891.
Hunstanton Golf Club, Golf Course Road, Old Hunstanton, Norfolk, PE36 6JQ, Tel. 01485 532811, www.hunstantongolfclub.com. Mit Blick über die Küste Norfolks.
Isle of Purbeck Golf Club, 6 Studland, Dorset, BH19 3AB, Tel. 01929 450361, www.purbeckgolf.co.uk. Seit 1892 im heutigen Naturschutzgebiet der Purbecks (s. Kap. 37).
Royal North Devon Golf Club, Golf Links Road, Westward Ho, Bideford, Devon, EX39 1HD, Tel. 01237 473817, www.royalnorthdevongolfclub.co.uk. Gilt als Geburtsort des englischen Golf, das historische Clubhaus (1864) beherbergt ein Museum.
West Cornwall Golf Club, Church Lane, Lelant, St. Ives, Cornwall, TR26 3DZ, Tel. 01736 753 401, www.westcornwallgolfclub.co.uk. Toller Blick auf die Towans (s. Kap. 46).
Royal St. George's, Sandwich, Kent, CT13 9PB, Tel. 01304 613090, www.royalstgeorges.com. 1894 wurde hier das erste Open Championship in England ausgetragen.
St. Enodoc Golf Club, Rock, Wadebridge, Cornwall, PL27 6LD, Tel. 01208 863216, www.st-enodoc.co.uk. Der Church Course führt vorbei an der St.-Enodoc-Kirche (s. Kap. 48).

89 Landpartie mit Tontauben bei Tunbridge Wells

Die Kurstadt Tunbridge Wells liegt im Gebiet des **Weald**, einer geschützten Waldlandschaft, die sich über die North und South Downs erstreckt (s. Kap. 13). In der umliegenden Gegend geht die wohlhabende Bevölkerung Freizeitbeschäftigungen wie dem **Clay Pigeon Shooting**, d. h. dem Tontaubenschießen, nach.

Der Ort Tunbridge Wells wuchs rund um eine Quelle, die **Lord North** 1606 entdeckt hatte. Seitdem wird aus der **Chalybeate Spring** eisenhaltiges Wasser gewonnen, das Wehleiden wie Koliken und Melancholie heilen soll. 1630 überzeugte Lord North Queen Henrietta Maria, die Gattin von König Charles I., von der Wirksamkeit dieser Quelle. Ein Besuch in Tunbridge Wells wurde daraufhin – ähnlich wie in Bath (s. Kap. 6) – zu einem Muss im sozialen Kalender der Oberschicht, inbesondere nachdem der gefeierte Dandy **Beau Nash** sich 1735 auch hier zum Zeremonienmeister ernannte. Auch Queen Victoria und Prinz Albert kamen zu Besuch und 1909 machte König Edward VII. die Stadt zu **Royal Tunbridge Wells**.

In den **The Pantiles** genannten Kolonnaden aus dem 17. und 18. Jh., unter denen früher die Kurgäste flanierten, sind heute Geschäfte und Cafés untergebracht. Tunbridge gilt bis heute als Hochburg einer erzkonservativen Mittelschicht. Im Jahr 1950 fingierte ein Journalist in einem Artikel des „Tunbridge Wells Advertiser" einen Leserbrief, der sich über etwas Alltägliches empörte und der mit **„Disgusted of Tunbridge Wells"** (Entrüsteter aus Tunbridge Wells) unterzeichnet war. Im Laufe der Jahre wurde der Ausdruck zum Synonym für Personen, die sich künstlich aufregen und konservative Meinungen zum besten geben. Die Stadt will ihr Image nun aufpolieren, indem sie Souvenirs produziert hat, auf denen der Slogan „Delighted of Tunbridge Wells" steht.

Auf Sicherheit am Schießstand wird geachtet

Im Kernland der oberen Mittelschicht findet man neben Golfplätzen und Reitställen auch zahlreiche **Schießvereine**. Schießen war jahrhundertelang eine der angesehensten Freizeitaktivitäten des Landadels. Ab Mitte des 18. Jh. veranstaltete die gehobene Gesellschaft Jagdpartien auf ihren Landsitzen.

Munition und Gewehr für das Clay Pigeon Shooting

Anders als bei der heute verbotenen Fuchsjagd zu Pferde zog man beim **Shooting** zu Fuß los und schoss auf Wildgeflügel wie Fasan (*pheasant*) oder Raufußhuhn (*grouse*), die in freier Wildbahn lebten. Die Vögel wurden anschließend verzehrt oder zum Verzehr verkauft. Auf unschöne Weise wurden aber auch Tauben (*pigeons*) gezüchtet, die dann in speziell ausgerichteten Turnieren wahllos abgeschossen wurden. Dies wurde 1921 endgültig verboten. Bei der Oberschicht gehören **Shooting Parties** nach wie vor zum aristokratischen Lebensstil, Männer und Frauen nehmen daran teil. Einige Landgüter öffnen ihre Tore auch für zahlende Kunden, so z. B. auch **Ashcombe Manor** in Cranborne (s. Kap. 16).

Bereits gegen Ende des 19 Jh. praktizierte man das Schießen auf künstliche Ziele wie z. B. Glasbälle, die per Hand in die Luft geworfen wurden. Zwischen 1883 und 1887 wurden die **Tontauben** (*clay pigeons*) erfunden, d. h. frisbeeähnliche, flache Tonscheiben. Das Katapult zum Abwurf der Scheiben erfand der Franzose Emile Laporte 1927. Schnell wurde das Tontaubenschießen zu einem Sport, der vielen Gesellschaftsschichten zugänglich war. Heute kann jeder die Sportart ausprobieren. Wie andere Schießsportarten auch wird **Clay Pigeon Shooting** genauestens reguliert, damit kein Missbrauch mit den Waffen getrieben wird. Die heutigen Katapulte werfen unterschiedlich große Scheiben mit verschiedenen Bewegungsmustern in die Luft. Auf dem Boden werden auch Scheiben verschossen, die den Lauf von Hasen nachahmen.

INFO

Information: Clay Pigeon Shooting Association, CPSA, Edmonton House, National Shooting Centre, Brookwood, Woking, Surrey, GU24 0NP, Tel. 01483 485 400, www.cpsa.co.uk. Dachverband der Tontaubenschützen.
West Kent Shooting School, New Hay Farm, Old Hay, Paddock Wood, Kent, TN12 7DG, Tel. 01892 834306, www.westkentshooting.co.uk. Ein 30-minütiger Einführungskurs ins Tontaubenschießen kostet £ 35, inkl. 20 Scheiben und Munition.
Ashcombe Manor, www.gunsonpegs.com/shooting-uk/south-west/wiltshire/ashcombe-estate-game-flyer-days_1569.

90 Isle of Portland und Weymouth – Bildhauerkurse und olympischer Segelhafen

Die Halbinsel Isle of Portland gab dem **Portland Stone** seinen Namen, der hier in rauen Mengen abgebaut wurde. Im **Tout Quarry** in der Ortschaft Easton arbeiten Bildhauer im alten Steinbruch und haben auf diese Weise eine eigenartige Landschaft mit Skulpturen *in situ* geschaffen. Weymouth lockt nördlich der Halbinsel mit beschaulichem Hafenleben und einem **Seafood Festival**.

Skulpturen in der Landschaft

Von 1675 bis 1717 kontrollierte der Architekt Christopher Wren die Steinbrüche auf der **Isle of Portland**. Nach dem Brand in der City of London 1666 war er mit dem Wiederaufbau der Stadt beauftragt worden. Er nutzte den hellen Stein z. B. für sein Meisterwerk, die St. Paul's Cathedral. Der Naturstein wird immer noch abgebaut, nicht zuletzt für die Restaurierung historischer Gebäude. Zur damaligen Zeit ließ man Abbrüche, die man nicht länger nutzte, einfach liegen, so entstand ein Labyrinth aus Steinen. Die Blöcke überwucherten mit der Zeit und wurden schließlich zum Landschaftspark ernannt. Dies hat sich der **Portland Sculpture and Quarry Trust** zunutze gemacht. Auf einem Spaziergang durch den Skulpturenpark fühlt man sich an die griechischen Ruinen der klassischen Antike erinnert. Wer möchte, kann auch selbst Hand anlegen: Der Trust bietet jeweils im September und Oktober Bildhauerkurse an.

Vom Steinbruch gelangt man auf der auf der A354 nach **Wakeham** und zum winzigen **Portland Museum** mit einigen prähistorischen und fossilen Fundstücken. Es ist nicht weit zur Bucht **Church Ope Cove**, einst ein berüchtigter Schmugglerhafen. Der South West Coast Path führt von hier bis **Portland Bill**, wahlweise folgt man der Straße bis zum 41 m hoch aufragenden **Leuchtturm**. Seit 300 Jahren dient ein Leuchtfeuer an diesem Ort den Schiffen als Orientierung durch die gefährlichen Gewässer. Starke Stömungen und vorgelagerte Sand- und Felsenbänke wurden hier schon zahllosen Schiffen zum Verhängnis.

Der Weg zurück Richtung Festland führt vorbei am **Portland Harbour** mit dem **Portland Castle** aus Zeiten König Henrys VIII. (s. Kap. 52). Der Hafen war Austragungsort der Wassersportveranstaltungen während der Olympiade 2012. Westlich der Straße liegt die Salzlagune **Fleet Laggon**, ein geschütztes Biotop mit einzigartiger Flora und Fauna. Das Bollwerk, das Lagune und Hafen vor Wind und Wetter beschützt, ist **Chesil Beach**, eine 15 m hohe und 200 m breite Kieseldüne. Ganze 29 km lang ist das Naturwunder, über das man sich im Besucherzentrumen informieren kann.

Alter Hafen in Weymouth

Das Seebad **Weymouth** auf der anderen Seite der Landzunge entwickelte sich gegen Ende des 18. Jh., nachdem König George III. hier zum ersten Mal ein Bad im Meer nahm (s. Kap. 30). Zwischen 1790 und 1805 kam er regelmäßig zur Sommerfrische an den langen Sandstrand im Osten der Stadt. An der Mündung des River Wey liegt der Alte Hafen mit gut besuchten Cafés und Pubs. Auf der Westseite des Flusses befinden sich die kleinen Gässchen des ehemaligen Fischerdorfs **Melcombe Regis** aus dem 13. Jh., das später mit Weymouth zusammenwuchs. Von hier empfiehlt sich ein Spaziergang bis zur Hafenmole und dem **Nothe Fort** aus dem Jahr 1860, um die zahlreichen Segelboote zu verfolgen, die den Hafen bevölkern. Für den Rückweg besteht die Möglichkeit den Weg mittels einer kuriosen **Fähre** abzukürzen: für £ 0,50 kann man sich ans andere Ufer rudern lassen. Mitte Juli lockt das **Dorset Seafood Festival** (www.dorsetseafood.co.uk) Gastronomen in die Stadt. Dann lassen sich frischer Fisch und Krustentiere in allen Varianten probieren.

INFO

Information:
www.visitweymouth.co.uk, www.waterfrontweymouth.co.uk.
Portland Sculpture and Quarry Trust, The Drill Hall, Easton Lane, Portland, Dorset, DT5 1BW, Tel. 01305 826736, http://learningstone.org. Bildhauerkurs 1 Woche £ 250 (erm. £ 200), Wochenendkurs 3 Tage £ 150, 4 Tage £ 200.
Tout Quarry Nature Reserve and Sculpture Park, Eingang Wide Street, beim Tradecroft Industrial Estate, Portland, Dorset, DT5 2LN. Parkplatz hinter den Lagerhallen des Industrieparks; Karte für Rundgang s.: http://learningstone.org.
Portland Museum, 217 Wakeham, Portland, Dorset, DT5 1HS, Tel. 01305 821804, www.portlandmuseum.co.uk, Öffnungszeiten variieren, Winter geschl., £ 3, Kinder £ 1, erm. £ 2,50.

91 Ein Wochenende beim Festival

Das legendärste Musikfestival in Großbritannien ist neben dem **Isle of Wight Festival** (s. Kap. 3) das **Glastonbury Festival** (s. Kap. 74). Der heutige Riesenevent findet bereits seit den 1970er-Jahren statt und mittlerweile treten nur noch die ganz großen Bands hier als Headliner auf. Andere Großveranstaltungen sind z. B. das **Reading/Leeds Festival** und das **Latitude** in Suffolk. Das ganze Jahr über finden Festivals mit den unterschiedlichsten Themen statt. Aufgrund der großen Bandbreite der Veranstaltungen kann man sich sein Festivalwochenende maßschneidern – es gibt Angebote für alle Altersgruppen und Vorlieben. Längst hat sich die Demografie der Festivalgänger geändert: Neben jungen Leuten sieht man Familien mit Kindern ebenso wie Junggebliebene jeden Alters. Dies spiegelt letztlich die Realität auf der Bühne wieder, denn alteingesessene Bands wie die Stones, Blondie oder Blur, die als Hauptattraktion auftreten, bringen auch ihre gleichaltrigen Fans mit in die Arena.

Wer ein Campingticket bucht, hat gleich die Unterkunft für das ganze Wochenende miteingeschlossen. **Luxuscamping** (Glamping, s. Kap. 100) gehört inzwischen ebenso zu den Festivalangeboten wie **gastronomische Highlights**, selbst Luxustoiletten werden mittlerweile angeboten. Der Brite will's halt stilvoll. Selbst wenn man als Festivalgänger im strömenden englischen Regen durch den Matsch waten muss, hat man doch wenigstens farblich aufeinander abgestimmte Gummistiefel, Regenmäntel und Mützen dabei und wärmt sich dann beim Gourmetimbiss des neusten Starkochs auf. Abgesehen von Musik und Unterhaltung wie Comedy und Workshops, Kinderkrippe und Erlebniswelten, Unterkunft und Verpflegung, wird bei einigen Veranstaltungen das Festivalprogramm sogar durch Wellnessangebote, wie Massagen und Sauna ergänzt. Beim New-Age-Festival **Sunrise** gibt es daneben sogar einen magischen Wunderwald und Tempel, beim **Bestival** auf der Isle (s. Kap. 3) kann man den Bund fürs Leben schließen.

Festivals eignen sich für alle Altersgruppen

Die passende Kleidung gibt es gleich dazu

Auch bei den kleineren Festivals – wie **Larmer Tree**, **Blissfields**, **Oxfest**, **Leefest**, **Camp Bestival** etc. – treten bekannte Namen auf. Allerdings feiert man in intimerer Atmosphäre, d. h. man kann die Bands noch ohne Fernglas sehen, das Festivalgelände ist überschaubarer, sauberer usw. Daneben gibt es natürlich auch Veranstaltungen, die sich auf bestimmte Musikrichtungen spezialisieren, wie z. B. **Glyndebourne Opera** auf klassische Musik, **Cheltenham** auf klassische Musik und Jazz, **Creamfields** und **Brownstock** auf elektronische Musik, das **Download Festival** auf Hard Rock, **Cambridge Folk** und **Bath Folk** auf Folkmusik, **T4 on the Beach** auf Popmusik, das **Maverick Festival** auf Americana und das **Sea Shanty Festival** auf Seemannslieder. Paradebeispiele für die neue Kombination von Musik und Lifestyle sind z. B. das Big Feastival oder das Wilderness Festival. **Big Feastival**, organisiert von Starkoch Jamie Oliver sowie dem Blur-Bandmitglied Alex James, findet auf dessen Cotswolds-Farm statt. Alex James hat sich neben seiner Tätigkeit als Musiker nämlich der Produktion von Gourmetkäse verschrieben. **Wilderness** weist gleich mehrere Starköche auf und hier kann man sogar ein Bankett buchen.

Wer das Kulinarische lieber gleich in den Vordergrund stellen möchte, findet auf lokaler Ebene inzwischen fast überall **Food Festivals**, d. h. kulinarische Festivals, die Produkte aus der Region zum Thema machen. Da gibt es z .B. das **Exeter Festival of South West Food and Drink** oder das **Isle of Wight Garlic Festival**. Daneben gibt es die **Country Fairs**, die das Landleben und altenglische Zeitvertreibe zelebrieren, wie z. B. die **Weald Game Park Fair**, wo man sogar Bogenschießen lernen kann, oder die **Great Dorset Steam Fair** mit ihren alten Dampflokomotiven.

Auch sportlich orientierte Festivals sind vorhanden, wie z. B. **Wakestock**, ein Festival für Wakeboarder, sowie **Rip Curl Boardmasters**, **Beachbreak** und **Eastbourne Extreme** für Surfer, Skater, BMX-Fans und Extremsportler.

INFO

Information:
www.visitbritain.com, www.thefestivalcalendar.co.uk, www.foodlovermagazine.com.
Glastonbury Festival, Worthy Farm, Pilton, Somerset, BA4 4BY, www.glastonburyfestivals.co.uk. Rockfestival Ende Juni.
Regionale Food Festivals, Infos erhält man auf den Websites der jeweiligen Touristenbehörde.

92 Zurück ins 20. Jahrhundert – Nostalgiefestivals

Die Briten lieben es, sich zu verkleiden und in vergangene Dekaden ihrer Historie einzutauchen. Viele Events bieten hierfür das richtige Ambiente. Mutig wirft man sich in Schale, manche verkleiden die ganze Familie von den Kindern bis zum Hund bis aufs i-Tüpfelchen mit originalgetreuen Details. Passende Kleidung und entsprechendes Zubehör findet man z. B. auf **Vintagemärkten**. Nostalgiefriseure verhelfen dem Dutt zur richtigen Form.

Das Goodwood Revival Festival

In die 1930er- bis 1940er-Jahre fühlt man sich beim Goodwood Revival Festival versetzt. Das Ereignis ist der Geschichte des Motorsports gewidmet und auf der Rennstrecke werden jedes Jahr an drei Tagen im Juli zahlreiche **Rennen** mit **historischen Wagen** ausgetragen, die von international bekannten Namen aus der Welt der Formel I gefahren werden (2013 war z. B. der Deutsche Jochen Mass vertreten). Neben den Rennen gibt es viele Sonderveranstaltungen, u. a. eine **Flugschau** und das **Vintage at Goodwood Festival**. Auf einem abgetrennten Gelände befinden sich Vintageboutiquen, man sieht Oldtimer und Bands spielen Swing und Rock 'n' Roll. Beeindruckend ist die perfekte Kostümierung der Besucher aller Altersklassen. Wer dem Trubel enfliehen will, kann auf demselben Gelände das **Goodwood House** aus dem 18. Jh. besichtigen, hier gibt es auch ein Hotel. Es gehört zum Besitz des Duke of Richmond, dessen Sohn, der Earl of March, den Motorsportevent **Festival of Speed** ins Leben rief, der ebenfalls jedes Jahr stattfindet. Auf dem Programm steht außerdem im Juli/August das Pferderennen **Glorious Goodwood**. Das ganze Jahr über werden **Erlebnisflüge** mit historischen Maschinen oder einem Stuntflugzeug angeboten (ca. £ 325).
Goodwood Festival, Goodwood Estate, Chichester, West Sussex, PO18 0PX, Tel. 01243 755000, www.goodwood.co.uk, jeweils im Juli..

VW-Campervans sind Kult

Zweimal im Jahr findet in Norfolk der **Hembsy Rock 'N' Roll Weekender** statt. Dort kann man sich in einem authentischen Campingdorf der 1950er-Jahre einmieten, mehrere Tage Bands und Veranstaltungen beiwohnen und seine Petticoats zur Schau stellen. Beim **Dubs at the Hall Festival** in Norfolk dreht sich alles um den alten VW-Campingbus, der in Großbritannien eine riesige Fangemeinde hat. Neben dem Rock-und-Ska-Musikfestival gibt es einen Show and Shine Event, wo jeder seinen Wagen präsentiert. Wer noch keinen VW-Bus besitzt – oder keinen mehr, kann sich einen für das Festival ausleihen (s. Kap. 100).

In die nähere Vergangenheit begibt sich das **Rewind Festival**, bei dem an zwei Tagen Stars aus der New-Wave-Szene der 1980er-Jahre auftreten. Neben den passenden Bars und verschiedenen Tanzveranstaltungen wird Karaoke angeboten.

Vintage Car Ralleys mit historischen Autos aller Dekaden finden z. B. beim Schloss Beaulieu im New Forest (s. Kap. 15) statt. Ebenso gibt es **Scooter Ralleys**, bei denen Vespas und Motorräder mit Mods und Rockern in englische Seebäder wie Margate (s. Kap. 32) und Brighton einfallen. Die Tradition wird seit den 1960er-Jahren von junggebliebenen Vertretern der Stilrichtungen hochgehalten.

INFO

Information:
Hemsby Rock 'N' Roll Weekenders, Seacroft Holiday Site, Beach Road, Hemsby, Great Yarmouth, Norfolk, NR29 4HT, Tel. 01772 761522, www.hemsbyrocknroll.co.uk, jeweils Mai und Okt.
Dubs at the Hall Festival, Holt Hall, Kelling Road, Lower Bodham, Norfolk, NR25 6QH, www.facebook.com/dathpage, www.dubsatthehall.co.uk, jeweils Anfang Juli.
Rewind Festival, Temple Island Meadows, Remenham Farm, Remenham, Henley-on-Thames, Oxfordshire, RG9 3DB, Tel. 0844 888 9991, www.rewindfestival.com, jeweils im Aug.
Scooter und Motorcycle Ralleys:
Ace Café London, Ace Corner North Circular Road, Stonebridge, London, NW10 7UD, Tel. 020 8961 1000, www.ace-cafe-london.com. Incarnation Brighton (April), Margate Meltdown (Mai), Incarnation Southend (Okt.).
Quadrophenia UK, www.quadrophenia-uk.com.
Vintage Car Ralleys:
http://classicshowsuk.co.uk.
Flohmärkte:
www.ukvintagefairs.com.

93 Kajaksafari und Coasteering in den Purbecks

Wer die Südküste Englands aus einer anderen Perspektive kennenlernen möchte und es abenteuerlich mag, kann sich den Klippen vom Wasser aus nähern. Vielerorts in Dorset, Devon und Cornwall werden Ausflüge mit dem **Kajak** angeboten. Nach einer kurzen Unterweisung zieht man die Neoprenanzüge (*wetsuits*) und Schwimmwesten (*lifejackets*) an und los geht's. Anfänger paddeln im Zweier (*double*), da diese stabiler im Wasser liegen. Wasserscheu darf man nicht sein, denn trocken bleibt man in den Booten ohne großen Tiefgang nicht. Bei stärkerem Wellengang und auf dem offenen Meer kann es auch anstrengend werden. Das Naturerlebnis entschädigt jedoch dafür. Man gelangt an Ufer und in Buchten, die nur vom Wasser aus zugänglich sind, und hat eine atemberaubende Aussicht. Der Führer (*guide*) passt auf, dass genug Atempausen eingelegt werden.

Viel zu sehen gibt es bei einer Kajaksafari entlang der Juraküste von **Lulworth Cove** bis **Durdle Door**. Auf der Fahrt durch die natürlich geformten Buchten in Lulworth sieht man, wie das Meer die Küste bearbeitet hat. Dort wo die Gischt Höhlen und Einbuchtungen in die Kalksteinfelsen gebrochen hat, rudert man durch die Gewölbe hindurch. Beim Lulworth Crumple sieht man interessante Gesteinsschichten und kann dann durch die Stair Hole Caves paddeln. Weiter geht es vorbei an hoch aufragenden Felswänden, bis man in der nächsten Bucht das **Durdle Door** erreicht, eine durch das Meer geschaffene Felsbrücke. Bei Schwimmern, Tauchern und Kanufahrern ist der hiesige Kieselstrand gleichermaßen beliebt und es wird eine Pause zum Schwimmen und Ausruhen eingelegt, bevor es wieder

Die Felsbrücke Durdle Door

Anfänger paddeln im Zweier

zurückgeht. Auf der anderen Seite der Felsbrücke, erstreckt sich ein weiterer Badestrand, der Man 'O' War in der **St. Oswald's Bay**. Beide Strände sind völlig naturbelassen, lediglich auf der Klippe gibt es einen Imbisswagen, der Erfrischungen verkauft. Von hier aus verkehrt im Sommer ein Jeep zum **Durdle Door Holiday Park**. Zu empfehlen ist auch eine **Wanderung** über die steilen Klippen von Lulworth bis zum Durdle Door.

Coasteering, d. h. Küstenklettern, ist ein anspruchsvoller Extremsport. Hier kombiniert man **Klettern** und **Abseiling** mit **Wildwasserschwimmen**. Ausgerüstet mit Schwimmwesten, Neoprenanzug und Helm (*safety helmet*) hangelt man sich an der Außenseite der Felsen entlang und wo das Klettern zu kompliziert wird, springt man ins Wasser und schwimmt zum nächsten Felsvorsprung. Dies ist nicht immer einfach, denn teils sind Sprünge von 5 bis 10 m notwendig. Rund um die Klippen herrscht eine schäumende Brandung, die es erschwert, auf die rutschigen Felsen zurückzuklettern. Da ist es gut zu wissen, dass die Führer gleichzeitig ausgebildete Rettungsschwimmer und Sanitäter sind. Zum Coasteering ist das zerklüftete Terrain der **Jurassic Coast** mit seinen Höhlen ideal, da es viele Möglichkeiten zum Klettern und für Absprünge bietet. Kajaking und Coasteering kann bei einigen Veranstaltern in Kombination als Ganztagsausflug gebucht werden. Von einem Marinebiologen begleitete Kajaksafaris werden im Sommer auch rund um die Bucht von **Kimmeridge** angeboten.

INFO

Information:
Jurassic Coast Activities, Unit 1, Main Road, West Lulworth, Wareham, Dorset, BH20 5RH, Tel. 01305 835301, www.jurassiccoastactivities.co.uk. Kajakausflug in der Gruppe ab £ 45 pro Person, Kajak und Coasteering ab £ 90 pro Person.
Kajak Safari Kimmeridge, Dorset Wildlife Trust Fine Foundation Marine Centre, Purbeck Marine Wildlife Reserve, Kimmeridge, Wareham, Dorset, BH20 5PF, Tel. 01929 481044, www.dorsetwildlifetrust.org.uk, Mai–Aug. Di/Do, £ 25 pro Person. Telefonische Voranmeldung notwendig.

Übernachten:
Lulworth Cove Inn, Main Road, Lulworth Cove, Wareham, Dorset, BH20 5RQ, Tel. 01929 400333, www.lulworth-coveinn.co.uk, DZ £ ab 90.

94 Cage Diving – mit dem Stahlkäfig zum Blauhai

Wer an sein Schwimmerlebnis mit den Riesenhaien (s. Kap. 24) anknüpfen möchte und erfahrener Taucher ist, kann sich vor der Küste Nordcornwalls im **Käfigtauchen** üben. Wie aus Hollywoodfilmen bekannt wird der Taucher hier in einem Stahlkäfig ins Wasser hinuntergelassen und kann auf diese Weise dem Marineleben vor der cornischen Atlantikküste auf den Pelz rücken. Zunächst muss

Käfigtauchen im Sealife Aquarium in London

man lernen, unter Wasser in dem schaukelnden Käfig die Balance zu halten, um Verletzungen zu vermeiden. Dafür wird man dann mit einem einzigartigen Erlebnis belohnt, wenn ein Blauhai vorbeischwimmt.

Der Tauchexperte **Richard Peirce** startete das Unternehmen vor der Nordküste Cornwalls nach amerikanischem Vorbild. Er ist der Gründer der Organisation **Shark Cornwall**, die zum Ziel hat die Tiere zu schützen und zu erhalten und den Ökotourismus zu fördern. Peirce bietet im Sommer Ausflüge von Padstow und Bude für Mitglieder von Shark Cornwall an sowie für Tauchvereine. Auch als Gruppe von vier oder acht Personen lässt sich das Boot chartern. Die aufwendigen Ausflüge finden nur nach Voranmeldung statt.

Haitauchen im Aquarium

Neben dem **Sealife London Aquarium** bietet auch das **Blue Planet Aquarium** in Chester (Nordengland) Tauchkurse mit Haien an. Hier schwimmt man mit 1500 Fischen und sieben exotischen Haiarten, u. a. Sandtigerhai, Zebrahai und braungebändetem Bambushai. Für Tauchanfänger wird ein Komplettkurs angeboten. Im London Aquarium kann man am Wochenende nach Voranmeldung im Haifischbecken schnorcheln.

Sealife London Aquarium, County Hall, Westminster Bridge Road, London SE1 7PB, Tel. 0871 663 1678, www.visitsealife.com/london, Schnorcheln für Erw. 1,5 Std. £ 125.

Blue Planet Aquarium, Chester, Cheshire Oaks, Cheshire, CH65 9LF, Tel. 0151 357 8804, www.blueplanetaquarium.com. Jeweils Fr–So 14.15 und 16.15 Uhr, Shark Encounter (Scubatauchen mit dem Tigerhai für Anfänger) £ 210 pro Pers., Junior Experience £ 150 pro Kind (8–15 Jahre).

Bei **Atlantic Divers** in Newquay organisiert der Skipper **Chris Lowe** von Juni bis September zwei Tauchausflüge pro Monat. Die Ausrüstung kann man mieten und an Bord werden heiße Getränke angeboten, den Lunch muss man allerdings selbst mitbringen. Im Preis eingeschlossen ist eine kurze Schulung über die Haiarten vor der britischen Küste. Auf der Anfahrt zu den Gebieten, wo Haie unterwegs sind, wird hier erstmal nach Makrelen gefischt. Diese dienen dann später als Köder. Beim Haitauchen steht Sicherheit an erster Stelle: Der Käfig wird nur dann ins Wasser gelassen, wenn die Wetterbedingungen es zulassen.

Atlantic Divers bietet außerdem **Wracktauchen** an. Bereits wenige Meilen vor der Küste gibt es zahlreiche Wracks, viele davon aus dem Ersten und Zweiten Weltkrieg, die nach Beschuss durch deutsche U-Boote hier sanken, z. B. die SS Obdam (1918, 48 m tief), die Syracusa (1898, 33 m tief) und die HMS Warwick (1944, 58 m tief). Insgesamt wird bis zu 70 m Tiefe getaucht. Für Nichttaucher sind die **Seesafaris** von Atlantic Divers das richtige. Hier beobachtet man vom Boot aus Delfine und Seehunde.

INFO

Information: Shark Cornwall, Dulverton House, Crooklets, Bude, Cornwall, EX23 8NE, Tel. 01288 352608, Buchungsanfragen: Tel. 07799 490552, www.peirceshark.com/shark.cornwall, www.sharkconservationsociety.com, www.sharktrust.org.

Atlantic Divers, Chris Lowe, Atlantic Diver, 53 Ulalia Road, Newquay, Cornwall, TR7 2PZ, Tel. 01637 850 930, Mobil 07860 927 833, www.atlanticdiver.co.uk. Dauer des Tauchausflugs ca. 8 Std.

95 Von Wakeboarding bis Kitesurfing – Wassersport rund um Poole und Bournemouth

Poole besitzt einen der größten natürlichen Häfen der Welt, geformt durch das Flussdelta des River Frome. Auf dem weitläufigen Binnenhafen tummeln sich Hunderte von Booten, Surfern und Jetskis und es gibt zahlreiche **Surfschulen**. Der Großteil des Gewässers ist sehr seicht und ideal für Surfanfänger und Kinder. Poole gilt als das britische Monaco mit den teuersten Immobilienpreisen pro Quadratmeter in ganz England. Bei **Sandbanks** reihen sich noble Villen mit privaten Bootsanlegern aneinander. 1965 kaufte John Lennon seiner Tante Mimi dort ein Haus (126 Panorama Road), in dem sie bis zu ihrem Tod im Jahr 1991 lebte.

Wer auf dem Wasser nicht selbst aktiv werden will, kann vom Poole Quay zu einer **Ausflugsfahrt** nach Bournemouth aufbrechen. Dabei passiert man verschiedene Inseln im Binnenhafen, darunter auch **Brownsea Island**, eine Vogelschutzinsel im Besitz des National Trust. Vorbei an Sandbanks gelangt man in die Bucht von **Bournemouth** mit ihrem langen Sandstrand. Auch hier gibt es unzählige Möglichkeiten für Wassersport, besonders rund um den Pier des Stadtteils **Boscombe**.

Wasserski und Wakeboarding im New Forest

Wer noch ruhigere Gewässer sucht, findet rund 25 km außerhalb von Bournemouth bei Ringwood an der A338 zwei große Seen, auf denen Wasserski und Wakeboardingkurse angeboten werden. Man wird vom Fachmann eingewiesen. Im New Forest Water Park wird Camping gleich mit angeboten.

New Forest Water Park, Hucklesbrook Lakes, Ringwood Road, Fordingbridge, Hampshire, SP6 2EY, Tel. 01425 656 868, www.newforestwaterpark.co.uk. £ 35 für 15 Min., £ 130 für 1 Std.

Ellingham Water Ski & Wakeboard Club und **Ski Fun Jamie Water Ski & Wakeboard School**, Ellingham Drove, Blashford, Ringwood, Hants, Hampshire, BH24 3PJ, Tel. 01425 471470 oder 07894 153395, www.ellinghamwaterski.co.uk, www.skifunjamie.co.uk. Besucher £ 17,50. für 15 Min. Kurse mit Jamie Bloemsma £ 23 für 15 Min., £ 65 für 45 Min.

Surfer und Boote im Poole Harbour

Hier investierte man Millionen in ein künstliches Surfriff, um mehr Surfer anzulocken. Bereits kurz nach Inbetriebnahme traten allerdings Probleme auf und das Riff ist nun gesperrt. Der normale Wellengang ist jedoch meist ausreichend für **Bodyboarding** oder **Windsurfing**. Bei ruhiger See erfreut sich heutzutage vor allem auch **SUP** (Stand Up Paddleboarding) großer Beliebtheit, wobei man auf dem Surfbrett steht und sich mithilfe eines Paddels vorwärtsbewegt. Für Kitesurfer gibt es ausgewiesene Strandabschnitte.

Bournemouth war ursprünglich wenig mehr als ein Landeplatz für Schmuggler und wuchs erst um 1870, nach der Ankunft der Eisenbahn, zu einem **Badeort** heran. Als Gründer gilt **Captain Tregonwell** (1758–1832), der hier bereits 1810 das erste Sommerhaus baute. Hinter dem Pier von Bournemouth (s. Kap. 36) erstrecken sich die **Bournemouth Gardens**, die entlang des Flüsschens Bourne bis in die Innenstadt rund um den Bournemouth Square führen

INFO

Information: www.pooletourism.com, www.bournemouth.co.uk.
Brownsea Island Ferries, gelber Kiosk am Poole Quay (BH15 1HJ) und bei Sandbanks (BH13 7QN), Tel. 01929 462383, www.brownseaislandferries.com. Hafenrundfahrt mit Inselbesuch Erw. £ 9,50, Kinder (6–16 Jahre) £ 6.
The Watersports Academy, Banks Road, Sandbanks, Poole, Dorset, BH13 7PS, Tel. 01202 08 283, www.thewatersportsacademy.com.
Bournemouth Surf School, Undercliff Drive, Boscombe, Bournemouth, Dorset, BH5 1BN, Tel. 0800 043 7873, www.bournemouthsurfschool.co.uk.
Sorted Surf School, Undercliff Drive, Boscombe, Bournemouth, Dorset, BH5 1BQ, Tel. 01202 300668, www.sortedsurfschool.co.uk.
Übernachten: Round Island, Harry J Palmer, 28 Old Road, Wimborne Minster, Dorset, BH21 1EJ, Tel. 01202 882885, www.roundisland.co.uk. Auf einer Privatinsel im Hafen von Poole steht dieses Cottage für 6–8 Pers., ab £ 130 pro Nacht.

Best of British – Kulinarisches & Übernachten

Nostalgische Wohnwagen von Vintage Vacations

96 Plymouth Gin – Black Friars Distillery und Alstadtviertel Barbican

Den Kern der noch erhaltenen Altstadt Plymouths bildet das Viertel **Barbican**, dessen Gässchen sich rund um den **Sutton Harbour** gruppieren. Mitte des 16. Jh. begann das Fischerdorf durch Handel und Seefahrt zu wachsen und ab 1584 entstand Barbican. Heute legen im Sutton Harbour Jachten und Fischerboote an und rundherum haben sich Café-Bars und Bistros angesiedelt.

Unweit des Hafens, in der St. Andrews Street, steht das **Merchant's House**. Von 1617 bis 1689 lebten hier die Bürgermeister der Stadt, die zugleich auch Handelsleute waren. Auch das **Elizabethan House** aus dem Jahr 1631 in der New Street vermittelt einen Eindruck davon, wie Händler und Seekapitäne einst lebten.

Vom Sutton Harbour starteten die Pilgrim Fathers 1620 ihre Reise auf der Mayflower in die Neue Welt, wo sie New Plymouth gründeten. Man war zunächst von Southampton (s. Kap. 2) losgesegelt, musste jedoch in Plymouth anlanden, da das Schiff nicht seetüchtig war. Ein Granitblock, flankiert von der britischen und amerikanischen Flagge, markiert die einstigen Mayflower Steps, wo das Schiff anlag. In der Touristeninformation am Hafen findet man zur Mayflower eine informative Ausstellung. Weitere Plaketten erinnern an andere denkwürdige Schiffsreisen von und nach Plymouth.

In der Southside Street befindet sich die alteingesessene Schnapsbrennerei **Black Friars Distillery**, die den bekannten **Plymouth Gin** produziert. Das Gebäude aus dem 13. Jh. war bis 1536 ein Dominikanerkloster (*Black Friars*). Ab 1697 wurde

Fischerboote im Sutton Harbour

hier **Branntwein** destilliert, der allgemein als „Gin“ bekannt war. Das spezielle Rezept des Gins, wie man ihn heute kennt, wurde jedoch erst 1793 entwickelt. Ende des 17. Jh. führte die Förderung der Branntweinbrennerei durch die englische Regierung zu einer Ginschwemme. Da es kein Gesetz über Qualität und Herstellung gab, wurde massenweise verunreinigter Fusel produziert, der vielen zum Verhängnis wurde. 1736 kam es zum sogenannten *Gin Craze* (Ginwahn), der in den Slums des Londoner East Ends zu Massenalkoholismus, Mord und Totschlag führte. Der *Gin Act* von 1751 sowie der Preisanstieg für Lebensmittel dämmten den Missstand schließlich ein und sorgten dafür, dass ein Reinheitsgebot eingehalten wurde. Ende des 19. Jh. machte die britische Marine das bis dahin verfeinerte Getränk in den Kolonien populär. Hier wurde der Gin zum ersten Mal mit chininhaltigem Tonic Water (**Gin Tonic**) gemixt, um Malariaerkrankungen abzuwenden. James Bond schließlich machte den trockenen Martini berühmt („geschüttelt, nicht gerührt“), den er entweder mit Gin oder Wodka mixte. Bei einer geführten Tour erfährt man alles über das Getränk und darf auch probieren.

Seit 1793 nach Rezept gebraut: Plymouth Gin

INFO

Information: Touristeninformation, 3–5 The Barbican, Plymouth, PL1 2LR, Tel. 01752 306330, www.plymouth.gov.uk, April–Okt. Mo–Sa 9–17, So 10–16, Nov.–März Mo–Fr 9–17, Sa 10–16 Uhr.

Elizabethan House, 32 New Street, Plymouth, PL1 2NA, Tel. 01752 304774, www.visitplymouth.co.uk, April–Sept. Di–Sa 10–17 Uhr, Erw. £ 2,60, Kinder £ 1,30, erm. £ 1,60.

Merchant's House, St. Andrew's Street, Plymouth, PL1 2AX, Tel. 01752 304774 www.plymouth.gov.uk, April–Sept. Di–So 10–12, 13–17 Uhr, Erw. £ 2,60, Kinder £ 1,30, erm. £ 1,60.

Plymouth Gin, Black Friars Distillery, 60 Southside Street, Plymouth, PL1 2LQ, Tel. 01752 665 292, www.plymouthgin.com, Mo–Fr 9–17, Sa 11–17, So 12–17 Uhr. Alle Touren sollte man vorher buchen, da man sonst u. U. warten muss. Master Distiller's Private Tour, 2,5 Std. £ 40 Hier darf man nach eigenem Rezept Gebrautes mit nach Hause nehmen.

Essen und Trinken:

The Boathouse Café, 2–5 Commercial Wharf, Plymouth, PL1 2NX, Tel. 01752 600560, www.theboathousecafe.co.uk, tgl. 8–23 Uhr. Fangfrischer Fisch in vielen Variationen. Hauptgerichte ab £ 9,50.

97 Bioprodukte und Retroarchitektur – Visionen des Duke of Cornwall

Der Titel des Duke of Cornwall, also Herzog von Cornwall, fällt automatisch an den ältesten Sohn des Monarchen. **Prinz Charles**, der Sohn der amtierenden Æund momentaner Titelinhaber, hat viele Neuerungen im Herzogtum eingeführt, die seine persönlichen Interessen – Schutz alter Gebäude, Architektur und Stadtplanung, Naturschutz und ökologische Landwirtschaft – wiederspiegeln.

Im Jahr 1337 etablierte Edward III. das Herzogtum **Duchy of Cornwall** und garantierte so seinem Thronerben, dem Black Prince, ein eigenes Einkommen. Die Vorgaben des Titels legen fest, dass Immobilien oder Teile der Besitztümer nicht ohne vorherige Prüfung und Zustimmung des britischen Schatzamts verkauft werden können. So bleibt das Erbteil auch für Nachfolger des Titels immer erhalten.

Heute umfasst das Herzogtum 53.408 ha Ländereien und Immobilien in 23 Counties, u. a. Cornwall und den Isles of Scilly, Devon, Herefordshire, Somerset, Dorset und London. Prinz Charles erhält sein Einkommen aus der Bewirtschaftung der Ländereien. Er legt Wert auf das nachhaltige Management von Land und Eigentum des Duchy of Cornwall. Seit 1993 zahlt er freiwillig Einkommenssteuer auf die Einkünfte, die im Jahr 2010 immerhin über £ 17 Mio. betrugen! Die Hälfte fließt in karitative Organisationen, außerdem amtiert der Herzog von Cornwall als Vorsitzender und Schirmherr für 360 Organisationen, darunter z. B. die Duchy Health Charity, die Cornwall Garden Society und der Royal Cornwall Yacht Club.

Das beste Souvenir: Kulinarisches vom Herzog

Zahlreiche Bioprodukte werden seit dem Jahr 1992 unter der Marke **Duchy Originals** in den Edelsupermarktketten Waitrose und Booths vertrieben. Hierzu gehören z. B. Haferflockenkekse und ausgefallene Marmeladen – ein schönes Mitbringsel für Zuhause.

Heftig umstritten sind seine Aktivitäten auf dem Gebiet von Architektur und Design. Unter seiner Leitung entstand und entsteht nach den Plänen des Luxemburger Architekten Leon Krier die Musterstadt **Poundbury** bei Dorchester (s. Kap. 76). Dem Konzept liegt Prinz Charles' Ideologie zugrunde, die sich an den Vorstellungen des New Urbanism orientiert und die er in seinem Buch „Vision of Britain" darlegt. Das Ziel ist, den einzigartigen Charakter gewachsener Kleinstädte mit betont nachbarschaftlicher Atmosphäre nachzuempfinden. Unklar ist, warum diese Lebensweise nur in Bauten möglich sein soll, die das 18. Jh. kopieren. Bei einem Besuch weiß man teilweise nicht mehr, ob man sich in einer steril restaurierten klassizistischen Anlage oder einer Rekonstruktion befindet. Zu den positiven Aspekten gehört, dass die

Geschickt kaschierte Moderne – Supermarkt in Poundbury

Stadtplanung sich am Fußgänger orientiert. Den Kritikern zum Trotz sind Wohnungen und Cottages in der Anlage überaus begehrt.

Abgesehen von den Bautätigkeiten setzt der Prinz sich auch für die **Erhaltung historischer Gebäude** ein, so auch für die Rettung der guten alten britischen Pub-Kneipe (http://www.pubisthehub.org.uk/), die in vielen kleineren Gemeinden eine wichtige soziale Funktion erfüllt.

Die **Duchy Home Farm**, Teil seiner Ländereien in Tetbury, Gloucestershire, wo der Prinz mit seiner Ehefrau Camilla, der Duchess of Cornwall, lebt (s. Kap. 59), verwandelte er innerhalb von zehn Jahren (1986–1996) in einen Biobetrieb (*Organic Farm*). Als einer der ersten agrarwirtschaftlichen Betriebe im Land führte er den Anbau von Biogemüse und -getreiden ein. Außerdem werden hier seltene Nutztierarten (*Rare Breeds*) gezüchtet wie z. B. Shetlandkühe, Schafe von den Hebriden und aus den Cotswolds sowie schwarze Hausschweine. Auf den Ländereien des Prinzen ist der Anbau von genetisch manipulierten Pflanzen verboten, dies gilt auch für Pächter.

INFO

Information:
www.duchyofcornwall.org, www.duchyoriginals.com.
Übernachten:
Restormel Manor, Restormel Road, Lostwithiel (s. Kap. 44), Cornwall, PL220HN, www.duchyofcornwallholidaycottages.co.uk. Das Manor House bietet Platz für 8 Pers. (5 Tage, ca. £ 2500), die Cottages für 4 Pers. (außerhalb der Saison ab £ 600/Woche). Alle Gäste profitieren z. B. von einem Swimmingpool und können sich eine Angelerlaubnis für den River Fowey ausstellen lassen.

98 Von Äpfeln und Reben – Cider und englischer Wein

Mit Hunderten von Winzereien bildet Somerset, traditionell ein Obstanbaugebiet, die Hochburg der Apfelweinproduktion. Beim Besuch der **Torre Cider Farm** nahe der Cleve Abbey aus dem 12. Jh. landet man mitten in einer der ländlichsten Gegenden dieser Grafschaft. Hier zirpen die Grillen und verschlafene Katzen räkeln sich unter den Bäumen. Kinder können mit dem Hausschwein Cynthia und zwei Zwergziegen spielen. Im Farmshop erhält man verschiedene Sorten von Cider, Scrumpy Cider und sogar Cider Jam, ebenso wie andere Produkte aus der Region, z. B. Fruchtweine, Käse, Gebäck etc.

Cider-Farm-Produkte

Bis in die Frühzeit läst sich die Herstellung von Cider in Britannien zurückverfolgen. Die Römer setzten ebenso wie die Normannen diese Tradition fort. Viele Abteien brauten neben Bier auch Apfel- und Birnenwein (**Perry**). Heute verzeichnet Großbritannien weltweit den größten Verbrauch an Apfelwein, der inzwischen von großen Unternehmen wie Bulmer's oder Strongbow als Massenware mit Zusatzprodukten hergestellt wird. Die Organisation CAMRA (s. Kap. 99) setzt sich ähnlich wie beim Bier auch beim Cider dafür ein, dass kleine Unternehmen erhalten bleiben. Der „echte" Cider, der noch auf natürliche Art und Weise gebraut wird, ist als **Farmhouse Cider** oder **Real Cider** bekannt. Produkte, die aus dem West Country stammen, nennen sich **Scrumpy Cider**.

Obwohl auch aus Trauben bereits von Römern und Normannen in England Wein gekeltert wurde, begann die kommerzielle Produktion von englischem Wein erst vor rund 60 Jahren. Aufgrund der globalen Klimaveränderungen, die besonders im Südosten Englands lange Trockenperioden begünstigen, boomt der englische **Weinanbau** seit Beginn des neuen Millenniums. Heute produzieren über 434 Winzereien in England – vornehmlich in Kent, Surrey, Sussex, Hampshire und Cornwall – sowie 22 in Wales ca. 3 Mio. Flaschen pro Jahr. Auch auf internationaler Ebene erhalten englische Weine inzwischen Anerkennung, darunter insbesondere die **Schaumweine**. Angebaut werden Rebsorten wie Müller-Thurgau, Huxelrebe und Seyval Blanc, aber auch Pinot Noir, Pinot Meunier und Chardonnay. Die kreidehaltigen Böden der südenglischen Hügelketten ähneln denen in der Champagne in Frankreich und die Weißweine, die hier produziert werden, haben eine kräftige Säure und ein rotbeeriges, blumiges Bouquet. Aufgrund des Klimas werden die Trauben länger am Rebstock gelassen, wodurch der Wein ein feineres und komplexeres Aroma erhält. Weinkenner sprechen davon, dass man beim englischen Wein die typisch englische Landschaft herausschmeckt.

Seit einigen Jahren können sich englische Schaumweine, wie z. B. der Camel Valley White Pinot des **Camel Valley Vineyard** (s. Kap. 48), mit französischen Champagnersorten messen. Etwa 60 Prozent der nationalen englischen Weinproduktion fallen inzwischen in den Bereich der Schaumweine. In vielen führenden Hotels werden mittlerweile englische Weine, z. B. von **Nyetimber** und **Chapel Down** in Kent, serviert und auch bei Staatsempfängen kredenzt man heimische Reben. Dennoch ist das Klima bisher zu wechselhaft, um Jahr für Jahr mit garantierten Spitzenweinen rechnen zu können.

Wer daran interessiert ist, mehr über die Weinherstellung in England zu erfahren, kann sich beim **Adgestone Vineyard** auf der Isle of Wight einmieten. Der seit 1968 bestehende Vineyard lädt nicht nur ein, bei der Produktion zuzusehen, sondern auch gleich ein Zimmer mit Frühstück zu mieten. Die Winzerei liegt mitten in der schönsten Landschaft der **Brading Downs** oberhalb des Badeortes Sandown (s. Kap. 3).

Der Adgestone Vineyard auf der Isle of Wight

Information:
www.englishwineproducers.com, www.cideruk.com, www.camra.org.uk/CIDER, www.somersetcider.co.uk.
Torre Cider Farm, Washford, Watchet, Somerset, TA23 0LA, Tel. 01984 640004, www.torrecider.com, tgl. Apr.–Okt. 10–17, Nov–Feb. 10–16 Uhr.
Adgestone Vineyard, Sandown, Isle of Wight, PO36 0ES, Tel. 01983 402882, www.english-wine.co.uk, Mo–Fr 9–17, Sa/So 9–16 Uhr.

INFO

99 Real Ale Brauereien

Das hübsche Städtchen **Bury St. Edmunds** liegt im Zentrum von West Suffolk. Hier ist die **Greene-King-Brauerei** angesiedelt, die 1799 von Benjamin Greene, dem Urgroßvater des Schriftsstellers Graham Greene, gegründet wurde. Bei einer **Brewery Tour** kann man in ganz England bekannte **Ales** probieren und kaufen. Das St. Edmunds Ale wurde zum 80. Geburtstag von Grahame Greene entwickelt. Old Speckled Hen entstand 1979 in der Morland Brewery zum 50. Geburtstag der MG-Autofabrik.

St.-Edmund-Statue von Elisabeth Frink

Das Abbot Ale erinnert an die Mönche der einstigen Abtei, an deren eindrucksvolle Ruinen die Brauerei angrenzt. Die Stadt wuchs rund um die **Abtei** mit dem Schrein des **heiligen Edmund**. Der angelsächsische König (Regierungszeit ca. 855–869) wurde ab dem 10. Jh. als Schutzheiliger Englands verehrt. Der normannische Toreingang führt auf das weitläufige Parkgelände mit der **Kathedrale**, die ab dem 16. Jh über einer alten Abteikirche entstand und nach 1943 grundlegend renoviert wurde. Davor erinnert eine Statue an den Namensgeber der Stadt. In einer anderen Kirche auf dem ehemaligen Abteigelände, der **St. Mary's Church**, ist Mary Tudor, die Schwester von Henry VIII., beerdigt.

Als **Real Ales** oder **Cask Ales** werden in England obergärige Biere bezeichnet, die aus natürlichen Stoffen hergestellt werden und im Fass (oder der Flasche) bei einer zweiten Gärung nachreifen. Nach dem Anstechen des Fasses wird das ungefilterte Bier ohne Zusatz von Kohlensäure mit einer *handpump* (Lufthandpumpe) gezapft. Es hat daher nur eine kleine Schaumkrone. Solche Biere haben ein begrenztes Haltbarkeitsdatum und müssen frisch nach dem Brauen getrunken werden. Die Menge der Zutaten in Form von gemälzter Gerste, Hopfen und Wasser und die Nachreifung geben den Bieren ein einzigartiges, oft fruchtiges oder blumiges Aroma. Die meisten Ales sind trüb und von dunklerer Farbe als ein untergäriges Pils oder Lager und ähneln deutschen Altbieren. Cask Ales werden normalerweise mit einem stärkeren Alkoholgehalt gebraut (4–6,5 %). Unterschieden wird zwischen dem sogenannten **Pale Ale** oder **Bitter** (einem stark gehopften und leichten Bier) und dem dunklen, gehaltvollen **Stout** (oder **Porter**), das mit geröstetem Malz bzw. Gerste produziert wird.

In den 1970er-Jahren überschwemmten für den Massenmarkt produzierte, pasteurisierte Biere (*keg beers*) den Markt und etablierten sich in Pubketten. Viele kleinere

Real Ale aus der Ringwood Brewery

Brauereien verloren ihre Existenz und die Vielfalt der regional produzierten Biere ging verloren. 1971 entstand aus Protest dagegen die Verbraucherorganisation **CAMRA** (Campaign for Real Ale), die sich seitdem für den Erhalt traditionell gebrauter Biere einsetzt. Die Organisation vergibt alljährlich Preise für das beste Real Ale und zeichnet Pubs aus, die ein großes Angebot an authentischen Bieren anbieten, die in ihrer Region gebraut werden (LocAle). CAMRA veranstaltet viele regionale Bierfestivals und publiziert den „Good Beer Guide“.

Die Greene-King-Brauerei wurde durch den Aufkauf kleinerer Betriebe eine der größten Brauereiketten in England und geriet in die Kritik von CAMRA. Obwohl viele Biersorten übernommen wurden, mussten die kleineren Brauereien schließen. Aufgrund der Popularität von Real Ale haben sich jedoch auch die großen Brauereien dem Geschmack der Konsumenten angepasst und produzieren heute viele Real bzw. Cask Ales. Auch Greene King bietet seine Biere in drei Versionen an: als Cask Ale, in Flaschen oder Dosen abgefüllt oder gefiltert. Auf nationaler Ebene sind viele kleinere **Microbreweries** entstanden, die ausschließlich eine Region beliefern oder Brauereipubs führen. Zu den bekannteren Real-Ale-Marken gehören z. B. **Doom Bar** aus der Sharp's Brewery in Rock (Cornwall), **Tribute Ale** aus der St. Austell Brewery in Cornwall, **Bishop's Finger** aus der Brauerei Shepheard Neame in Faversham (Kent) oder **Forty Niner** aus der Ringwood Brewery im New Forest.

INFO

Information:
CAMRA, Tel. 01727 867201, www.camra.org.uk.
Greene King Brewery, Westgate Street, Bury St. Edmunds, Suffolk, IP33 1QT, Tel. 01284 714 297, www.greeneking.co.uk, geführte Tour Mo–Sa 14, Mi–Fr auch 11, Sa auch 11, 12.30, 15.30, So 11.30 Uhr, £ 10 (nur für Erwachsene).

100 Eine besondere Nacht – von Tree-Camping bis Castle Sleepover

Auch beim Camping gilt das Motto „My home is my castle"

In Südengland findet man ausgefallene Unterkünfte für jeden Geschmack. Wer bereits die Übernachtung zu einer besonderen Erfahrung machen möchte, hat die Qual der Wahl: Zum entsprechenden Preis findet man vom **Glamping** (Luxuscamping) bis zum **Spahotel** alle nur denkbaren Varianten.

Auf zahlreichen Campingplätzen trifft man inzwischen auf alle Arten von modischen Interpretationen des Zeltes wie **Yurten**, **Tipis, Safarizelte**, **Ecopods**, **geodätische Kugelzelte** oder sogar **Baumhäuser**. In vielen Fällen sind diese dann bereits vollständig mit Betten und Mobiliar eingerichtet, sodass man nur noch einziehen muss. Auch **VW-Campervans** erfreuen sich großer Beliebtheit und bei verschiedenen Anbietern kann man die fertig ausgestatteten Busse mieten. Wer es nostalgisch mag, kann in **US-Airstream-Wohnwagen** Retrocamping praktizieren.

Insel der Glückseligen

Eine Übernachtung im **Hotel Burgh Island** in Devon ist wie eine Zeitreise. An einem exklusiven Küstenstreifen in der Nähe von **Salcombe** auf einer kleinen Insel, die bei Flut vom Land abgeschnitten ist, steht der weiße Art-déco-Bau. Hotelgäste werden mit einem Landtraktor befördert. Das Unikum sieht aus wie eine Hütte auf Stelzen und bahnt sich seinen Weg über den Sand und durch die Wellen hinüber zum luxuriösen Hotelbau.
Der Filmproduzent Archibald Nettlefold ließ diesen von **Matthey Dawson** entwerfen, nachdem er die Insel von seinem Vorgänger George H. Chirgwin 1927 erworben hatte. Gäste wurden nur auf persönliche Einladung hin empfangen und so war die mondäne Gesellschaft der 1930er-Jahre hier unter sich. Von den neuen Eigentümern wurde das Hotel ab 2002 authentisch restauriert. Wie in den 1920er-Jahren haben die Zimmer keine Fernseher, nur ein Radio. Sie sind individuell dekoriert und nach den Gästen benannt, die einst hier wohnten, wie Nancy Cunard, Noël Coward und Josephine Baker. Auch Agatha Christie war zu Gast auf der Insel, sie wohnte im separaten **Beach House** und verewigte das Hotel in zwei Romanen.
Heute begleitet eine Jazzband stilecht die vorabendlichen Cocktails – formelle Abendkleidung ist vorgeschrieben. Im Winter finden zudem **Murder Mysteries** und Themenbälle statt, zu denen man sich passend im Flapperlook der Goldenen Zwanziger verkleiden darf. Exklusiv Baden kann man am **Mermaid Pool**, einer von Felsen eingerahmten Lagune mit kleinem Strand, wo (laut Hotel) auch die Krustentiere für das Abendessen auf ihr unvermeidliches Schicksal warten.
Burgh Island Hotel, Bigbury-on-Sea, Burgh Island, Devon, TQ7 4BG, Tel. 01548 810514, www.burghisland.com, DZ ab £ 310.

Wer eine Ferienwohnung vorzieht, aber in einem ausgefallenen historischen Gebäude übernachten möchte, ist beim **Landmark Trust** richtig. Im Jahr 1956 gründeten Lord und Lady Smith die Organisation mit dem Ziel, historische Gebäude vor dem Abriss zu bewahren, indem man durch deren Vermietung als Ferienwohnung Geld für die Restaurierung erwirtschaftet. Bis heute hat der Trust ca. 200 Gebäude in ganz Großbritannien auf diese Weise vor dem sicheren Verfall gerettet. Hierbei handelt es sich um ganz unterschiedliche Gebäude: von einfachen Cottages über Herrenhäuser bis zu Wachtürmen (s. z. B. Kap. 41).

Gemütlich ist ein von English Heritage organisiertes **Castle Sleepover**. Zu festgelegten Terminen (meist im Winter) kann man eine Übernachtung mit Abendessen, Gruseltour und Erzählungen am Kamin buchen. Das Frühstück am nächsten Morgen ist auch noch miteingeschlossen. Die Angebote gelten für verschiedene Schlösser in Südengland, u. a. **Pendennis Castle** in Falmouth oder **Dover Castle**.

Information:
Landmark Trust, www.landmarktrust.org.uk, I-Pad App: "Landmark Trust" (Apple ID: 778689964), £ 6.99.
Glamping, www.canopyandstars.co.uk, http://yurt-holidays com, www.goglamping.net, www.letsgo-glamping.co.uk, www.happydaysrv.co.uk, www.oconnorscampers.co.uk, www.cornishcampers.co.uk, www.airstreamholidays.co.uk, www.vintagevacations.co.uk (s. Kap. 3).
Castle Sleepover, www.english-heritage.org.uk/daysout/events

INFO

101 Stargastronomen der britischen Küche

Die althergebrachten Vorurteile über die britische Küche gelten heute nicht mehr. Seit den 1990er-Jahren ist die als **Modern British** bezeichnete Kochrichtung weltweit bekannt und geschätzt. Allein in London gibt es 60 Restaurants mit **Michelin-Sternen** und auch im Rest des Landes kocht man sich an die vorderste Front der internationalen Gastronomie.

Populäre Nationalgerichte wie **Fish & Chips** und **Pies** sind zwar wie gehabt weit verbreitet und werden in jedem Pub serviert. Zu den Erfolgsrezepten der modernen britischen Köche gehört jedoch, dass sie die alten Standards auf frische Art und Weise zubereitet. In den **Gastropubs**, die überall aus dem Boden sprießen, verwenden junge Köche regionale Zutaten, oft aus eigenem Bioanbau, und entwickeln neue Rezepte, die saisonale britische Produkte verarbeiten. Oft stehen Fisch und Krustentiere, Lamm oder Wild aus der Region auf der Speisekarte, die mit mediterranem oder asiatischem Einschlag zubereitet werden. Wer einen Michelin-Stern ergattern will, muss allerdings sein Handwerk erst einmal von den klassisch trainierten Meistern lernen.

Tom Kerridge (geb. 1973) erkochte sich den Stern in rasanter Schnelle. 1999 arbeitete er für den Gastronom Gary Rhodes. Im Jahr 2005 eröffnete er seinen Gastropub **The Hand & Flowers** in Buckinghamshire. Bereits 2006 erhielt er hierfür den ersten Michelin-Stern, sechs Jahre später schon den zweiten. Der bodenständige Koch bevorzugt gehaltvolle Gerichte. Sein *signature dish* (Markenzeichen) ist eine Variation des Spießbratens (*Hog Roast*), bei dem Schweinebauch im Wasserbad gegart und dann gebraten wird.

Angela Hartnett (geb. 1968), Trägerin des britischen Verdienstordens MBE, ist eine der wenigen Frauen in der männerdominierten Michelin-Welt. Die Halbitalienerin, lange die rechte Hand von Gordon Ramsay erhielt für ihre Arbeit im gemeinsam geführten Connaught Hotel 2004 den ersten Michelin-Stern. 2008 eröffnete sie zusammen mit Ramsay das **Murano Restaurant** in London, für das sie 2009 den zweiten Stern bekam. Ihre moderne britische Küche hat einen italienischen Einschlag. Im New Forest führt sie zusammen mit Chefkoch **Luke Holder** (Hartnett Holder & Co) das 5-Sterne-Etablissement **Lime Wood Hotel**. Hartnett bevorzugt einen entspannten Restaurantstil und das Hotel ist eine Mischung aus Landhaus und Bistro. Die Küche bietet

The Hand and Flowers von Tom Kerridge

Das Lime Wood Hotel von Angela Hartnett

z. B. Pizzetta mit Wachteleiern und Spinat, Gemüsesalat mit Ziegenkäse, Honig und Kürbiskernen. Dieselbe Gruppe führt auch die Kette der **Pig Hotels** in Hampshire und Dorset (s. Kap. 37).

Vorzeigeschild der experimentellen Küche in Großbritannien ist **Heston Blumenthal** (geb. 1966), Träger des britischen Verdienstordens OBE. Sein Restaurant **The Fat Duck** in Bray, Berkshire, hat drei Michelin-Sterne. Seine Kochkunst ist bei experimentierfreudiger und fortgeschrittenen Gourmets beliebt. Vom Aperitiv, der mit Trockeneis zum Dampfen gebracht wird, bis zum Nachtisch „Like a Kid in a Sweet Shop" ist hier nichts wie es scheint. Die Sinne werden verwirrt, indem Farbe und Beschaffenheit von Lebensmitteln verändert werden. Ungewöhnliche Kombinationen wie Lachs im Lakritzsud mit Vanillemayonnaise und Forellenkaviar vereinen eine Bandbreite von Geschmacksrichtungen. Das Dinner wird zum theatralischen Spektakel. Für das *Tasting Menu* (Probiermenü) muss man daher dreieinhalb Stunden Zeit einplanen.

Information:
www.viamichelin.co.uk/web/Restaurants.
The Hand and Flowers, 126 West Street, Marlow, Buckinghamshire, SL7 2BP, Tel. 01628 482277, www.thehandandflowers.co.uk, Lunch Mo–Sa 12–14.45, So 12–15.15, Dinner Mo–Sa 18.30–21.45 Uhr. 3-Gänge-Lunch-Menü £ 19,50, Hauptgerichte ab £ 28, Fish & Chips £ 16,50.
Hartnett Holder & Co, Lime Wood Hotel, Beaulieu Road, Lyndhurst, Hampshire, SO43 7FZ, Tel. 02380 287167, www.limewoodhotel.co.uk, tgl. 12–23 Uhr. 2-Gänge-Lunch-Menü £ 19,50, Hauptgerichte ab £ 19.
The Fat Duck, High St, Bray, Berkshire, SL6 2AQ, Tel. 01628 580333, www.thefatduck.co.uk, Di–Sa Lunch 12–14, Dinner 19–21 Uhr. Tasting Menu £ 195 pro Pers., Reservierung ca. zwei Monate im voraus.

INFO

Anhang

WAFERS
EST. 1887
SCOOP ICE CREAM
SINGLE
PLAIN £1-50
SUGAR £2-00
CHOC DIP £2-50
SPRINKLE £2-50
for a double
for a triple
CLOTTED CREAM 50p
FLAKES 50p
DRINKS
CLOTTED CREAM
ONLY 50p
CONES

Zahlen und Fakten

Fläche	Die Insel Großbritannien mit England, Schottland und Wales 229.848 qkm (88.745 sq mi), davon Südengland 62.042 qkm (23.955 sq mi).
Einwohner	Das Vereinigte Königreich Großbritannien und Nordirland (UK) insgesamt ca. 63.200.000, davon rund 26.000.000 in Südengland. England ist ein Einwanderungsland mit Migranten vorwiegend aus dem Commonwealth und Europa.
Hauptstadt	London
Sprachen	Englisch, Walisisch, Schottisch, Irisch
Provinzen Südenglands	Bedfordshire, Berkshire, Buckinghamshire, Cornwall, Devon, Dorset, East Anglia (Cambridgeshire, Norfolk, Suffolk), East Sussex, Greater London, Hampshire/Isle of Wight, Hertfordshire, Kent, Oxfordshire, Somerset, Surrey, West Sussex, Wiltshire
Küstengeografie	Im Westen grenzen die Britischen Inseln an den Nordatlantik (bzw. die Irische See), im Osten an die Nordsee und im Süden an den Ärmelkanal, der im Westen vom Atlantik beeinflusst ist. Die Küstenregionen sind landschaftlich sehr unterschiedlich (Länge der gesamten britischen Küstenlinie ca. 12.429 km). Es gibt Fjorde, Steilklippen, Flussdeltas und Marschland, Sand- und Kiesstrände mit mehr oder weniger starken Gezeiten. Den höchsten Tidenhub hat mit bis zu 9 m der Fluss Severn am Bristol Channel. Starke Gezeiten gibt es ebenfalls am Wash in Norfolk. Entlang des Ärmelkanals ist der Unterschied zwischen Ebbe und Flut eher gemäßigt.
Höchste Erhebungen Südenglands	High Willhays, Dartmoor, 622 m; Dunkery Beacon, Exmoor, 519 m; höchste Seeklippe: Great Hangman, Combe Martin, Exmoor, 244 m
Klima	In Südengland gibt es viele Sonnentage und es bleibt durch den Golfstrom auch im Winter sehr mild. Die durchschnittliche Lufttemperatur beträgt im Sommer ca. 21 °C, die Wassertemperatur erreicht ca. 19 °C.

Staatsform/ Regierung	Parlamentarische Monarchie, Teil der Europäischen Union aber nicht Mitglied in der Währungsunion. Momentan Koalitionsregierung Konservative (*Tories*) und Liberale (*Liberal Democrats*). unter Premierminister David Cameron.
Währung	Englisches Pfund £ (1 £ = 100 Pence). Umrechnungskurs (Stand Februar 2014): £ 1 = € 1,21 = CHF 1,47; € 1 = £ 0,83; CHF 1 = £ 0,68
Uhrzeit	GMT (Greenwich Mean Time), eine Stunde früher als in Deutschland. Der Zusatz „am“ bezeichnet die Zeit von 24 bis 12 Uhr, „pm“ bezieht sich auf die Zeit von 12 bis 24 Uhr.
Feiertage/ Bank Holidays	1. Januar, Karfreitag, Ostermontag, erster Montag im Mai, letzter Montag im Mai, letzter Montag im August, 25./26. Dezember
Maße und Gewichte	Das metrische System vermischt sich in Großbritannien mit den alten imperialen Maßen. Entfernungen werden in Meilen angegeben (1 Meile = 1,60 km), Längen in Inch (1 Inch = 2,54 cm). Im Pub wird das Bier als Pint (0,57 l) oder Half Pint (0,23 l) eingeschenkt. Körpergewicht wird in Stones gemessen (1 Stone = 6,35 kg). Ounces kommen oft in Kochrezepten vor (1 Ounce = 28,35 g).

Zeittafel

11.000 v. Chr. Ende der letzten Eiszeit. Durch die Eisschmelze wird die Landbrücke zwischen Süd- und Ostengland und dem Kontinent überflutet. Großbritannien wird zur Insel.

7150 v. Chr. Der *Cheddar Man* und seinesgleichen leben in der Cheddar Gorge.

4000–2400 v. Chr. Die ersten frühzeitlichen Gemeinschaften betreiben Landwirtschaft. Entlang des Ridgeway wird Handel getrieben, es entstehen Hügelforts wie Maiden Castle und Hügelgräber wie Wayland's Smithy.

2400–1500 v. Chr. Die Steinkreise bei Stonehenge, Avebury und auf dem Bodmin Moor werden errichtet.

800–100 v. Chr. Während der Eisenzeit wandern Kelten von der iberischen Halbinsel und Gallien nach Südengland ein. Keltische Stämme der Brythonen – wie z. B. die Dumnonii – leben in Cornwall, die Cantii in Kent und die Trinovantes und Iceni in Norfolk. Sie treiben Handel mit römischen Provinzen und sprechen keltische Dialekte.

43–410 n. Chr. Die Römer erobern Britannien. Um 50. n. Chr. bauen sie die erste Brücke über die Themse und gründen Londinium. Winchester, Dorchester und Bath werden zu Zentren römischer Zivilisation.

	Die Römer dringen nie ganz bis nach Cornwall vor, dort erhalten sich die keltische Kultur und die gälische Sprache noch bis ins 9. Jh.
410	Abzug der Römer und Einwanderungswelle von Angeln und Sachsen aus Dänemark, Friesland und Schlesien. König Artus (oder Arthur, angeblich ein römisch-britischer Feldherr) setzt sich um 500 n Chr. gegen die Angelsachsen zur Wehr.
5.–7. Jh.	Die Angelsachsen lassen sich in East Anglia, Essex, Sussex und Wessex, Hampshire und Dorset nieder. König Rædwald aus der Dynastie der Wuffinger regiert von 599 bis 624 Ostangeln. Unter König Ethelbert von Kent treibt St. Augustin ab 601 die Christianisierung Englands voran und gründet eine Abtei in Canterbury.
8.–9. Jh.	Wikinger aus Dänemark und Norwegen überfallen die Ost- und Südküste. Alfred the Great vereint die angelsächsischen Reiche und schließt mit den Dänen einen Friedensvertrag. Er verlegt seinen Hauptsitz von Winchester nach London und die Stadt erlebt einen Aufschwung als Handels- und Wirtschaftszentrum.
1042	Edward der Bekenner lässt den Palace of Westminster mit der Westminster Abbey bauen. Er verlegt seinen Regierungssitz dorthin und macht London zur Hauptstadt Englands.
1066–1070	Edwards Schwager Harold Godwinson tritt die Thronnachfolge an und muss sich gegen den Norweger Harald Hardrada und den Normannen William the Conqueror zur Wehr setzen. William siegt in der Schlacht bei Hastings und läßt sich 1066 in der Westminster Abbey zum König krönen. 1070 gibt er die Battle Abbey in Auftrag.
1215	König John wird von den englischen Baronen gezwungen die „Magna Charta" zu unterzeichnen, die die Macht des Königs einschränkt und Bürgerrechte garantiert. Sie ist die früheste Niederschrift von Bürgerrechten in der Welt.
1295–1337	Das *Model Parliament* – ab 1327 unter Edward III. eine feste Institution, bestehend aus Adel, Kirche und Vertretern der Bürgerschaft – tritt 1295 unter Edward I. erstmals im Westminster-Palast in London zusammen.
1348	Fast ein Drittel der Bevölkerung fällt der Pest zum Opfer, die auf einem Schiff aus Frankreich nach Weymouth eingeschleppt worden war.
1387	Der im Londoner Hafen angestellte Zollbeamte Geoffrey Chaucer beschreibt in den „Canterbury Tales" eine Pilgerreise von London nach Canterbury und begründet mit dem Werk die englischsprachige Literatur.
1485–1503	Das Ende des Rosenkriegs leitet die Tudorperiode ein. Henry VII. ruft die Handelsmarine ins Leben.
1529–1545	Um die Scheidung von seiner Frau Catarina d'Aragón zu ermöglichen, sagt Henry VIII. sich von der römisch-katholischen Kirche los und ernennt sich selbst zum Oberhaupt der anglikanischen Kirche. Im Zuge der Reformation 1536–1541 löst Henry 652 Abteien und Klöster auf und investiert das Vermögen in die Marine und Küstenbefestigungen. Die Häfen und Werften in Chatham,

Portsmouth und Plymouth gewinnen an Bedeutung. Henrys Schlachtschiff Mary Rose versinkt nach einem Angriff der Franzosen vor Portsmouth.

1553–1558 Henrys Tochter Mary Tudor versucht erfolglos, die katholische Kirche erneut zu etablieren. Sie läßt in Smithfield 300 Protestanten verbrennen, was ihr den Namen *Bloody Mary* (Blutige Maria) einbringt.

1558 Unter der Regentschaft von Elizabeth I. erlebt das Land ein Goldenes Zeitalter der wirtschaftlichen Blüte. Sir Francis Drake umsegelt auf der Golden Hind 1579–1581 die Welt. Richard Grenville und Sir Walter Raleigh beginnen die Kolonisierung von Roanoke Island im US-Staat Virginia. Raleigh importiert den Tabak nach England. 1588 schlägt die Royal Navy einen Angriff der spanischen Armada unter Philipp II. von Spanien nieder.

1599 William Shakespeare baut in Southwark das Theater The Globe.

1605 „Gunpowder Plot". Katholische Edelmänner um Guy Fawkes deponieren Schießpulver im Keller des Parlaments, um am 5. November König James I. und seine Kabinettsminister in die Luft zu sprengen. Der Anschlag mislingt. Am 5. November wird noch heute mit der Guy-Fawkes-Nacht die Vereitelung des Anschlags mit Lagerfeuern (*bonfires*) und Feuerwerk gefeiert.

1620 Die Mayflower ist das erste Schiff, auf dem die von der anglikanischen Kirche verfolgten Puritaner nach Amerika aufbrechen. In den folgenden Jahren verlassen ca. 60.000 Flüchtlinge das Land.

1642 Nach der Auflösung des Parlaments durch König Charles I. bricht ein Bürgerkrieg aus. Bis 1645 dringen die Parlamentarier unter Oliver Cromwell vom Südosten aus nach Westen vor. Unterwegs zerstören sie zahlreiche Burgen und Schlösser der Royalisten wie z. B. Corfe Castle in Dorset. Charles wird enthauptet und das Oberhaus abgeschafft. Nach elf Jahren Herrschaft des Puritaners Cromwell wird von den Stuarts die konstitutionelle Monarchie wiederhergestellt.

1666 Das große Feuer (*Great Fire*) von London bricht in der Pudding Lane im Zentrum der Altstadt aus. Über die Hälfte der Stadt brennt nieder. Der Architekt Christopher Wren wird damit beauftragt, die Kirchen in London wiederaufzubauen.

1694 William III. landet in Torbay und verjagt den Katholiken James II. in der *Glorious Revolution* vom Thron. Er gründet die Bank von England, um den Krieg gegen Frankreich zu finanzieren.

1702–1727 König George I. aus der Hannoveraner Linie regiert zusammen mit Sir Robert Walpole, dem ersten Premierminister. Als Regierungssitz wird erstmals Downing Street Nr. 10 bezogen.

1740 Dr. Richard Russell erklärt das Baden in der See als gesundheitsfördernd und die ersten Seebäder entstehen in Weymouth und Brighton.

1790 Anfänge der Industriellen Revolution. Londons Docks werden ausgebaut. Die ersten Gaslaternen werden aufgestellt.

1805 Während der Napoleonischen Kriege ist die Südküste Englands von Invasion bedroht und es entstehen zahlreiche Befestigungen, wie die Martello Towers. Portsmouth wird zum Heimathafen der Royal Navy. Lord Admiral Nelson siegt in der Schlacht von Trafalgar vor der spanischen Küste und wendet die napoleonische Bedrohung ab.

1814 Der erste Pier entsteht in Ryde auf der Isle of Wight.

1820 Der Zinnabbau in Cornwall erlebt durch neue Pumptechniken einen Boom. Im Laufe des Jahrhunderts entstehen die großen Industriezentren im Norden Englands, wo große Kohlevorkommen die Maschinen der Fabriken speisen. Es beginnt eine Landflucht in die Großstädte London, Bristol und Birmingham, die rapide anwachsen. Viele Gegenden in Südengland verfallen in einen vorindustriellen Zustand.

1833 Der Sklavenhandel, der von Bristol und Liverpool aus seit 1670 betrieben wurde, wird gesetzlich verboten.

1836 Unter Königin Victoria umspannt das Britische Imperium ein Fünftel des Erdballs. London besitzt den größten Hafen der Welt. Die erste Eisenbahnlinie entsteht in London von der Station London Bridge nach Greenwich.

1843 Isambard Kingdom Brunel baut das erste propellergesteuerte Dampfschiff, die SS Great Britain.

1861 Die unmenschlichen Lebensbedingungen der arbeitenden Klasse in den Industriezentren im Norden und im Londoner East End sind Anlass für Karl Marx' Werk „Das Kapital", das zum großen Teil in der Britischen Nationalbibliothek am Trafalgar Square entstand.

1863 Die erste unterirdische Eisenbahn bzw. U-Bahn der Welt fährt zwischen den Bahnhöfen Paddington und Farringdon.

Die HMS Gannet – heute in Chatham zu besichtigen – wurde 1877 für die Royal Navy gebaut

1901	Marconi gelingt die erste transatlantische Nachrichtenübertragung von Poldhhu Cove in Cornwall nach Neufundland.
1912	Das bis dahin größte Passagierschiff der Welt, die RMS Titanic der White Star Lines, startet von Southampton zu ihrer Jungfernfahrt. Am 14. April kollidiert sie im Nordatlantik mit einem Eisberg und versinkt. 1500 Menschen sterben aufgrund unzureichender Ausstattung mit Rettungsbooten.
1914–1918	Der Erste Weltkrieg erfasst die ganze Nation. Die Männer dienen an der Front und die Frauen arbeiten in der Rüstungsindustrie. Land Girls helfen auf den Bauernhöfen, die Ernten einzubringen. Die Deutschen Zeppeline fliegen im Ersten Weltkrieg Luftangriffe auf London. Fast jede kleine Stadt in England hat ein Kriegsdenkmal für die Gefallenen aus diesem Krieg.
1926	Landesweiter Generalstreik der Arbeiter und Minenarbeiter, der für neun Tage das gesamte öffentliche Leben lahmlegt.
1939–1945	Während der deutschen Luftangriffe (*The Blitz*) werden von September 1940 bis Mai 1941 Hunderttausende von Gebäuden, vor allem im East End Londons, zerstört. Etwa 29.000 Menschen sterben. East Anglia mit seinen Flugplätzen – wie z. B. in Duxford – wird zu einem riesigen Luftwaffenstützpunkt, von dem Spitfires, Hurricanes und später auch US-Bomber zu Luftangriffen aufbrechen. In Bletchley Park werden die Codes der deutschen Nachrichtenverschlüsselungsmaschinen Enigma geknackt.
1953	Krönung von Königin Elizabeth II.
1960–1969	*Swinging Sixties*: London wird zum Zentrum der Pop- und Modewelt. Mary Quant erfindet den Minirock.
1970–1979	Ölkrise und Verschuldung beuteln Großbritannien. Die terroristische Irish Republican Army (IRA) verübt eine Serie von Bombenanschlägen im Land. Das Isle of Wight Festival wird 1970 zum „britischen Woodstock“.
1977	Queen Elizabeth feiert ihr Silbernes Jubiläum (25 Jahre). Der sarkastische Song „God Save the Queen“ der Punkgruppe Sex Pistols erreicht die Nummer Eins der Hitparade, darf aber nicht gespielt werden. Die Band führt ihn öffentlich auf und wird verhaftet.
1979	Die Conservative Party unter Margaret Thatcher gelangt an die Macht. Wegen ihrer rigorosen Poilitk wird sie „Eiserne Lady“ genannt.
1980–1989	Rassenunruhen in Brixton gegen die Regierung. Entstehung der alternativen Comedyszene, die sich gegen Rassismus und Sexismus wendet.
1990–1996	Der Brite Tim Berners-Lee ruft durch die Erfindung des Internetprotokolls HTTP und der Internetsprache HTML das World Wide Web ins Leben. Im Thamse Valley rund um London entstehen neue High-Tech-Industrien. In der Folge wird London zur globalen Finanzhauptstadt und Heathrow zum Flughafen mit dem höchsten Passagieraufkommen der Welt. Der Südosten ist bis heute die wohlhabendste Gegend in Großbritannien mit dem größten Beitrag zum Bruttosozialprodukt.

1997	Im Mai 1997 gewinnt die Labour-Partei mit einem Erdrutschsieg über John Major die Macht und leitet unter Tony Blair eine Welle von Reformen ein. Lady Diana Spencer, die Frau von Prinz Charles, stirbt im September desselben Jahres bei einem Autounfall in Paris.
2002	Queen Elizabeth II. feiert ihr Goldenes Jubiläum (50 Jahre).
2008	Es kommt es zu einer anhaltenden Wirtschaftskrise, dem sogenannten *Credit Crunch* ausgelöst durch einen Bankenkollaps. Die Banken der Londoner City werden hierdurch schwer getroffen.
2010	Die Labour-Regierung verliert unter Gordon Brown die Wahl. Da es keine Stimmenmehrheit gibt, bilden die konservativen Tories unter David Cameron zusammen mit der Liberalen Partei unter Nick Clegg eine Koalition. Damit gibt es erst zum zweiten Mal in der Geschichte Britanniens eine Koalitionsregierung.
2011	Es kommt zu gewalttätigen Ausschreitungen in den benachteiligten südlichen Stadtgebieten Londons. Am 29. April heiratet Prinz William die Bürgerliche Kate Middleton, beide tragen nun den Titel Duke und Duchess of Cambridge.
2012	In London wird die 30. Olympiade ausgetragen. Queen Elizabeth II. begeht ihr Diamantenes Jubliäum (60 Jahre). Man feiert den 200. Geburtstag des Schriftstellers Charles Dickens.
2013	The Shard, das größte Hochhaus Londons (306 m), eröffnet seine Aussichtsplattform für zahlende Besucher. Prinz George, der Sohn der Duke und Duchess of Cambridge erblickt am 22. Juli das Licht der Welt.

Südengland mit Kindern

Großbritannien ist ein sehr kinderfreundliches Land und überall ist man auf Kinder eingestellt. Zur **Einreise** benötigt jedes Kind einen eigenen (Kinder-)Reisepass bzw. Personalausweis. Einträge im Pass der Eltern sind nicht mehr ausreichend, noch gültige alte Kinderausweise sollten ein Foto haben. Die meisten Einrichtungen bieten vergünstigte **Familientickets** an, für Kinder bis fünf Jahre ist der Eintritt normalerweise frei. Familienpubs führen auf der Speisekarte **Kindermenüs**.

Schlösser, Herrenhäuser und andere Attraktionen, wie z. B. Beaulieu (s. Kap. 15), bieten neben Spielplätzen häufig speziell auf Kinder ausgerichtete **Aktivitäten** an. Man kann an Schnitzeljagden (*treasure hunts*) oder Verkleidungsspielen teilnehmen. Ritterturniere (z. B. in Hever Castle, s. Kap. 51) beziehen

Adressen und Internetseiten

Allgemein: www.dayoutwiththekids.co.uk
Zoos, Aquarien, Streichelzoos: www.britishzoos.co.uk, www.worldofcountrylife.co.uk, www.rarebreeds.org.uk.
Freizeitparks:
Chessington World of Adventures, Leatherhead Road, Chessington, Surrey, KT9 2NE, Tel. 0871 663 4477, www.chessington.com.
Legoland, Winkfield Road, Windsor, Berkshire, SL4 4AY, www.legoland.co.uk.
Surfschulen (Auswahl): www.cornwallsurfacademy.com, www.extremeacademy.co.uk, www.surfingcroydebay.co.uk, www.wavehunters.co.uk, www.surfacademy.co.uk, www.bournemouthsurfschool.co.uk, www.kentsurfschool.co.uk.

zuschauende Kinder aktiv mit ein. In **Freilichtmuseen** – wie Butser Ancient Farm, Morwelham Quay und Torrington 1646 (s. Kap. 13, 54 u. 87) – wird Historie auf sehr anschauliche Art und Weise vermittelt. **Dinosauriern** nachspüren kann man auf der Isel of Wight im Dinosaur Isle Museum (s. Kap. 3) und an der Jurassic Coast (s. Kap. 19). Selbst zu Riesen werden Kinder beim Besuch eines **Miniaturdorfs** wie. z. B. dem Model Village in Bourton-on-the-Water (s. Kap. 8) oder dem Babbacombe Model Village.

Auch bei der Erkundung des Innenlebens von historischen **Schiffen** in den Dockyards Portsmouth und Chatham lässt sich einiges lernen (s. Kap. 2 u. 70). Gute Unterhaltung gewähren nicht nur Fahrgeschäfte in sündhaft teuren Freizeitparks: Eine Fahrt mit einer historischen **Dampflok** (s. Kap. 67), dem **Land Train** (s. Kap. 36) oder einer **Standseilbahn** (s. Kap. 28, 42 u. 36) kann spannend sein und ist wesentlich preiswerter.

Um Tiere zu erleben, sollte man einen der zahlreichen **Zoos** oder ein **Aquarium** besuchen, die es an der Südküste überall gibt. Der Longleat Wildlife Park (s. Kap. 57) bietet Unterhaltung für einen ganzen Tag, der Safaripark beherbergt freilaufende Löwen und Giraffen. In Monkey World in Dorset finden bedrohte und misshandelte Affen und Menschenaffen eine neue Heimat. Mit einheimischen Tieren geht man hingegen im Donkey Sanctuary (s. Kap. 40) und im New Forest Wildlife Park (s. Kap. 15) auf Tuchfühlung. Wer Tiere nicht nur anschauen möchte, kann sich im New Forest, im Dartmoor und im Exmoor im **Ponyreiten** versuchen (s. Kap. 15,

Nostalgischer Tea Cup Ride in Cromer

Punch & Judy Show in Weymouth

21 u. 27) oder an einem **Falknerkurs** teilnehmen (s. Kap. 85). Auch **Gartenanlagen** müssen für Kinder nicht langweilig sein, hier gibt es oft Abenteuerspielplätze und beim Eden Project darf man sogar auf Schmetterlingsjagd gehen (s. Kap. 65).

Zu den beliebtesten Aktivitäten am Wasser gehören **Bootsausflüge**, die für alle Altersgruppen ein Erlebnis sind. Im Südwesten oder in Norfolk kann man dabei sogar Delfine, Robben oder Seevögel beobachten (s. Kap. 24, 29, 39 u. 84). An den meisten **Stränden** gibt es für Familien ausgewiesene Gebiete mit seichtem Wasser und Lifeguards. In den Seebädern Weymouth (s. Kap. 90) und Swanage (37), ebenso im Osborne House (s. Kap. 56) werden im Sommer am Strand **Punch & Judy Shows**, d. h. Kasperletheater, aufgeführt. Die kindgerechte Handlung wird oft mit Comedy für die Erwachsenen untermalt und ist so ein großer Spaß für die ganze Familie. In Weston-super-Mare (s. Kap. 9) und Ilfracombe (s. Kap. 9 u. 28) lassen sich große **Sandburgen** bestaunen oder gar selbst bauen. Auch **Donkey Rides** (Eselsritte) werden dort angeboten.

Viele **Wassersportaktivitäten** eignen sich auch für Kinder. Surfschulen (s. S. 236 sowie Kap. 95 u. 47) bieten kindgerechte Tages- oder Wochenkurse (ab 6–8 Jahre). Ein **Fahrradausflug** auf relativ ebenen Strecken, wie z. B. dem Camel Trail (s. Kap. 48) oder dem Tarka Trail (s. Kap. 87), ist ideal für die ganze Familie. Dagegen ist **Tree-Surfing** (s. Kap. 54) eher etwas für abenteuerlichere Naturen und erfordert körperliche Fitness.

Nationalparks und AONBs

Großbritannien besitzt 15 ausgewiesene **Nationalparks**. Fünf dieser Naturschutzgebiete befinden sich in Südengland: South Downs (s. Kap. 13 u. 14), The Broads (s. Kap. 12), New Forest (s. Kap. 15, 86), Exmoor (s. Kap. 27 u. 28) und Dartmoor (s. Kap. 21). Daneben gibt es die sogenannten **AONBs** (Areas of Outstanding Natural Beauty). Dies sind Gebiete von außerordentlicher natürlicher Schönheit, die zwar keinem Nationalpark angehören aber dennoch unter landschaftlichem Schutz stehen. Der AONB-Dachverband bemüht sich darum, diese Landschaften so gut wie möglich zu bewahren. Zu diesem Zweck arbeitet man mit den Regionalverwaltungen zusammen, z. B. um großräumige Bauprojekte einzudämmen, die den Charakter

der Landschaft zerstören würden. Zu den AONBs, die in diesem Buch vorkommen, gehören: North Wessex Downs/Chilterns (Ridgeway), Kent Downs, High Weald, Chichester Harbour (Bosham), Küste und Kalksteinhügel der Isle of Wight, Cranborne Chase und West Wiltshire Downs, die Cotswolds, Mendip Hills, Quantock Hills, Dorsets Küste, Ostdevon (Lyme Regis bis Exmouth), Süddevon (Torbay to Plymouth), Tamar Valley, Norddevon (Combe Martin bis Hartland Point), Küste und Hinterland Cornwalls, Küstenregion Norfolks.
Information: www.nationalparks.gov.uk, www.naturalengland.org.uk.

Wandern in Südengland

Die Briten sind begeisterte Wanderer. Im Gebiet von England und Wales gibt es 15 Fernwanderwege, d. h. **National Trails**, die das Land von Osten nach Westen und von Norden nach Süden durchschneiden. Darunter findet man den Cotswolds Way (s. Kap. 8) aber auch Routen, die durch Nationalparks führen, wie z. B. den South Downs Way (s. Kap. 13). Der **South West Coast Path** ist einer der beliebtesten National Trails. Auf diesem Wanderweg kann man die Küste Südwestenglands auf 1.013 km (630 Meilen), in ihrer Gesamtheit umwandern. Der Pfad beginnt beim Hafeneingang von Poole (s. Kap. 37) und endet in Minehead in Norddevon (s. Kap. 28). Die Routen lassen sich mehr oder weniger beliebig festlegen, im Internet gibt es zahlreiche Anregungen und Karten (s. Kasten).

Die besten Monate zum Wandern in Südengland sind von Mai bis September. Man sollte immer auf einen unerwarteten Wetterwechsel vorbereitet sein und Regenschutz dabei haben. Gutes Schuhwerk ist beim Wandern ebenfalls erforderlich, da viele kleinere Pfade nicht richtig befestigt sind. Auf den **Mooren**, wo Wanderwege kreuz und quer verlaufen, ist die Route manchmal nicht eindeutig erkennbar, daher sind detaillierte Karten in den Nationalparks und auf den Mooren unerlässlich. Nach starken Regenfällen sollte man in den Mooren nicht vom Weg abweichen, denn der Untergrund kann in Tälern sehr morastig werden. An der **Steilküste** kommt es im Frühjahr und Herbst und nach starken Regenfällen hin und wieder zu Lawinen, bzw. Klippenerosion. Man sollte daher nie zu nah am Rand der Klippen wandern und einen Sicherheitsabstand einhalten.

Karten, Websites und Wandervereinigungen

In jeder Buchhandlung erhältlich sind die **Ordnance Survey Landkarten** (www.ordnancesurvey.co.uk), die alle Regionen Großbritanniens abdecken. Die **OS Explorer Maps** sind für Wanderer und Radfahrer entworfen und zeigen auch die kleinsten Details, an denen man sich in der „Wildnis" orientieren kann. Die **OS Landranger Maps** bieten Autofahrern eine gute Übersicht. Wer sich in die „Pampa" begibt, ist mit den detailierteren Karten in jedem Fall gut beraten.
National Trails, www.nationaltrail.co.uk. Detaillierte Informationen zu allen Routen und Vorschläge für Kurzwanderungen
South West Coast Path, www.southwestcoastpath.com.
British Ramblers, www.ramblers.org.uk. Wohltätigkeitsorganisation, die das Wandern fördert und sich für einen durchgängigen Wanderweg rund um die englische Küste einsetzt.
British Walking Federation, www.bwf-ivv.org.uk. Wandervereinigung.
Long Distance Walkers Association, www.ldwa.org.uk. Vereinigung, die eine Reihe von Fernwanderwegen verwaltet, die nicht zu den offiziellen National Trails gehören.

Praktische Informationen

Auskunft

Das Fremdenverkehrsamt **VisitBritain** ist eine zentrale Informationsquelle im Internet: www.visitbritain.com. Hier findet man generelle Reisetipps und Infos über Angebote, Unterkünfte, Theatertickets u. Ä. Zudem hat heute jede Region und fast jeder Ort seine eigene, ausführliche **lokale Webseite** mit Unterkunftsverzeichnis und vielen Detailinformationen z. B. zu aktuellen Veranstaltungen und Festivals. Viele größere Städte bieten auch **Apps** für Smartphones an.

Anreise

... per Flugzeug

Informationen, über Flüge nach Großbritannien erhält man z. B. unter: www.flüge.de, www.britishairways.com, www.flybe.com, www.easyjet.de, www.germanwings.de, www.lufthansa.de und www.ryanair.de. Neben einer möglichen Anreise über **Londons** Flughäfen (s. Kasten) gibt es günstige Flüge nach **Bristol** (www.bristolairport.co.uk) und **Southampton/Eastleigh** (www.southamptonairport.com), die beide z. B. von Frankfurt aus angeflogen werden. Nach Newquay (www.newquaycornwallairport.com) fliegt u. a. Lufthansa von Düsseldorf aus.

... per Zug

Von Brüssel fährt der **Eurostar** durch den Kanaltunnel (Fahrtzeit im Tunnel ca. 20 Min.) bis nach Ashford in Kent oder zum St.-Pancras-Bahnhof in London. Nach Brüssel kommt man z. B. von Köln aus mit dem Thalys oder – schneller – mit dem deutschen ICE. Die Fahrtzeit von Köln bis London mit Umstiegszeit beträgt ca. 5,5 Std. Die besten Preise erhält man bei Online-Buchung unter: www.bahn.de, www.eurostar.com oder www.thalys.com.

... per Bus

Die Anreise mit dem Bus der **Eurolines** (Deutsche Touring GmbH, Tel. 069 790 3501, www.touring.de) oder **Megabus** (Tel. 0044 1413329644, www.megabus.com) ist eine der preiswertesten Möglichkeiten, allerdings dauert dies recht lange und ist eher unbequem. Die meisten Busse fahren über Nacht. Sie halten in Dover (bzw. Folkestone bei Fahrt durch den Eurotunnel) und am Victoria Bahnhof in London.

... per Auto

Von Frankreich verkehren regelmäßig **Autofähren** nach Südengland: Von Calais und Dunkerque nach Dover (www.dfdsseaways.de oder www.poferries.com). Die Schiffsreise dauert ca. 1,5–2 Std. Mit dem Auto gelangt man von Köln in ca. 4 Std. nach Calais, von Frankfurt aus in ca. 6 Std., von München in ca. 13 Std. Dabei fährt man am besten über Aachen, Lüttich, Brüssel und Ostende nach Frankreich. Weitere Fähren verkehren von Dieppe aus nach Newhaven und von Cherbourg sowie Le Havre nach Portsmouth (www.directferries.de).

Wahlweise kann man mit dem **Autozug** (Le Shuttle) den Eurotunnel (www.eurotunnel.com) durchqueren, dieser beginnt in Coquelles nahe Calais und endet in Folkstone in Kent. Die Fahrtzeit beträgt inkl. Check-in, Laden und Passkontrollen ca. 1 Std.

Anreise über London

Flughäfen: Heathrow, Gatwick, Stanstead, Luton und City Airport.
Verkehrsmittel: Das U-Bahnnetz und die Bahn in London bringen Besucher zu fast allen Sehenswürdigkeiten. Auf allen Hauptstraßen verkehren außerdem Busse, Fahrpläne findet man an den Haltestellen (Infos: Transport for London, www.tfl.gov.uk). Wer sich nur wenige Tage in London aufhält, für den ist z. B. die **Day Travelcard** geeignet. Sie gilt 24 Stunden auf allen Verkehrsmitteln und wird nach Zonen ausgestellt. Der Innere Stadtbereich umfasst Zonen 1 und 2, der äußere Stadtbereich Zonen 3-6. Eine Travelcard Zone 1–4 kostet £ 11,40 für 1 Tag, für 7 Tage £ 45 (im Vergleich dazu kostet ein Einzelticket in Zone 1 bereits £ 4,70). Wer sich länger in London aufhält, kann sich über Visit London (s. u.) eine **Oyster Card** für Besucher ausstellen lassen. Dies ist eine Pre-Paid-Karte, die man am Ticketschalter in den Bahnhöfen und der U-Bahn aufladen kann.
Information: Tel. 08701 566 366, www.visitlondon.com/de. Büros der Tourist Information findet man u. a. in den Bahnhöfen Liverpool Station, Victoria und King's Cross sowie an der St. Paul's Cathedral und in Greenwich. Bei Hotelbuchungen und Fragen ist auch der **Service LondonTown.com** behilflich (Tel. 0800 1806671, www.londontown.com).

Unterwegs in Südengland

... mit dem Auto

Achtung: In England fährt man auch weiterhin auf der **linken Seite**. Auf der Autobahn und auf zweispurigen Straßen liegt die die Überholspur daher rechts. Folgende **Tempolimits** sind einzuhalten: Autobahn (*Motorway*) 70 mi/h (112 km/h); Bundesstraße (*A-Road*/*B-Road*) einspurig 60 mi/h (96 km/h), zweispurig 70 mi/h (113 km/h); in Ortschaften 30 mi/h (48 km/h) oder je nach Angabe.

... mit öffentlichen Verkehrsmitteln

Alle größeren und mittleren Städte in England sind per Zug und Bus an das öffentliche Verkehrsnetz angebunden. In ländlichen Gegenden verkehren Überlandbusse. Nähere Informationen erhält man bei den Verkehrsgesellschaften (bei regionalen Bussen auch über die Touristeninformation). Auf der Webseite der Bahn kann man den aktuellen Stand des Service abfragen. Wenn Züge nicht fahren, werden Busse eingesetzt, sodass man trotzdem noch vorankommt – wenn auch mit Verspätung.
Zugauskunft: National Rail Enquiries, Tel. 08457 48 49 50, www.nationalrail.co.uk.
Überland- und Regionalbusse: z. B. Tel. 08717 818178, www.nationalexpress.com; Tel. 0871 200 2233, www.firstgroup.com; www.stagecoachbus.com.

Barrierefreies Reisen

Unter dem Stichwort „Accessibility" bemühen sich staatliche und unabhängige Organisation darum, alle öffentlichen Einrichtungen des Landes barrierefrei (*accessible*) zu machen. Auf den Webseiten fast aller Sehenswürdigkeiten findet man Auskünfte über die Ausstattung bzw. eine Kontaktnummer, wo man bereits vorab den Besuch entsprechend der Bedürfnisse organisieren kann. Die nachstehenden Organisationen sind schon vor der Reise mit Auskünften behilflich.
Tourism for all UK, 7A Pixel Mill, 44 Appleby Road, Kendal, Cumbria, LA9 6ES, Tel. 0845 1249971 oder 0044 1539 726111, www.tourismforall.org.uk. Hier lassen sich u. a. behindertengerechte Hotels buchen.

artsline UK, C/O 21 Pine Court, Wood Lodge Gardens, Bromley, BR1 2WA, ceo@artsline.org.uk, www.artsline.org.uk. Über behindertengerechte Einrichtungen von Sehenswürdigkeiten und Veranstaltungsorten in Großbritannien erhält man hier Informationen.
Transport for London, www.tfl.gov.uk/gettingaround/transportaccessibility/1167.aspx. Auf dieser Webseite findet man ausführliche Informationen über die Barrierefreiheit von Verkehrsmitteln in London.
Royal National Institute of Blind (RNIB), Tel. 0303 1239999, www.rnib.org.uk. Hier finden Sehbehinderte nützliche Tipps für den Aufenthalt in Großbritannien.

Eintrittspreise

Wer in Südengland reist wird feststellen, dass die Eintrittspreise für Sehenswürdigkeiten recht hoch sind. Oft erhält man online im **Vorverkauf** wesentlich günstigere Tickets. Die meisten Einrichtungen sind auf Tagesbesuche ausgerichtet und bieten Gartenanlagen, Spielplätze für Kinder, Gelegenheit zu Bootsfahrten, Restaurants etc. Zusätzliche, im Preis eingeschlossene Leistungen wie z. B. Ritterturniere in Hever Castle sollte man so weit möglich nutzen.

Viele Organisationen haben inzwischen aus steuerlichen Gründen Wohltätigkeitsstatus und schlagen auf ihre Preise eine sogenannte **Gift Aid** obendrauf. Der Kunde zahlt dann mehr, aber beide Seiten können eine Steuervergünstigung beantragen. Die *Gift Aid* ist freiwillig und als Besucher aus dem Ausland sollte man sicherstellen, dass man diese nicht mitzahlt.

Sparen mit Besucherpässen

Über die Seite www.visitbritain.com kann man Touristenpässe erwerben:
Der **English Heritage Overseas Visitor Pass** beinhaltet den freien Eintritt zu 100 der wichtigsten Sehenswürdigkeiten wie z. B. Stonehenge.
Preise: Erw. 30 €/9 Tage, 35 €/16 Tage, Kinder unter 5 Jahren frei, von 5 bis 15 Jahren vor Ort ermäßigter Eintritt, Familien (2 Erw. und bis zu 4 weitere Personen) 61 €/9 Tage, 72 €/16 Tage.
Der **National Trust Touring Pass** ermöglicht den Eintritt zu ca. 300 vom Trust verwalteten Sehenswürdigkeiten in ganz England. Auch die freie Benutzung der National Trust Parkplätze ist eingeschlossen. Der Pass muss vor der Reise online gekauft und ausgedruckt werden.
Preise: Erw. 31 €/7 Tage, 37,50 €/14 Tage. Kinder unter 5 Jahren frei. Familie (2 Erw. und beliebig viele Personen unter 18 Jahre) 62 €/7 Tage, 77 €/14 Tage.

Viele historische Sehenswürdigkeiten, die nicht mehr in Privatbesitz sind, werden entweder von der Organisation English Heritage oder dem National Trust verwaltet. Beide haben den Auftrag das Kulturerbe des Landes zu bewahren. Während **English Heritage** (Historic Buildungs and Monument Commission for England) ein Staatsorgan ist, das zum Teil vom Kultusministerium finanziert wird, ist **National Trust** eine privat geführte Wohltätigkeitsorganisation. Beide Organisation werben aggressiv um Spenden und Mitgliedschaften. Eine Mitgliedschaft lohnt sich für Touristen nicht. Sinnvoll ist allerdings der Kauf eines Touristenpasses für die Zeit des Aufenthalts (s. Kasten).

Wenn man keinen National Trust Touring Pass hat, sollte man **Parkplätze des National Trust** meiden. Teilweise liegen sie sogar bei Sehenswürdigkeiten, die nicht vom Trust verwaltet werden wie z. B. den Bedruthan Steps. Dort werden sehr hohe Parkgebühren erhoben, die man vermeiden kann, wenn man benachbarte Parkplätze nutzt.

Notfälle

Für dringende **Notrufe** (auch bei Unfällen) wählt man die Telefonnummer **999**. Bei **Krankheit** ohne Lebensgefahr gilt die **111**. Für Auskünfte steht die **Polizei** unter **101** zur Verfügung.

Im Krankheitsfall wendet man sich an den staatlichen **Gesundheitsdienst NHS** (National Health Service, Tel. 0300 3112233, www.nhs.uk/NHSEngland/AboutNHSservices/uk-visitors). Europäische Reisende erhalten eine Behandlung durch den staatlichen Service ohne zusätzliche Kosten gegen Vorlage einer **Europäischen Krankenversicherungskarte** (EHIC).

> **Unterkunfts-Tipp**
>
> Übernachten wie bei Rosamunde Pilcher? Die **Agentur Helen Sue Wells** (www.helensuewells.com) hat wahre Fundstücke fernab der Masse im Angebot. Ob typisch britisches Cottage oder stilvolles Bed&Breakfast – alle Häuser sind handverlesen und bieten viel individuellen Charme. Echte Insidertipps – vorab oder vor Ort bei Ihren Gastgebern – gibt es gratis dazu.

Bei Krankenhausaufenthalten und Zahnbehandlungen muss allerdings fast immer zugezahlt werden. Die Behandlung durch einen privaten Arzt wird nicht vom NHS getragen, hier sollte man vorher zuhause mit der Krankenkasse klären, ob solche Kosten später von der Kasse zurückerstattet werden. Der Abschluss einer zusätzlichen **Reisekrankenversicherung** ist meist ratsam, da z. B. Hilfe bei Extremsport-Verletzungen, Rücktransporte ins Heimatland etc. nicht vom NHS übernommen werden

Telefonieren/Internet

Da **Münzfernsprecher** in Großbritannien so gut wie ausgestorben sind, benötigt man in England ein Smartphone oder **Handy** (*mobile phone*). Wer bei Reisen im Ausland horrende **Roamingkosten** insbesondere bei Benutzung des Internets auf dem Smartphone oder Tablet vermeiden möchte, sollte sich vorher beim Anbieter über die entsprechenden Tarife erkundigen. Bei manchen Anbietern kann man limitierte Pakete erhalten. In vielen öffentlichen und kulturellen Einrichtungen, Hotels, Cafés und Restaurants ist **WiFi kostenlos** nutzbar, sofern man sich den entsprechenden Code für das Login geben lässt. Für Simlock-freie Geräte eignen sich auch englische **Prepaidkarten** (allerdings dann mit englischer Telefonnummer). Die **Vorwahl** nach England lautet 00 44, nach Deutschland 00 49, die 0 der Ortsvorwahl muss bei internationalen Verbindungen jeweils weggelassen werden.

Südengland in Buch und Film

Literatur

Bennett, Alan: Die Souveräne Leserin, Wagenbach Verlag, 2008. Humorvolles Buch, in dem die Queen das Lesen entdeckt.

Betjeman, John: Betjemans England, John Murray, 2009. Der Aktivist und Poet Betjeman beschreibt England in seinen eigenen Worten.

Downie, Freda: There'll Always be an England, Bloodaxe Books Ltd, 2003. Die Poetin (1929–1993) vermittelt ein eindrucksvolles Bild ihrer Kindheit im England der Jahre 1929 bis 1945.

du Maurier, Daphne: Mein Cornwall – Schönheit und Geheimnis, Insel Taschenbuch, 2006. Die Schriftstellerin beschreibt ihre Lieblingsecken in Cornwall.

Fowles, John: Die Geliebte des französischen Leutnants, List Taschenbuch, 2006. Der in Lyme Regis angesiedelte Roman wurde 1981 mit Meryl Streep verfilmt.
Jacobi, Derek: Charles Dickens's England, Guerilla Books, 2009. Ein Reise zu den Schauplätzen der Romane des Autors.
McKay, Sinclair: The Secret life of Bletchley Park, Aurum Press, 2011. The Lost World of Bletchley Park, Aurum Press, 2013. Der Journalist Sinclair geht den Geheimnissen der Codeknacker auf die Spur.
Theroux, Paul: The Kingdom by the Sea: A journey around the coast of Great Britain, Penguin, 1985. Der bekannte Reiseautor beschreibt seine Eindrücke von den Küstenregionen Englands.
Thurston, Jack. Lost Lanes: 36 Glorious Bike Rides in Southern England, Wild Things Publishing, 2013. Tolle Radtouren durch die schönsten Ecken Südenglands.

Dokumentation

In den acht Serien der BBC-Reihe **„Coast"** reisen die Moderatoren mehrfach rund um die Küste Großbritanniens. Neben fantastischen Landschaftsaufnahmen, werden auch Einblicke in die geschichtlichen und kulturellen Hintergründe der Regionen vermittelt (www.bbc.co.uk/programmes/b006mvlc/episodes/guide). Zu kaufen u. a. im BBC-Shop (www.bbcshop.com).

Spielfilme

„Sense and Sensibility" (Sinn und Sinnlichkeit), Ang Lee, 1995. Der Roman von Jane Austen wurde in Süddevon verfilmt.
„The Shell Seekers" (Die Muschelsucher), 2006. Britische TV-Serie nach dem Roman von Rosamunde Pilcher mit Vanessa Redgrave, verfilmt an Schauplätzen in Cornwall.
„The Young Victoria" (Viktoria, die junge Königin), Jean-Marc Vallée, 2009. Die jungen Jahre der Regentin Queen Victoria (Emily Blunt) wurden u. a. in Blenheim Palace und Arundel Castle in Szene gesetzt.
„Brighton Rock". Von diesem 1938 von Graham Greene geschriebenen Roman gibt es zwei Filmversionen: Die Umsetzung von 1947 mit Richard Attenborough zeigt viele Schauplätze in Brighton. Die Version aus dem Jahr 2010, u. a. mit Helen Mirren, wurde am Eastbourne Pier und am Beachy Head gedreht.
„Summer in February", Christopher Menaul, 2013. Die tragische Liebesgeschichte zwischen Alfred Munnings, Florence Carter-Wood und Gilbert Evans, die sich um 1914 in der Künstlerkolonie Lamorna Cove ereignete (s. Kap. 79), wurde an Originalschauplätzen verfilmt.

Filmkulisse Eastbourne Pier

Register

A

Ainsworth, Paul 110
Albert, Prinz 128, 200
Alexander II., Papst 144
Alfred the Great, König 18, 47, 134, 142, 232
Alumn Bay 16
Alumn Chine 87
Amberley Castle 117
Amesbury 139
Andrew, Prinz 97
Anna von Kleve 119
Anne, Königin 133
Anning, Mary 50
Anreise 240
Anstey Cove 98
AONBs 238
Artus, König 140, 164, 168, 232
Arundel Castle 116
Arun Junction Canal 92
Ashcombe Manor 44, 201
Ashford 240
Athelstan, König 134
Aubyn, Familie 179
Augustin, Sankt 147
Auskunft 240
Austen, Jane 18, 22, 170
Avalon 164, 168
Avebury 47, 138, 231

B

Babbacombe 98
Badbury Rings 139
Baker, Josephine 225
Ballard Down 88
Bankes, Mary 153
Banksy 25
Barbury Castle 47
Barnes, William 173
Barnstaple 196
Barrierefreies Reisen 241
Basking Shark 24
Bates, Paddy Roy 181
Bath 22, 27, 164, 170, 193, 231
Battle 144
Battle Abbey 144, 232
Beachy Head 40
Beaton, Cecil 44
Beaulieu 43, 207
Beaulieu River 42
Becket, Thomas 146
Becky Falls 55
Beda Venerabilis 142
Bedivere 140
Bedruthan Steps 112
Beer 94
Berkshire 227
Berners-Lee, Tim 235
Berry Head 52
Bertha, Prinzessin 147
Besucherpässe 242
Betjeman, John 110
Bexhill-on-Sea 182
Bideford 64, 196, 199
Bindon Manor 50
Birch, Eugenius 41
Birch, Samuel John (Lamorna) 178
Birdwatching 71
Birling Gap 41
Birmingham 234
Blackiston, Galton 70
Blackmore, Richard Doddrige 67
Blackmore Vale 122
Blakeney Point 71
Blegberry Beach 64
Blenheim Palace 132
Bletchley Park 160, 235
Blumenthal, Heston 227
Bockhampton 172
Bodmin Moor 110, 140, 167, 231
Boldre 195
Boleyn, Anne 118
Boleyn, Mary 119
Bolventor 140
Booth, Sophia 185
Bootsausflüge 237
Boscastle 165
Boscombe 87
Bosham 45
Botallack 63
Bournemouth 86, 87, 212
Bourton-on-the-Water 27
Bovey Tracey 55
Box Hill 151
Brading Down 17, 221
Brading Roman Villa 17
Brancaster 70
Braunton 196
Bray 227
Brighton 74, 76
Bristol 24, 150, 234
Britten, Benjamin 81
Brixham 52, 75, 98, 100, 125
Brixton 235
Broad Beach 64
Broads 35
Broadstairs 82
Brown, Gordon 236
Browning, General Sir Frederick 176
Brown, Lancelot Capability 44, 123, 130, 132
Brownsea Island 212
Brown Willy 140
Brunel, Isambard Kingdom 150, 234
Buckinghamshire 161, 226
Buckland Abbey 124
Bude 75, 113, 199, 211
Bude Canal 113
Burgh Island 225
Burnham Thorpe 126
Butlins 68

C

Cade, Rowena 167
Cadgwith 59
Caines, Michael 31
Cambridge 190
Cambridgeshire 157, 191
Camel River 110
Camel Trail 110
Camel Valley Vineyard 110
Cameron, David 236
Camilla, Herzogin 219
Canterbury 146, 232
Cape Cornwall 63
Carn Barrow 59
Carnewas 113
Carré, John le 122
Carrington, Ann 185
Castle Acre 126
Castle Rising 126
Catarina d'Aragón 118, 120, 232
Catherine, Königin 130
Cavendish, William 41
Chagford 31
Chapel Porth 108
Chapman's Pool 49
Charles I., König 153, 233
Charles II., König 130
Charles, Prinz 97, 105, 134, 236
Charlestown 148
Charmouth 50
Chatham 82, 158, 232
Chaucer, Geoffrey 146, 232
Chawton 170
Chawton House 170
Cheddar 28
Cheddar Gorge 231
Chequer's Court 47
Chermayeff, Serge 182
Cherwell River 190
Chesil Beach 202
Chester 211
Chichester 193, 206
Chilterns 46
Chipping Campden 27
Chirgwin, George H. 225
Christchurch 86
Christie, Agatha 174, 225
Christie, Archie 174
Church Cove 59
Churchill, Winston 132
Circencester 27
Cleve Hill 27
Cley-next-the-Sea 70
Cliftonville 185
Clovelly 65
Coleridge, Samuel Taylor 69
Coleridge Way 69
Colston, Edward 24
Coltishall 35
Combe Martin 67, 68
Compton 193
Compton Bay 16
Constantine Bay 113
Cook, James 32
Cook, Norman 77
Cookworthy, William 149
Coombe Hill 47
Corfe Castle 153, 233
Cornische Alpen 149
Cornwall 57, 59, 61, 63, 75, 103, 105, 107, 109, 111, 113, 121, 149, 165, 167, 177, 179, 187, 193, 199, 211, 219, 232, 234
Cotswolds 26, 134
Cotswold Way 26
Coudreye, Sir John Bohun 117
Courtenay, Hugh de 90, 92
Coverack 59
Coward, Noël 225
Cowdray House 117
Cowes 17, 128
Cowes Castle 120
Cranborne 201
Cranborne Chase 44, 122
Crane, Dr. John 74
Crantock Beach 109
Cromer 78
Cromwell, Oliver 47, 153, 233
Crooklets Beach 113
Crozier, Eric 81
Cuckmere River 41
Cunard, Nancy 225
Cushing, Peter 84

D

Dahl, Roald 47
Damer, Joseph 44
Dartmoor 54
Dartmouth 96
Darwin, Charles 32
d'Aubigny, William 126
Dawlish 91
Dawlish Warren 91
Dawson, Matthew 225
Deal Castle 121
de Boron, Robert 168
de Fortibus, Isabella 90
Degas, Edgar 35
De Haan, Roger 183
Dennis Head 105
de Redvers, Familie 92
Device Forts 120
Devon 31, 33, 53, 55, 65, 75, 91, 93, 95, 97, 99, 125, 175, 197, 199, 225
Dickens, Charles 82, 236
Digby, Sir John 123
Diggory Island 113
Dinosaurier 17, 237
Donkey Rides 94, 236
Dorchester 139, 172, 231
Dorset 44, 49, 51, 87, 89, 123, 138, 152, 155, 173, 195, 199, 203, 209, 213
Dover 121, 225, 240
Doyle, Arthur Conan 54
Dozmary Pool 140
Drake, Sir Francis 32, 101, 124, 233
Duchy Home Farm 134, 219

Duchy of Cornwall 55, 102, 105, 218
Dugdale, Florence 172
Duke of Cornwall *siehe* Charles, Prinz
Duke of Marlborough 133
Duke of Norfolk 116, 117
Duke of Wellington 121
Dulverton National Park 67
du Maurier, Daphne 176
Dunkery Beacon 67
Dunster 67, 68
Durdle Door 208
Durgan Beach 105
Durley 87
Duxford Airfield 156

E

East Anglia 34, 142, 156, 235
Eastbourne 41
Eastleigh 240
East Sussex 41, 77, 145, 183, 193
Ebor Gorge 28
Edenbridge 119
Eden Project 149
Edmund, König 222
Edward der Bekenner, König 144, 179, 232
Edward I., König 50, 232
Edward III., König 18, 218, 232
Edward VI., König 122
Edward VII., König 126
Einreise 236
Eintrittspreise 242
Einwohner 230
Elizabeth I., Königin 117, 119, 122, 125, 130, 233
Elizabeth II., Königin 126, 235, 236
Emin, Tracey 184
Englische Riviera 98
English Heritage 242
Essex 180
Ethelbert, König 232
Eurotunnel 240
Exe Estuary Trail 90
Exe River 90
Exeter 30, 90
Exeter Canal 90
Exmoor 66, 68, 196
Exmoor Forest 67
Exmoor National Park 68
Exmouth 48, 91

F

Falmouth 105, 121, 225
Fawkes, Guy 117, 233
Feiertage 231
Fens 190
Festivals 204, 206
  Agatha Christie 175
  Aldeburgh 81
  Arundel 117
  Beachbreak 205
  Beltane 38
  Bestival 17
  Big Feastival 205
  Blissfields 205
  Boardmasters 109
  Bournemouth Air 87
  Brixfest 101
  Brixham Buccaneers 101
  Brownstock 205
  Camp Bestival 155, 205
  Cheltenham 205
  Cow Town Carnival 101
  Creamfields 205
  Dickens 83
  Dorset Seafood 203
  Download 205
  Dubs at the Hall 207
  Eastbourne Extreme 205
  Exeter Food and Drink 31, 205
  Fowey 176
  Garlic 17
  Glastonbury 205
  Glyndebourne Opera 205
  Goodwood Revival 206
  Great Dorset Steam Fair 205
  Hembsy Rock 'N' Roll Weekender 207
  Isle of Wight 17, 235
  Jane Austen 23
  Larmer Tree 44
  Latitude 81, 204
  Leeds 204
  Leefest 205
  Maverick 205
  Medieval 193
  Milton Abbas 45
  Newlyn Fish 178
  North Devon Food 197
  North Norfolk Food 70
  Norwich City of Ale 35
  Oxfest 205
  Rattenbury Day 95
  Reading 145, 204
  Rewind 207
  Rip Curl Boardmasters 205
  Sand Sculpture 29
  Sea Shanty 205
  Sunrise 204
  Swanage Blues 89
  Swanage Folk 89
  Swanage Jazz 89
  T4 on the Beach 29
  Wakestock 205
  Weald Game Park Fair 205
  We Are FSTVL 77
  Whitstable Oyster 85
  Wilderness 205
Filme 244
Fistral Beach 109
Fitzalan-Howard, Edward William 117
Fitzwilliam, Sir William 117
Fläche 230
Fleet Laggon 202
Flohmärkte 207
Flowers, Tommy 161
Folkestone 183, 240
Forbes, Elizabeth 178
Forbes, Stanhope 178
Formby, George 76
Fosse Way 27
Fowey 102, 176
Fox Cove 113
Fraser, Jane *siehe* Pilcher, Rosamunde
Freilichtmuseen 237
Freizeitparks 236
Frenchman's Creek 105
Friston 139
Frome 169

G

Gael, Anna 130
Gainsborough 116
Galmpton 175
Gatwick 241
George I., König 233
George III., König 41, 74, 128
George IV., König 74, 76, 171
George, Prinz 236
Gewichte 231
Gibbs, James 191
Gifford, Emma 172
Gildas, Abt 142
Gillian Creek 105
Glastonbury 168, 204
Glendurgan Garden 105
Gloucestershire 27, 134, 219
Goat Island 50
Godney 168
Godrevy Point 106
Godwinson, Harold 144, 232
Golant 102
Gold Hill 122
Goonilly Downs 59
Goonilly Earth Station 59
Gorge, Cheddar 130
Goring Gap 47
Gormley, Antony 18
Grahame, Kenneth 102
Grand Union Canal 92
Great Hangman 67, 69
Great Missenden 47
Great Western Canal 92
Great Western Railway 151
Great Yarmouth 80, 207
Greene, Graham 76
Greenway 174
Greenwich 13
Gregor I., Papst 147
Grenville, Roger 124
Grenville, Sir Richard 122, 124, 197, 233
Gribbin Head 176
Grim's Ditch 47
Gronow-Davis, William 44
Guinevere 164, 168
Gunnislake 125
Gunwallow Cove 56
Gwithian Towans 107

H

Hailsham 193
Halls, Monty 97
Hampshire 15, 19, 39, 43, 75, 120, 171, 194, 199, 227
Handfast Point 88
Hants 199
Harding, Keith 26
Hardrada, Harald 144, 232
Hardy, Thomas 172
Hartland Peninsula 64
Hartland Point 65
Hartland Quay 64
Hartnett, Angela 226
Hastings 144, 182, 232
Haven Cliffs 50
Hawkins, Sir John 32, 125
Hawtrey, William 47
Hayle 106
Haynes, Peter 80
Haytor Rocks 55
Heathrow 235, 241
Helford River 104
Hella Point 60
Helston 56, 105
Hemingway, Wayne 185
Hengistbury Head 87
Henham Park 81
Henley-on-Thames 207
Henry I., König 126
Henry II., König 146, 191
Henry VII., König 52, 129, 200, 232
Henry VIII., König 117, 118, 120, 222, 232
Hepworth, Barbara 31, 106
Heritage Lines 152
Herstmonceux Castle 193
Hever Castle 118
Higher Bockhampton 172
Highgrove 134
High Willhays 54
Hole, Wokey 130
Holkham Bay 71
Holland, Henry 76
Holme 70
Home Counties 12
Hope's Nose 98
Horning 35
Hound Tor Rocks 55
Housel Bay 56
Hove 77
Howard, Catherine 119
Howard, Thomas 117, 118
Hunkin, Tim 81
Hunstanton 71
Hurst Castle 121

I
Icknield Way 47
Igraine 164
Ilfracombe 69, 196
Internet 243
Ipswich 143
Isle of Portland 202
Isle of Purbeck 49, 88, 154, 199
Isle of Thanet 82
Isle of Wight 14, 16, 74, 120, 128, 221, 234
Isles of Scilly 164, 179
Ivinghoe Beacon 47

J
Jadesimi, Oladipo 130
James, Alex 205
James I., König 117, 122
James II., König 101, 198, 233
James IV., König 198
Jerome, Jennie 133
John, König 21, 43, 232
Johnson, Samuel 12
Joseph von Arimathea 168
Julius Caesar 147
Jurassic Coast 48, 209

K
Kennack Sands 59
Kennet and Avon Canal 92
Kent 83, 85, 119, 146, 159, 183, 185, 199, 201, 231
Kent's Cavern 98
Kerridge, Tom 226
Keyhaven 121
Kilmarth 177
Kimmeridge 209
Kinder 236
Kingsley, Charles 65
Kings's Lynn 79
Kingston Lacey 153
Kingswear 97
Klima 230
Knight, Harold 178
Knight, Laura 178
Knight, Thomas 171
Knoll Beach 88
Krankenversicherung 243
Kuggar 59
Kynance Cove 56

L
Ladram Bay 48
Lamer Tree Pleasure Gardens 44
Lamorna Cove Kolonie 178
Land's End 62
Langley, Walter 178
Lanyon Quoit 63
Launceston 193
Lavant Valley 39
Leach, Bernard 106
Lelant 106, 186
Lerryn 176
Lerryn Creek 102
Letterboxing 55
Levant Mine 63
Liskeard 167
Literatur 243
Little Switzerland 68
Lizard Peninsula 56, 58, 60
Lizard Point 56
Lizard Village 56, 59
Loe Pool 56
London 12, 125, 142, 211, 226, 232, 234, 236, 240
Longleat House 130
Lostwithiel 102, 219
Lowe, Chris 211
Lower Bodham 207
Lowestoft 81
Lowry, L. S. 183
Lulworth Castle 155
Lulworth Cove 208
Lundy 64
Luton 241
Lydford Gorge 55
Lyme Regis 49, 50, 170
Lymington 43, 75
Lymington River 42
Lymouth 67
Lympstone 91
Lyndhurst 227
Lynmouth 69, 196
Lynton 66, 69

M
Madonna 44
Madron 63
Magna Carta 21
Maiden Castle 39, 231
Major, John 236
Mallowan, Max 174
Malmesbury 134
Malmsmead 67
Manacles 61
Marazion 179
Marconi, Guglielmo 56, 235
Margate 184
Marlow 227
Martello Towers 234
Martham 35
Marx, Karl 234
Mary I., Königin 18, 1[illegible]9, 233
Mary Stuart 199
Mary Tudor 222
Maße 231
Mass, Jochen 206
Matthau, Walter 157
Mawgan Porth 109, 112
Mawnan Smith 105
Mayflower 15, 216
McLaughlin, Niall 182
McQuiston, Emma 130
Meeth 96
Melcombe Regis 203
Menabilly Barton 176
Mên-an-Tol 63
Mendips 28
Mendlesohn, Eric 182
Merlin 164
Mevagissey 102
Middleton 44
Middleton, Kate 236
Midhurst 117
Miller, Clara 174
Miller, Frederick 174
Milton Abbas 44
Milton Keynes 160
Minack Theatre 166
Minehead 68, 193
Minions 140, 167
Mitchell, Frank 55
Monmouth, Geoffrey de 164
Montagu, Familie 43
Montgomery, Roger de 116
Moore, Henry 35
Morris Dance 83
Morston 70
Morston Quay 71
Morvah 63
Morwellham 125
Mounts Bay 179
Mouthmill Beach 65
Mudeford 86
Mullion 56
Munnings, Alfred 178

N
Napoleon 52
Nare Point 105
Nash, John 76
Nash, Richard „Beau“ 23, 200
National Health Service (NHS) 243
Nationalparks 238
National Trails 239
National Trust 242
Needles 16
Nelson, Lord Admiral 14, 126, 159, 234
Nettlefold, Archibald 225
New Forest 42, 194, 207, 226
New Forest National Park 42
New Forest Tours 42
New Forest Wildlife Park 42
Newhaven 40, 240
Newlyn 178
New Milton 194
Newquay 108, 109, 113, 211, 240
Newton Abbot 55
Nicholson, Ben 106, 183
Nine Maidens 63
Norfolk 35, 71, 79, 126, 156, 199, 207, 231
Northleach 26
North, Lord 200
North Norfolk Coast Path 70
North Wessex Downs 46
Norwich 34, 157
Notfälle 243
Nuffield 47

O
Oddicombe Beach 98
Old Buckenham Airfield 157
Old Harry Rocks 48, 88
Old Hunstanton 199
Old Sarum 20
Old Winchester Hill 38
Oliver, Jamie 205
Orcombe Point 48
Orwell, George 80
Osea Island 181
Osmund, Bischof 20
Outer London 12
Overton 46
Overton Hill 47
Oxford 190
Oxford Canal 92
Oxfordshire 133, 19[illegible], 207

P
Paddock Wood 20
Padstow 110, 187, 211
Paignton 98
Park Head 113
Parminter 91
Parr, Catherine 27, 119
Pearson, Sir Weetman Dickinson 117
Pears, Peter 81
Peddars Way 70
Peirce, Richard 211
Pendeen 63
Pendennis Castle 121, 225
Pendour Cove 53
Penhale Corner 109
Pentire Point 108
Pentire Steps 113
Penwith Peninsula 63, 178
Penzance 61, 75, 178
Pepper Cove 113
Perranporth 109
Perrott, James 55
Pevensey Castle 144
Peverell 93
Peveril Point 89
Philipp II., König von Spanien [illegible]9, 233
Phillack 107
Pilcher, Graham Hope 186
Pilcher, Robin 187
Pilcher, Rosamunde 106, 186
Pitt-Rivers, General Augustus 44, 191
Plymouth **32**, 75, 216, 233
Plymouth Hoe 32
Plymouth Sound 32
Poldhu Cove 56, 235
Polgwidden Cove 105
Polizei 243
Polkerris 177
Pollard, Barbara 134
Pollard Ian 134
Polridmouth 176

Polurrian Cove 56
Polzeath 110
Ponyreiten 237
Poole 87, 88, 212
Porlock 68
Porlock Hill 68
Porlock Weir 68
Porthcothan 113
Porthcurno 166
Porthgwarra 60
Porthkerris 60
Porthleven 56
Porth Mear 113
Porthowan 108
Portland Bill 202
Portland Castle 120
Portland Harbour 202
Port Navas Creek 105
Portreath 108
Portsmouth **14**, 120, 121, 233, 234, 240
Portsmouth Historic Dockyard 14
Postbridge 55
Potter Heigham 35
Poundbury 218
Powderham 91
Praa Sands 56
Prideaux-Brune, Baron Peter 187
Prideaux Place 187
Principality of Sealand 181
Prittlewell 180
Provinzen 230
Punch & Judy Shows 238
Purbecks 208

Q

Quant, Mary 235
Quarenghi, Giacomo 155

R

Rædwald, König 142, 232
Raleigh, Sir Walter 122, 233
Rashleigh, Charles 148
Rashleigh, Familie 176
Rattenbury, Jack 95
Rayner, Louise 21
Readymoney Cove 176
Regierung 231
Rejewski, Marian 161
Rendlesham 142
Restaurants 195, 226
  Avon Gorge Hotel 151
  Bankes Arms Pub 89
  Budock Vean Hotel 105
  Crab & Winkle 85
  Fisherton Mill 21
  Hebasca Hotel 113
  Lime Wood Hotel 226
  Morston Hall 70
  Murano Restaurant 226
  New Yard 105
  Old Ferry Inn 177
  Paul Ainsworth at No.6 111
  RockFish Seafood 97
  Salthouse Harbour Hotel 143
  Sands Hotel 185
  Seadrift 57
  The Boathouse Café 217
  The Breakwater Bistro 53
  The Drift Inn 195
  The Earl of March Inn 38
  The Fat Duck 227
  The Fish Plaice 89
  The Hand and Flowers 226
  The Haven 195
  The Jetty 87
  The Little Gloster 129
  The Loft 107
  The Offshore 99
  The Real Food Store 31
  The Rising Sun Inn 141
  The Seahorse 97
  The Ship Inn Lerryn 103
  The Square and Compass 49
  The Top House Pub 59
  The White Hart 169
  Tinners Arms Pub 63
  Titchwell Manor Hotel 70
  Urban Reef 87
  Weld Arms 155
  White Horse 70
Restormel 102
Reynolds, Peter J. 38
Richard II., König 18
Ridgeway 46, 139, 231
Rillaton Barrow 141
Rising, Lord Howard of 126
Ritchie, Guy 44
River Avon 134, 150
River Barle 66
River Cam 190
River Dart 96
River Fowey 102
River Torridge 197
River Wey 92
Robin Hill Country Park 17
Rochester 82
Rock 110
Rocky Valley 164
Roger von Sarum, Bischof 20, 122
Rolle, Lord 95
Rousdon 50
Royal Family 97, 105, 126, 134, 235, 236
Russell, Dr. Richard 74, 233
Russell, John 47
Ryde 16, 234

S

Sackville, Herbrand 182
Sackville, Reginald Windsor 182
Sainsbury, Lady Lisa 35
Sainsbury, Sir Robert 35
Salcombe 225
Salisbury 20
Sampford 92
Sandbanks 212
Sandown 16, 221
Sandringham House 126
Sandwich 199
Scooter Ralleys 207
Scott, Ridley 122
Seaford 40
Seaton 50, 95
Seede, Richard 155
Senlac Hill 144
Sennen Cove 63
Seven Sisters 40
Severn Bore 151
Seymour, Jane 119
Shaftesbury 122
Shakespeare, William 233
Shanklin 16
Shelton, Margaret 119
Shelton, Mary 119
Sherborne 122
Sheringham 79
Sickert, Walter 106, 183
Sidmouth 94
Silbury Hill 139
Simonsbath 67
Sinclair, Beatrice 98
Sinclair, Donald 98
Sinclair, Sir Admiral Hugh 160
Slaughterbridge 140
Smeaton, John 33
Smith, John 95
Smith, Lady 225
Smith, Lord 225
Smythson, Robert 130
Smyth, William 122
Snape 142
Solebay 80
Somerset 23, 29, 67, 69, 169, 193, 205, 221
Southampton 15, 120, 170, 235, 240
South Downs National Park 18, 38, 116
South Downs Way 38, 41
Southend-on-Sea 180
Southsea 14
Southsea Castle 14, 121
South West Coast Path 48, 64, 68, 98, 112, 176, 196, 239
Southwold 80
Speke's Mill Mouth 65
Speke's Valley 65
Spencer, Charles 133
Spencer, Lady Diana 133, 236
Spencer, Stanley 183
Sprachen 230
Staatsform 231
St. Agnes 109
St. Alban's Head 49
Stalham 35
Stanstead 241
St. Anthony-in-Meneage 105
St. Austell 148
Steeple Hill 154
Stein, Rick 110
St. Erth 106, 186
Sterts Open Air Theatre 167
Steventon 170
Stewart, James 157
Stinsford 172
St. Ives 63, 106, 186, 199
St. Just 62
St. Just-in-Penwith 63
St. Keverne 59, 61
St. Mawes 121
St. Michael's Mount 179
St. Nectan's Glen 164
Stoke 65
Stonehenge 21, 139, 231
St. Oswald's Bay 209
Stowes Hill 141
Stow-on-the-Wold 27
Strong, Mary Pearson 83
St. Swithun 18
St. Tue 141
Studland 88, 199
Studland Beach 88
Studland Heath 88
Stumpe, William 134
Sturrock, Anne 167
Sturrock, Ewart 167
Sudeley Castle 27
Suffolk 81, 143, 204, 223
Summerleaze Beach 113
Surfschulen 113, 236
Surrey 201
Sussex 9, 38, 120, 139, 145, 182, 193, 206, 220, 230
Sutton Hoo 142
Swaffham 126
Swanage 89, 153

T

Tamar Valley 124
Tarka Trail 196
Tarr Steps 66
Tasker, John 155
Tavistock 124
Telefonieren 243
Tetbury 134, 219
Thamse Valley 235
Thatcher, Margaret 235
Themse 12, 190
Thorpe Abbot 157
Throckmorton, Elizabeth 122
Thynn, Alexander 130
Thynn, Ceawlin 130
Thynne, Henry Frederick 130
Thynne, Sir John 130
Thynne, Thomas 130
Tinner's Way 62
Tintagel 164
Titanic 15

Titchwell 70
Tiverton 92
Toddington 27
Tollard Royal 44
Topsham 90
Torbay 98, 100
Torquay 98, 174
Tostig 144
Totnes 97
Towans 106
Tranmer House 143
Tregonwell, Captain 213
Trelowarren 105
Trethevey 164
Trethias 113
Trevaunance Cove 109
Trevellas Porth 109
Trevose Head 112, 113
Treyarnon Bay 113
Tunbridge Wells 200
Turing, Alan 161
Turner, Joseph William 20, 21, 178, 185
Tyneham Village 154

U

Uffington 47, 139
Uhrzeit 231
Undercliff Walk 50
Unterkünfte 175, 224
- Amberley Castle 117
- Anchor Inn 95
- Avon Gorge Hotel 151
- Bath Boutique Stays 23
- Belle Tout Lighthouse 41
- Berry Head Hotel 53
- Best Western Hotel Gleneagles 98
- Budock Vean Hotel 105
- Camberley House 79
- Cley Windmill 71
- Cotswold Water Park 27
- Hartland House & Spa 65
- Hartland Quay Hotel 65
- Hebasca Hotel 113
- Helen Sue Wells 243
- Huntstile Organic Farm 169
- Lamorna Cove 179
- Langrish House Hotel 39
- Lizard Lighthouse 57
- Long Chimney Farm Cottages 95
- Lulworth Cove Inn 209
- Menabilly Holiday Cottages 177
- Morston Hall 70
- Moyles Farm Ferienwohnungen 111
- Munnings Retreat 179
- No. 5 Bridge Street 19
- Pier House Hotel 149
- Rashleigh Arms 149
- Restormel Manor 219
- Round Island 213
- Salthouse Harbour Hotel 143
- Saunton Sands 197
- Scarlet Hotel Ltd 109
- Stonehenge Campsite 139
- Teneriffe Farm Campsite 59
- The Bedruthan Hotel & Spa 109
- The Little Gloster 129
- The Old Post Office 39
- The Park Mawgan Porth 109
- The Pig Hotels 227
- The Pig on the Beach 89
- The Pink Palace 185
- The Rising Sun Inn 141
- The Waves Holiday Appartment 113
- The White Hart 169
- Tinners Arms Pub 63
- Titchwell Manor Hotel 70
- Trelowarren 105
- Vintage Vacations LTD 17
- Watergate Bay Hotel 109
- Weld Arms 155
- Weston Dairy Farm Camping 49
- Wheatsheaf Inn 27
- Whitstable Holiday Homes 85
- Woodhill Park 79

Uther Pendragon, König 164

V

Valley of Rocks 69
Van Dyck 116
Ventnor 16
Verkehrsmittel 241
Victoria, Königin 74, 117, 126, 128, 159, 200, 234
Vintage Car Ralleys 207

W

Wadebridge 110, 199
Währung 231
Wakeham 202
Waldorf-Astor, Familie 118
Wallingford 47
Walmer Castle 121
Wandern 239
Wantage 47
Wareham 153, 155, 209
Warenne, William de 126
Warren Cove 113
Wassersport 8, 52, 53, 56, 58, 61, 65, 91, 97, 107, 108, 113, 151, 208, 210, 212, 238
Watchet 221
Watergate Bay 109
Wayland's Smithy 47, 231
Weald 38, 200
Webb, John 182
Welchman, Gordon 161
Weld, Familie 155
Wells 168
Wells-next-the-Sea 71
Wendover 47
Wenfordbridge 110
Wessex 44, 172
Westonbirt 134
Weston-super-Mare 29
West Polmear 148
West Sussex 39, 117, 139, 193, 206
Weymouth 74, 120, 203, 232, 233
Whistler, James 106
Whitecliff Bay 17
Whitstable 84
Widecombe-in-the-Moor 55
Wikinger 232
William III. of Orange, König 100, 233
William of Malmesbury 168
William, Prinz 56, 236
Williamson, Henry 196
William the Conqueror 126, 144, 232
Wilt 135
Wiltshire 21, 45, 138
Wimborne Minster 139, 213
Wimbourne 195
Winchcombe 27
Winchester 18, 170, 231, 232
Winchester College 18
Winslet, Kate 172
Winspit Quarry 49
Winterbottom, Michael 172
Winterhalter, Franz Xaver 129
Wistman's Wood 55
Woking 201
Wolvesey Castle 19
Woodbridge 142, 143
Wood, John 23
Wookey Hole 28
Woolacombe 69
Worbarrow Bay 155
Worth Matravers 49
Wren, Christopher 2[illegible], 202, 233
Wroxham 35
Wykeham, Bischof William 18

Y

Yaverland 17

Z

Zennor 62
Zoos 236, 237

Abbildungsverzeichnis

Alle Abbildungen stammen von den Autoren außer:

© huber-images.de/Canali Pietro: Titelbild
© Trelowarren: S. 8
© DNPA: S. 54
© Porthkerris Divers: S. 60, 61
© Trebah Gardens: S. 104
© Longleat: S. 131
© iStock, Jeremy Richards: S. 162/163
© Minack Theatre: S. 166, 167
© London Aquarium: S. 188, 210
© West Kent Shooting School: S. 200, 201
© Vintage Vacations: S. 214
© Hand & Flowers, Tom Kerridge: S. 226

Die Autoren

Lilly Nielitz-Hart studierte Amerikanistik und Kulturwissenschaft und arbeitete lange für eine namhafte Kulturinstitution in Frankfurt/Main. Sie ist als freie Journalistin, Autorin und Übersetzerin für Verlage und Kulturinstitutionen in Deutschland und Großbritannien tätig.

Simon Hart, geboren in Leeds, studierte Geschichte und Archäologie. Er lehrte Archäologie u. a. für die University of British Columbia und nahm an zahlreichen archäologischen Ausgrabungen teil. Heute ist er als Lehrer für Geschichte und Politik tätig.

Die Autoren leben seit vielen Jahren in Dorset, Südengland, und sind mit der Region bestens vetraut. Die britischen Inseln haben sie in ihrer Länge und Breite ausgiebig bereist. Zu den gemeinsamen Publikationen für verschiedene Verlage gehören Reiseführer zum Thema Großbritannien und dem Mittelmeerraum sowie Stadtführer zu Edinburgh und London, darunter auch das Buch „101 London" für den Iwanowski-Verlag.